Hans Cousto
Thomas Künne

Heilsame Frequenzen

Wie kosmische Schwingungen unser Wohlbefinden fördern

Haben Sie Fragen an den Mankau Verlag?
Anregungen zum Buch?
Erfahrungen, die Sie mit anderen teilen möchten?

Besuchen Sie unsere sozialen Netzwerke:
www.mankau-verlag.de/forum

Portal zur Phonophorese:
www.stimmgabeltherapie.de

mankau

Inhalt

Vorwort

Thomas Künne, inzwischen vertrauter Weggefährte, habe ich 2002 auf einer Nordland-Kreuzfahrt kennen und schätzen gelernt. Er war Manager mit künstlerischen Ambitionen, die weitgehend brachlagen wie bei so vielen. Ihm aber wurde das in den knapp zwei Wochen der Reise so klar, dass er die Konsequenz zog und wirklich kompromisslos Schwingung zu seinem Weg machte. Seine Abschlussarbeit für meine Ausbildung schlug ich ihm als Buch vor, und statt einer Beurteilung schrieb ich das Vorwort für sein erstes und gleich erfolgreiches Buch. Seitdem ist dies unser Running Gag, „nach dem Vorwort ist vor dem Vorwort". Eine lange Kette erfolgreicher Bücher ausgehend von den Schwingungen der Lebensprinzipien bis zu den heilenden Schwingungen von Stimmgabeln im Sinne seiner Phonophorese zeichnet ihn und seinen Weg aus.

Insofern finde ich es geradezu konsequent, wenn er nun zusammen mit Hans Cousto, einem der Großen in der Welt der Schwingung, ein Buch macht, und freue mich, dazu ein Vorwort beisteuern zu dürfen.

„Schwingung als Weg" hat Thomas einmal treffend formuliert, und das ist tatsächlich besser als „Krankheit als Weg". Letzteres ist doch ein recht beschwerlicher und oft auch schmerzhafter Weg zu Selbsterkenntnis und Erwachen. Schwingung ist die viel bessere Wahl. Und alles ist natürlich Schwingung. Das sagen uns schon die frühesten Weisheitslehrer der Menschheit, etwa der Vorsokratiker Heraklit mit seinem „Panta rhei – alles fließt" und auch Rudolf Steiner mit seinem „Alles Leben ist Rhythmus". Richard Alpert, der Harvard-Professor, der später zu Ram Dass wurde, titelte einmal „Alles Leben ist Tanz". Aber längst ist auch die Naturwissenschaft mit an Bord und beweist, dass alles Schwingung ist, von den Elektronenschwärmen, die um ihren Atomkern schwingen, über das Schwingen der Moleküle, das Chemiker als Brown'sche Molekularbewegung bezeichnen, bis zu den Planetenschwingungen, die schon der Weisheitslehrer der Antike Pythagoras, der deutsche Dichterfürst Goethe, aber auch Isaac Newton als *Sphären-Harmonie* besangen.

Der Schweizer Mathematiker, Musikwissenschaftler und Astrologe Hans Cousto verfolgte in den 1970er-Jahren den Gedanken des Astronomen Johannes Kepler weiter, der die Sphärenharmonie wissenschaftlich fassen wollte und die Relationen der Bahngeschwindigkeiten der Planeten musikalischen Intervallen zuordnete. Die für Kepler noch nicht lösbare Frage nach dem Grundton löste Cousto, indem er die astronomisch bekannten Rotationsperiodenzeiten oder Umlaufperiodenzeiten der Erde um die Sonne in den menschlichen Hörbereich transformierte. Auf dieser Grundlage, dargestellt in seinem Grundlagenwerk *Die Kosmische Oktave,* entstanden die Planetentöne, die mein Freund, der Musikwissenschaftler Joachim Ernst Berendt, *Urtöne* nannte.

Heute leben wir im unendlichen Schwingungsfeld der Quantenphysik, aus dem alle alten Sicherheiten verschwunden sind, wie die Stabilität des Raumes und die Verlässlichkeit der Zeit. Ereignisse wirken weiterhin aus der Vergangenheit nach, aber auch schon aus der Zukunft auf uns zurück. Schwingende Felder werden zu den neuen Mustern und die einzig bleibende Sicherheit ist, dass es keine gibt, weil alles ständig veränderlich in Schwingung ist. Insofern ist Schwingung die letzte uns noch bleibende Sicherheit.

Und jetzt ist offensichtlich die Zeit des Mitschwingens und Teilens endlich gekommen, auch wenn wir die Grundlagen der Schwingungslehre dank großer Geister wie Hans Cousto und begeisterter Praktiker wie Thomas Künne schon länger haben. Inzwischen lieben wir es, Mit*teil*ungen auf Facebook zu teilen, und freuen uns, wenn andere auf gleicher Wellenlänge mit uns schwingen und unsere Gedanken teilen. Was für eine Freude, kürzlich zu erleben, dass ich in weniger als drei Jahren schon über 100.000 Freunde auf Facebook gewonnen habe, auch wenn diese natürlich von ganz anderer Art als die alten Freunde sind. Und wir freuen uns und haben auch noch etwas davon, unsere schönsten heimeligsten Plätze zu teilen. AirB&B lebt gut und begeistert davon, dass immer mehr Menschen ihre Wohnungen und Häuser teilen und beide Seiten davon profitieren. Wie angenehm, auf Vortragstouren in Genua und Turin, Bologna und Prag in Privatwohnungen statt sterilen Hotels zu leben und unser Haus in Bali in guten Händen von Fremden zu wissen, die auch schon zu richtig guten Freunden wurden, mit denen man sich trifft und Urlaube verbringt.

Uber hat das alte Taxi-Business in kürzester Zeit überholt. Und wir haben angefangen, Autos zu teilen, bis vor Kurzem noch eine Art heilige Kühe. Jetzt werden sie zu Allgemein*gut* und fördern Verbundenheit statt Spießerneurosen. Der Sharing-Economy wird die Zukunft gehören – wer denselben Weg hat, benutzt dasselbe Auto, wer geistig gleich schwingt, denselben Blog. Wir verbanden uns bisher nur ausnahmsweise vor allem über Musik und schwangen tanzend im selben Rhythmus oder bestenfalls noch miteinander gehend und schlafend. Jetzt aber erkennen wir zunehmend die Schwarm-Intelligenz und wenden sie immer mehr an.

Und wir werden weitermachen, dieselben Petitionen zu signieren, und damit ausdrücken, dass wir zu Millionen auch mit den Frauen in islamischen Ländern mitschwingen oder mit einem Minderjährigen in Saudi-Arabien, den unsere in der Steinzeit hängen gebliebenen Freunde dort steinigen oder kreuzigen wollen.

Das gehört sich unter Freunden, miteinander zu schwingen und aufeinander aufzupassen. Diese Solidarität des Mitschwingens hat die Welt für die Potentaten schon schwieriger gemacht und wird ihnen hoffentlich in überschaubarer Zeit den friedlichen Garaus machen.

Ich glaube und hoffe, selbst wenn der mächtigste Rüstungs- und Militärkomplex unserer immer besten Freunde in USA tatsächlich auch einen eigenen Krieg mit den immer bösen Russen um die Ukraine führen will, wird das in dieser zunehmend miteinander schwingenden Welt nicht mehr möglich sein. Selbst die Politmarionetten der treuesten Vasallen werden das an ihren anders schwingenden Mehrheiten vorbei nicht mehr geregelt bekommen. In der schwingenden Welt ist es schon fast so weit, wie wir seinerzeit als Hippies träumten: *Stell dir vor, es ist Krieg, und niemand geht hin.*

Die Welt war *natür*lich immer Schwingung – wie große Geister wie Hans Cousto es auch immer ahnten oder intuitiv wussten. Er formulierte es ja auch, lange bevor Mehrheiten es begreifen und nachvollziehen konnten. Ihm gebührt das Verdienst, es auch für eine wissenschaftshörige Welt wissenschaftlich gefasst zu haben, und seit wir das nun alle wissenschaftlich wissen, werden wir immer mehr eins mit dem schwingenden Feld.

Heute brauchen wir überall den Vermittlungsschritt über die Wissenschaft. Das Gaia-Bewusstsein von der Erde als lebendigem Wesen verdanken wir der Raumfahrt. Wir mussten erst Bilder der Erde als dieser weißblauen Schönheit haben, um sie als geliebte und erhaltenswerte Heimat zu begreifen. Nur so konnte James Lovelock die Gaia-Hypothese formulieren.

In Bezug auf das Mit*schwingen*, das wir heute erleben dürfen, ist dieses Feld Vordenkern und -fühlern wie dem Meister der Schwingungs-Theorie Hans Cousto und dem Meister der Schwingungs-Praxis Thomas Künne zu verdanken.

Und was für ein Wunder, wenn wir in Gedanken die Augen vor nur zehn oder gar 20 Jahren schließen und heute wieder öffnen: Wer hätte das damals gedacht? Dass wir unsere liebsten Autos und sogar Wohnungen und Häuser teilen, in Solidarität über Ländergrenzen und Kontinente hinweg schwingen und dadurch uns und die Welt verändern, schneller noch als diese es begreift. Und das macht trotz aller Querschläge des weitgehend immer noch unbegriffenen *Schattenprinzips* auch Freude.

Herzlichen Dank also beiden Autoren, dass wir heute anders schwingen und ticken, dass wir anders und mehr teilen.

Dr. Ruediger Dahlke,
im Juni 2016

Ein-Schwingung: All-Eins-Sein versus Alleinsein

„Die ganze Schöpfung bildet in der Anordnung der Gedanken und des Geistes ebenso wie der stofflichen Wesen eine wunderbare Symphonie. Alles wird durch gegenseitige, unauflösliche Beziehungen gehalten und verbunden, alles bildet ein zusammenklingendes Ganzes.
Alles, was besteht, ist belebt und beseelt, weil alles miteinander verknüpft und verbunden ist. Es gibt kein Gestirn, das nicht ein lebendiges Wesen wäre, das nicht eine Seele hätte. Die Seele der Gestirne ist die Ursache ihrer Bewegungen und der Zuneigung, welche die Gestirne untereinander vereinigt. Sie erklärt die Regelmäßigkeit der Naturerscheinungen."

„Gott treibt immer Geometrie."

Johannes Kepler, Mathematiker und Astronom (1571–1630)

Wenn wir den roten Faden verloren oder uns in Kleinigkeiten verrannt haben, dann passt sehr gut der Ausdruck: *Wir sehen den Wald vor lauter Bäumen nicht!*

Was hilft in diesem Falle? Wir können unseren Blickwinkel verändern, unsere „Scheuklappen" ablegen und den Blick auf das große Ganze legen, nicht nur auf winzig kleine Bestandteile. Und genau dies wollen wir, die Autoren dieses Buches, erreichen. Wir wollen Ihnen in bildhafter Sprache und sprechenden Bildern aufzeigen, dass *„alles in allem ist und alles in uns"*.

Wir möchten Ihnen eine zeitgemäße Interpretation der obigen Zitate von Johannes Kepler liefern. Mehr noch: Indem wir die Sprache der gesamten Schöpfung verstehen und auch selbst „sprechen", erkennen wir uns selbst als Teil dieses Ganzen. Diese Erkenntnis hat weitreichenden Einfluss auf unser Leben, denn:

- Wir können uns geborgen fühlen im all-umfassenden Kosmos, weil wir in uns selbst erkennen: *„Mikrokosmos = Makrokosmos"* (Paracelsus, 1493–1541) oder auch: *„Wie oben, so unten – wie innen, so außen"* (Hermes Trismegistos*)
- *Wir gehen mit der heilenden Kraft der Planetenschwingungen in Resonanz und aktivieren somit unsere Selbstheilungskräfte und den Inneren Heiler.*

* Die Götter-Gestalt des Hermes Trismegistos ist eine synkretistische Verschmelzung des griechischen Gottes Hermes mit dem ägyptischen Gott Thot. Bis in die frühe Neuzeit glaubte man, Hermes Trismegistos hätte tatsächlich gelebt und wäre der Verfasser der nach ihm benannten hermetischen Schriften.

- *Unser Weltbild (und damit unser Horizont) erweitert sich und macht den Weg frei für ein bewusstes und achtsames Leben im Ein-Klang mit allem Lebendigen wie auch Unlebendigen.*
- *Wir werden ganz und damit heil, wir pflücken Gesundheit und Wohlbefinden im kosmischen Garten.*

Analphabeten tun sich bekanntlich häufig schwer damit, sich im Leben zu orientieren, weil sie Botschaften nicht richtig deuten können. *Kosmischen* Analphabeten geht es nicht besser: Sie irren durch ihre grobstofflich-materielle Welt, sehen den Wald vor lauter Bäumen nicht, unter anderem deswegen, weil sie den Bezug zum großen Ganzen verloren haben.

Wir wollen Sie dazu anregen und ermutigen, sich ganzheitlich und all-umfassend „wahr"-zunehmen, zu spüren und in der Folge auch zu genießen. Außerdem wollen wir Sie teilhaben lassen an den *„Geschenken des Himmels"*.

> *„Man kann einen Menschen nichts lehren, man kann ihm nur helfen, es in sich selbst zu entdecken."*
>
> Galileo Galilei, Mathematiker, Physiker und Astronom (1564–1642)

> *„Wenn ihr's nicht fühlt, ihr werdet's nicht erjagen!"*
>
> Johann Wolfgang von Goethe, Schriftsteller (1749–1832)

> *„Zur Welt suchen wir den Entwurf – dieser Entwurf sind wir selbst!"*
>
> Novalis (Friedrich von Hardenberg), Schriftsteller und Philosoph (1772–1801)

Wir, die Autoren dieses Buches, möchten Ihnen zeigen, wie wir selbst vorgegangen sind:

Unsere Weltanschauung beruht darauf, dass wir die Welt anschauen!

Und: Unsere Erfahrung und unser Wissen über Schwingungsphänomene, Planetentöne, Farbton, Tonfarbe oder auch Klangfarbe möchten wir Ihnen so vermitteln, dass Sie alle diese Mosaiksteinchen in sich selbst fühlen und „wahr"-nehmen. Dabei harmonisieren Sie wie von selbst *Körper, Geist und Seele,* verbinden Mikrokosmos MENSCH mit Makrokosmos UNIVERSUM, oben mit unten, innen mit außen (und jeweils auch umgekehrt). Vielleicht ist ja unser gesamtes Leben nichts anderes als ein kontinuierlicher Lernprozess, ein Weg zu Erkenntnis und Bewusstheit, vom ersten bis zum letzten Atemzug.

Und so dürfen Sie den Aufbau dieses Buches auch verstehen, als eine Art „kosmische Fahrstunde durch die Schöpfung"! Dazu machen wir Ihnen theoretische und „praktische" Angebote. Wir möchten Ihnen aufzeigen, was das Credo des Hermes Trismegistos „wie oben – so unten" wahrhaftig bedeutet.

Ein gut gemeinter Hinweis hierzu: Wer Auto fahren möchte, sollte wissen, wie das funktioniert. Grundvoraussetzung für ein harmonisches Miteinander aller Menschen inklusive Umwelt ist die bewusste und korrekte Anwendung von Gas und Bremse (zum richtigen Zeitpunkt).

Dieses Buch verzichtet dabei bewusst auf Wertungen wie *richtig* oder *falsch*, denn: Bewertung trennt und schafft künstliche Gräben, wo naturgemäß in der Ganzheit überhaupt keine existieren. Auch sagen wir nicht: (Nur) so ist es! Vielmehr möchten wir als eine Art *Pontifex* (aus dem Lateinischen: Brückenbauer) passende und „stimmige" Mosaiksteinchen aus der Weisheit der Alten wie dem Wissen von heute so zusammentragen, dass Sie sich selbst als *„kosmischen Menschen"* begreifen und erfahren.

Dieses Buch ist voller Demut für diese wunder-volle Schöpfung geschrieben, die uns immer in Ehrfurcht erstaunen lässt. Wir verstehen es als Mischung aus fundierter wissenschaftlicher Abhandlung und einer Art „Liebeserklärung" für alles Lebendige und Unlebendige.

Unser Vorhaben ist dann gelungen, wenn Sie sich im Sinne des Bibelzitats „Lasset uns werden wie die Kinder" über jede weiße Schneeflocke freuen können, die vom Himmel direkt auf Ihre Nasespitze fällt, dort schmilzt und Ihnen in der Seele guttut. Nüchtern (wissenschaftlich) betrachtet ist diese Schneeflocke „nur" Wasser. Noch ein Beispiel: Gefrorenes Wasser erzeugt – zum Beispiel auf einer Fensterscheibe – ohne Fremdeinwirkung die wundervollsten Mandalas.

Ganzheitlich betrachtet, bedeuten diese Phänomene so viel mehr, sie bringen uns in Ein-Klang mit dem All-Eins, verbinden oben mit unten, Makrokosmos mit Mikrokosmos, ja, sie versetzen unsere Seele in Schwingung und können uns mit unserer Quelle verbinden, wie dieser Gedanke von Thomas Künne zum Ausdruck bringen möchte:

> *„... und das Universum sprach zur suchenden Seele:*
> *Alles ist in allem und alles ist in Dir, denn Du bist Sternenstaub,*
> *der sich in der Zeit Deines Lebens als menschliches Wesen offenbart.*
> *Ich bin Du und Du bist Ich, Wir sind Eins!"*

Diese Erkenntnis ist tröstlich, denn das *einsame Alleinsein* kann so zu einem *verbindenden All-Eins-Sein* wachsen und zu einem gelingenden Leben gedeihen.

Grundlagenteil

Eine Musik, die den Anspruch erhebt, kosmische Musik zu sein, erfüllt diesen nur, wenn sie im Einklang mit dem Kosmos, im Einklang mit dem Lauf der Dinge gestimmt ist. Die Erläuterungen hier zeigen, wie himmlische Rhythmen in verschiedene Bereiche transponiert werden können, damit sie für das menschliche Ohr wahrnehmbar sind, und wie man eine Musik komponieren kann, die sich in den kosmischen Urklang harmonisch einschwingt. Diese Musik schließt sich somit der großen Tradition der spirituellen chinesischen Musik wie auch der religiösen indischen Tempelmusik an.

Einblicke in die Grundlagen der Schöpfung

Die erfreulichste Frucht der Naturforschung bietet der Gewinn, durch Einsicht in den Zusammenhang der Erscheinungen den Genuss der Natur vermehrt und veredelt zu sehen. Eine solche Veredelung ist das Werk der Beobachtung, der Intelligenz und der Zeit, in welcher alle Richtungen der Geisteskräfte sich immer wieder reflektieren.

Zeitmessung – Am Anfang war der Schatten

Der Schatten eines Baumes ist am Morgen lang und gen Westen, am Mittag kurz und gen Norden gerichtet – am Abend ist er wieder lang und gen Osten gerichtet. Für den Beobachter bewegt sich der Schatten kontinuierlich. Das Schrumpfen des Schattens am Vormittag und sein Anwachsen am Nachmittag vollziehen sich für den Beobachter ebenfalls kontinuierlich. Zudem zeigt es sich, dass der Schatten im Sommer am Mittag kürzer fällt, als dies im Winter der Fall ist. Und so begannen die Menschen, aus der Beobachtung der Schatten und deren Vermessung, den Raum im Umkreis des Baumes und die Zeit einzuteilen.

Die Geschichte der Zeitmessgeräte lässt sich bis zu den Sumerern und Ägyptern zurückverfolgen, die um 3000 v. Chr. Sonnenuhren auf Basis einfacher Schattenstäbe kannten. Seit 2400 v. Chr. ist der Schattenstab auch aus China bekannt. Die Griechen nannten ihn später *Gnomon.*

Um 2000 v. Chr. wurde von den Babyloniern das Sexagesimalsystem mit der Basiszahl 60 verwendet, aus dem sich später das Zwölfersystem (Duodezimalsystem) für die Stundeneinteilung entwickelte. Astrologen teilen heute noch das Horoskop (griech. *hora = Stunde* und *skopéin = beobachten*) in zwölf Häuser. Die alten Ägypter unterteilten den Tag bereits in zwei Zwölf-Stunden-Zeiträume – wie wir das heute noch tun – und verwendeten große Obelisken, auf denen die Bewegung der Sonne verfolgt werden konnte.

Nun wird sich manch einer fragen, wieso die Menschen auf Zahlen wie 12 und 60 kamen, um die Zeit einzuteilen. Um dies nachvollziehen zu können, lohnt es sich, sich ein wenig mit Geometrie und Naturbeobachtung zu beschäftigen. Die nachfolgenden Erklärungen setzen keine höhere Bildung voraus und können leicht selbst nachvollzogen werden.

Die einfachsten Kreisteilungen

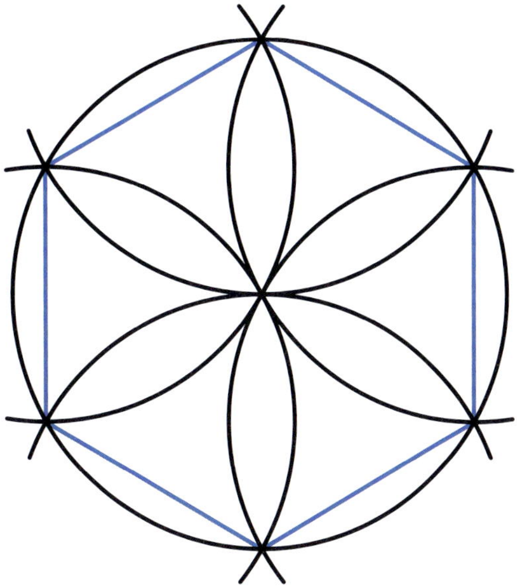

Konstruktion des Sechsecks

Die ersten Geräte der Menschen zum Erstellen von geometrischen Zeichnungen waren Schnüre und Stöckchen. Um eine gerade Linie zu ziehen, steckte man zwei Stöckchen in den Boden und verband die beiden Stöckchen miteinander mit einer gespannten Schnur. Entlang dieser Schnur konnte man nun mit einem weiteren Stöckchen eine gerade Linie im Erdboden markieren. Zog man ein Stöckchen aus dem Boden, dann konnte man, wenn man darauf achtete, dass die Schnur immer gespannt blieb, einen Kreis um das im Boden steckende Stöckchen ziehen. So erhielt man einen Kreis mit eingezeichnetem Radius. Heute verwendet man für geometrische Zeichnungen auf dem Papier nebst Stift ein Lineal und einen Zirkel. Prinzipiell kann man alles, was man mit Lineal und Zirkel bewerkstelligen kann, auch mit Schnüren und Stöckchen zeichnen – nur nicht so präzise.

Beobachtet man Kinder, wenn sie beginnen, mit Zirkel und Lineal zu hantieren, dann zeigt sich häufig, wie sie ganz von alleine merken, dass man den Radius (Zirkelöffnung) genau sechsmal am Kreis abtragen kann. Die Konstruktion eines regelmäßigen Sechseckes zählt zu den einfachsten geometrischen Konstruktionen, die es gibt.

Das regelmäßige Zwölfeck, wie auch der regelmäßige Zwölfstern, ist recht einfach zu konstruieren. Die Grundkonstruktion ist die gleiche wie beim Sechseck. Man muss hier nur noch die 60°-Winkel halbieren. Dieses geschieht, indem man von jeder der sechs Ecken zwei Kreisbögen nach außen zeichnet und die äußeren Schnittpunkte der Kreisbögen diagonal durch den Mittelpunkt des Kreises miteinander verbindet. Die Schnittpunkte der so erhaltenen Geraden mit dem Kreis ergeben die weiteren sechs Ecken des regelmäßigen Zwölfecks. Menschen waren also lange vor der Erfindung von Papier und Schreibwerkzeug in der Lage, Geometrie zu betreiben.

Blume des Lebens

Da die Konstruktion eines regelmäßigen Zwölfecks um einen in den Boden gesteckten Stab, respektive Schattenstab, die wohl am leichtesten zu bewerkstelligende regelmäßige Kreisteilung ist, ist es überhaupt nicht verwunderlich, dass man in archaischen Zeiten den Tag ursprünglich in zwölf Abschnitte aufteilte, um einen bestimmten Zeitpunkt eines Tages beschreiben und definieren zu können. Sicher, man hätte den Kreis auch in zehn gleiche Abschnitte aufteilen können, was mit Stöckchen und Schnüren, respektive mit Zirkel und Lineal, auch genauso machbar ist, doch die Konstruktion eines regelmäßigen Zehnecks ist schon etwas komplizierter als die eines regelmäßigen Zwölfecks und erfordert mehr Kenntnisse in Geometrie.

Wie bereits dargestellt, ist die Halbierung eines Winkels geometrisch leicht mit Zirkel und Lineal zu bewerkstelligen. Für die Halbierung der zwölf Winkel und somit der zwölf Kreisabschnitte gibt es verschiedene sehr einfache Lösungen. So war es naheliegend, für eine präzisere Zeitangabe, den Kreis respektive den Tag in 24 Abschnitte zu teilen, so wie wir es heute noch tun mit der Tagesteilung in 24 Stunden. Ziffernblätter von Kirchturmuhren oder modernen Uhren zeigen noch die ursprüngliche Zwölferteilung, der Tag indes ist in 24 Stunden aufgeteilt.

Die Blume des Lebens ist ein Ornament basierend auf der Zwölferteilung des Kreises. Eine der ältesten derzeit bekannten Darstellungen dieser Grundstruktur als sich wiederholendes Muster findet sich auf einer etwa zwei Meter breiten Türschwelle aus dem Palast von König Aššur-bāni-apli in Dur Šarrukin aus dem Jahr 645 v. Chr., die heute in der assyrischen Abteilung des Louvre gezeigt wird. Die Ornamentik der Türschwellen hatte vermutlich in den angrenzenden Räumen ausgelegte Teppiche zum Vorbild. Die Struktur der Waben im Bienenstock gleicht jener der Blume des Lebens. Es braucht nur ein paar Milligramm Insektengehirn, um so etwas zu bewerkstelligen.

Die Schlüsselzahl 720

Die auffälligste astronomische Gegebenheit ist die Drehung der Erde um die eigene Achse und der daraus resultierende Wechsel zwischen Tag und Nacht. Tagsüber beschreibt die Sonne einen Bogen durch das Himmelsgewölbe, in der Nacht die Sterne, die Planeten und der Mond. Da die Beobachtung des Mondes für das Auge weitaus schonender ist als die Beobachtung der Sonne, und man dafür keine geschwärzten Gläser oder anderes Werkzeug benötigt, wird hier die Beobachtung am Beispiel des Mondes aufgezeigt, der, wie übrigens auch die Sonne, etwa ein halbes Grad „dick" ist. Das heißt, wenn man von der einen Seite des Mondes einen Faden zur Erde spannen würde und von der anderen Seite des Mondes ebenfalls einen Faden zum gleichen Ort auf der Erde befestigen würde, so würden die beiden Fäden einen Winkel von etwa einem halben Grad oder 30 Bogenminuten bilden. In zwei Minuten dreht sich auch der Schatten des Schattenstabes im Schnitt um etwa ein halbes Grad, in vier Minuten um ein Grad und in einer Stunde um 15 Grad. Für in Geometrie nicht vorgebildete Leserinnen und Leser zur Information: Der Kreis wird in 360 Grad eingeteilt, wobei ein Grad 60 Bogenminuten und eine Bogenminute 60 Bogensekunden umfasst.

Dass die visuelle, von der Erde aus gesehene Größe von Sonne und Mond, fast die gleiche ist, kann bei Sonnenfinsternissen gut beobachtet werden. Eine Sonnenfinsternis tritt genau dann ein, wenn sich der Mond zwischen der Erde und der Sonne befindet. Dies ist bei Neumond der Fall, wenn sich Sonne und Mond dicht beim Schnittpunkt von Sonnen- und Mondbahn (Mondknoten) befinden. Ist der Mond bei einem solchen Ereignis erdnah, dann ist er von der Erde aus gesehen etwas größer als die Sonne, und es entsteht eine totale Sonnenfinsternis. Ist der Mond jedoch auf seiner elliptischen Bahn weiter weg von der Erde, dann ist er von der Erde aus gesehen etwas kleiner als die Sonne, und es entsteht eine sogenannte ringförmige Sonnenfinsternis. Bei der ringförmigen Finsternis hat der Mond einen scheinbar kleineren Durchmesser als die Sonne und lässt dadurch einen schmalen Lichtring des Tagesgestirns unbedeckt.

Der Unterschied im scheinbaren Durchmesser des Mondes vom Minimum (Erdferne) bis Maximum (Erdnähe) beträgt etwa 14 Prozent, das entspricht der Größendifferenz der Ein- und Zwei-Euro-Münzen – und ist mit freiem Auge für geübte Sterngucker gut wahrnehmbar.

Nun zur eigenen Beobachtung: Wenn man sich einen Platz aussucht, von dem aus der Mond die Spitze einer Tanne, eines Kirchturms oder eines Minarettes oder auch eines Mastes einer Hochspannungsleitung passieren wird, dann

Der Mond auf der linken Seite einer Baumspitze

Der Mond zwei Minuten später auf der rechten Seite

kann man sehen, dass der Mond etwa zwei Minuten braucht, um bei der Passage von der linken Seite der ausgewählten Spitze bis zur rechten Seite derselben zu gelangen.

Für solche Beobachtungen eignen sich besonders gut Vollmondnächte im Sommer, da der Mond im Sommer zur Vollmondzeit einen niedrigen Bogen am Himmel vollzieht und somit leichter Orientierungspunkte für diese Beobachtung zu finden sind als in den Wintervollmondnächten, wenn der Mond einen hohen Bogen durch den nächtlichen Himmel zieht.

Für Beobachtungen die (scheinbare) Bewegung der Sonne am Himmel betreffend, sei hier auf den Schatten eines entsprechenden Objektes – etwa der Baumspitze oder eines Schattenstabs – hingewiesen. Auch hier dreht sich der Schatten im Zeitraum von zwei Minuten etwa um ein halbes Grad oder 30 Bogenminuten.

Der Tag hat in der heutigen Zeitrechnung 24 Stunden und jede Stunde umfasst 60 Minuten. Der Tag hat also 24 × 60 = 1.440 Minuten. Es gibt somit 1.440 aufeinander folgende Zeitintervalle von einer Minute pro Tag respektive 1.440 / 2 = 720 aufeinander folgende Zeitintervalle von zwei Minuten pro Tag.

Üblicherweise wird der Kreis heute in 360 gleiche Abschnitte von einem Grad geteilt. Somit gibt es 360 × 2 = 720 gleiche Abschnitte von einem halben Grad im vollständigen Kreis. Die Zahl 720 ist ein am Himmel oder am Schatten leicht ablesbarer Teiler, der für die Aufteilung des Tages in Zeitabschnitte oder der scheinbaren Kreisbahn von Sonne und Mond in Grad und Minuten gleichermaßen geeignet ist. Die Zahl 720 ist somit Ausgangspunkt eines Maßsystems, das in seiner Struktur für Raum und Zeit kompatibel ist.

720 ist auch das Produkt aller natürlichen ganzen Zahlen von 1 bis 6, denn es ist:

$$1 \times 2 \times 3 \times 4 \times 5 \times 6 = 720$$

Da solche Produktreihen in der Mathematik eine außerordentlich große Rolle spielen, gibt es dafür eine abgekürzte Schreibweise: 6! (sprich: sechs Fakultät). Die Fakultäten der Zahlen 1 bis 6 sind:

$$1! = 1 \qquad 2! = 2 \qquad 3! = 6 \qquad 4! = 24 \qquad 5! = 120 \qquad 6! = 720$$

Die Minute wird wiederum in 60 Sekunden aufgeteilt. Der Erdentag hat somit 1.440 Minuten mal 60 gleich 86.400 Sekunden. Die Zahl 86.400 wie auch die Ziffernfolge 864 wird uns in diesem Buch an mancher Stelle noch beschäftigen, da es sich hierbei wieder um eine elementare Zahl und Ziffernfolge handelt. Die Zahl 86.400 lässt sich auch als Fakultätsprodukt darstellen:

$$1 \times 2 \times 3 \times 4 \times 5 \times 6 \times 1 \times 2 \times 3 \times 4 \times 5 = 720 \times 120 = 6! \times 5! = 86.400$$

Fakultäten und deren Produkte, wie auch deren Quotienten, spielen beim Aufbau der alten Maßsysteme eine essenzielle Rolle. Die Zahl 720 respektive 6! ist der Ausgangspunkt für die Teilung des Kreises und für die Teilung des Tages. Wie später noch in diesem Buch gezeigt werden wird, basieren auch Längenmaße in alten Maßsystemen auf Vielfachen oder Teilern dieser Schlüsselzahl. In der folgenden Tabelle sind die wichtigsten Ableitungen von dieser Schlüsselzahl für die Kreisteilung sowie für die Zeiteinteilung zusammengestellt.

720 / 30 = 24 = Zahl der Stunden eines Erdentages
720 / 2 = 360 = Zahl der Bogengrade des Kreises
720 × 2 = 1.440 = Zahl der Minuten des Erdentages
720 × 30 = 21.600 = Zahl der Bogenminuten des Kreises
720 × 120 = 86.400 = Zahl der Sekunden des Erdentages
720 × 1.800 = 1.296.000 = Zahl der Bogensekunden des Kreises

FAZIT

Die Teilung von Raum und Zeit erfolgte aufgrund von einfachen Naturbeobachtungen. Waren es anfangs Beobachtungen des Schattens von einem Stab, die zu ersten Teilungen des Kreises und der Zeit führten, folgten später zahlreiche Aufzeichnungen, die überliefert wurden, sodass neue Beobachtungen mit früheren verglichen werden konnten und in der Folge ein mehr und mehr differenziertes System für die Gliederung von Raum und Zeit entstand. Auch heute kann jeder diese Beobachtungen respektive Naturbetrachtungen selbst durchführen und den Sinn der klassischen Teilungen von Raum und Zeit erkennen und nachvollziehen.

Zeit, Frequenz und die Oktave

Kosmisch gestimmte Musik ist ein analoges Fraktal von Schwingungsphänomenen aus der Natur – dies gilt für den Makro- wie für den Mikrokosmos.

Zeit

Der Begriff *Zeit* löst bei den Menschen ganz unterschiedliche Assoziationen aus. Viele Menschen der westlichen Kultur haben oft zu wenig davon und sagen zuweilen *„ich habe keine Zeit"* oder *„ich habe zu wenig Zeit"*. Dies zeigt deutlich, dass mit Zeit nicht nur die Erfahrungsdimension gemeint ist, sondern – im algebraischen Sinne – eine bestimmte Menge davon. Die meisten meinen *Zeitdauer,* wenn sie Zeit sagen.

Die Erfahrungsdimension der Zeit ist auch eine Frage des Bewusstseins. Für den Physiker ist sie eine grundlegende Dimension mit einer bestimmten Richtung, die nicht umkehrbar ist. Für einige Weise des Ostens (Gurus, Yogis usw.) ist sie als solche gar nicht existent, sondern nur eine Art Gegenpol des nichtzeitlich Erfahrbaren. Dies wird in vielen Kulturen als Ewigkeit bezeichnet. Der Begriff Zeit wird hier nicht im streng physikalischen Sinne gebraucht, sondern als Dauer eines Zeitintervalles verwendet, wie ihn die meisten Menschen auch empfinden.

Zeit ist demnach in Wirklichkeit kein unabhängiger Begriff, sondern eine Länge. Historisch gesehen ist die Zeit definiert als Dauer zwischen zwei bestimmten (zumeist gleichartigen) astronomischen Konstellationen. Die Dauer von einem Sonnendurchgang bis zum nächsten Sonnendurchgang durch die obere Kulmination (Mittag) wird als Tag bezeichnet. Die Dauer von einem Frühlingsanfang bis zum nächsten Frühlingsanfang wird als Jahr bezeichnet. Tage und Jahre sind periodische Erscheinungen, sie folgen regelmäßig aufeinander. Zeit ist die Schwingungsdauer periodischer Erscheinungen.

Frequenz

Frequenz (lat. *frequentia = Häufigkeit*) ist die Anzahl der Wiederholungen eines periodischen Phänomens innerhalb eines Zeitintervalls. Periodische Phänomene (zum Beispiel die Tage, die Jahre, die Mondumläufe) sind Schwingungen. Die Maßeinheit der Schwingung wird pro Zeiteinheit angegeben (die *Neue Zürcher Zeitung* hatte einst drei Ausgaben pro Tag, sie erschien dreimal täglich, oder diese Stimmgabel hat 272,2 Schwingungen pro Sekunde, sie schwingt jede Se-

HINWEIS FÜR PHYSIKER

Im Jahre 1899 veröffentlichte die Königlich Preußische Akademie der Wissenschaften zu Berlin den Beitrag *„Über irreversible Strahlungsvorgänge"* von Max Planck (1858–1947). In § 26 *„Natürliche Maßeinheiten"* beschreibt Max Planck die Berechnung der Maßeinheit der Zeit auf Basis der Konstante *b*, die er später als Hilfsgröße *h* bezeichnete und die in der Folge als *Plancksches Wirkumsquantum* eine fundamentale Größe in der Physik wurde.
Als Einheit der Zeit gab Planck den Wert von $1{,}38 \times 10^{-43}$ Sekunden an. Max Planck nannte diese Einheit der Zeit wie auch die von ihm 1899 berechneten Einheiten der Länge, Masse und Temperatur *„natürliche Maßeinheiten"*, da diese Maßeinheiten eben naturgegeben sind und nicht willkürlich vom Menschen definiert wurden.
Im Dezember 1900 publizierte Max Planck seine Arbeit zur Theorie der Strahlung eines Schwarzen Körpers, in der die später nach ihm benannte Konstante erstmals mit *h* (von Hilfsgröße abgeleitet) bezeichnet wurde, und für die er 1919 den Nobelpreis für Physik erhielt.
Häufig wird heute in der Physik statt h auch das sogenannte reduzierte Plancksche Wirkungsquantum ħ (sprich: „ha quer") verwendet mit:

$\hbar = h / 2 \times \pi = 1{,}054\,571\,7\ cm^2 \times g \times sec^{-1}$, wobei π die Kreiszahl (pi) ist.

ħ wurde in der Vergangenheit gelegentlich auch nach Paul Dirac (1902–1984), einem britischen Physiker, Nobelpreisträger und Mitbegründer der Quantenphysik als *„Diracsche Konstante"* bezeichnet. Das reduzierte Plancksche Wirkungsquantum ħ wurde im Jahr 1913 von dem dänischen Physiker und Nobelpreisträger Niels Bohr (1885–1962) in der Quantenphysik mit der Veröffentlichung seiner Theorie des Wasserstoffatoms eingeführt.
Die sogenannte Planck-Zeit, berechnet nach Maßgabe des reduzierten Planckschen Wirkungsquantums ħ, entspricht einer Zeitspanne von $5{,}391 \times 10^{-44}$ sec. Diese Zeitspanne ist um den Wert der Quadratwurzel aus $2 \times \pi = 2{,}506\,628$ kleiner als der Wert ($1{,}351 \times 10^{-43}$ sec) gemäß zeitgenössischer Berechnungen auf Basis des klassischen Wirkungsquantums h.
Alle in der Folge in diesem Buch gemachten Aussagen gelten nur für Zeiten, die länger dauern als $1{,}351 \times 10^{-43}$ Sekunden respektive für Frequenzen, die kleiner sind als $7{,}4 \times 10^{42}$ Hertz, das heißt, die unterhalb der besagten Frequenz liegen. Bei kleineren Zeitintervallen verliert die Zeit ihre vertrauten Eigenschaften als Kontinuum. Sie würde quantisieren, das heißt, Zeit liefe unterhalb der Planck-Zeit in diskreten Sprüngen ab.

kunde 272,2-mal hin und her). Die Maßzahl der Frequenz, die in Hertz angegeben wird, ist die Anzahl von Schwingungen im Zeitintervall von 1 Sekunde (also 1 Schwingung pro Sekunde nennt man 1 Hertz); die Sekunde entspricht dem 86.400-sten Teil eines mittleren Sonnentages.

In physikalischen Abhandlungen bürgert sich immer mehr die Schreibweise 1 sec^{-1} für 1 Hz (1 Hertz) ein. In Musiklehrbüchern wird der Begriff Hertz nach wie vor verwendet.

Die Zeitdauer einer periodischen Erscheinung und deren Frequenz verhalten sich umgekehrt proportional zueinander, es gilt die Beziehung:

$$\text{Zeitdauer} = 1 / \text{Frequenz}$$
$$\text{Frequenz} = 1 / \text{Zeitdauer}$$

Von der Dauer einer Periode wird der Kehrwert 1/Periodendauer gebildet, um die entsprechende Frequenz dieser Periode zu erhalten. Zum näheren Verständnis dieser Gegebenheit möge das folgende Beispiel aus dem Alltagsleben der Kaffeetrinker dienen: Trinkt jemand jeden Morgen nach dem Aufstehen eine Tasse Kaffee, dann trinkt diese Person einmal täglich einen Kaffee. Die Zeitdauer von einem Kaffee bis zum nächsten Kaffee währt einen Tag, die entsprechende Frequenz ist dann ein Kaffee pro Tag. Trinkt die Person jedoch morgens und abends einen Kaffee, dann dauert die durchschnittliche Zeit zwischen den Kaffees zwölf Stunden oder einen halben Tag, die entsprechende Frequenz ist dann zwei Kaffees pro Tag (halbe Zeit, doppelte Frequenz).

Die Oktave

Die Oktave (lat. *octava = die Achte, die achte Stufe der Tonleiter*) ist im Sinne der musikalischen Harmonielehre die 8. Stufe in diatonischer Folge, die mit demselben Tonbuchstaben bezeichnet wird wie der Ausgangston. In der ältesten Theorie der griechischen Musik (bei Philolaos, Philosoph, 470–385 v. Chr.) heißt die Oktave *Harmonia,* erst später *Diapason*. Dann wurde sie auch als *Symphonia* (= Zusammenklingendes) bezeichnet und galt als das Intervall mit dem größten Verschmelzungsgrad.

Die Saitenteilung demonstriert die Oktave als einfachste Proportion (1 zu 2). Physikalisch ist die aufsteigende Oktave der 1. Oberton eines Grundtones und hat die doppelte Frequenz des Grundtones. Die absteigende Oktave eines Grundtones hat die halbe Frequenz des Grundtones. Oktavieren heißt eine Frequenz verdoppeln oder halbieren.

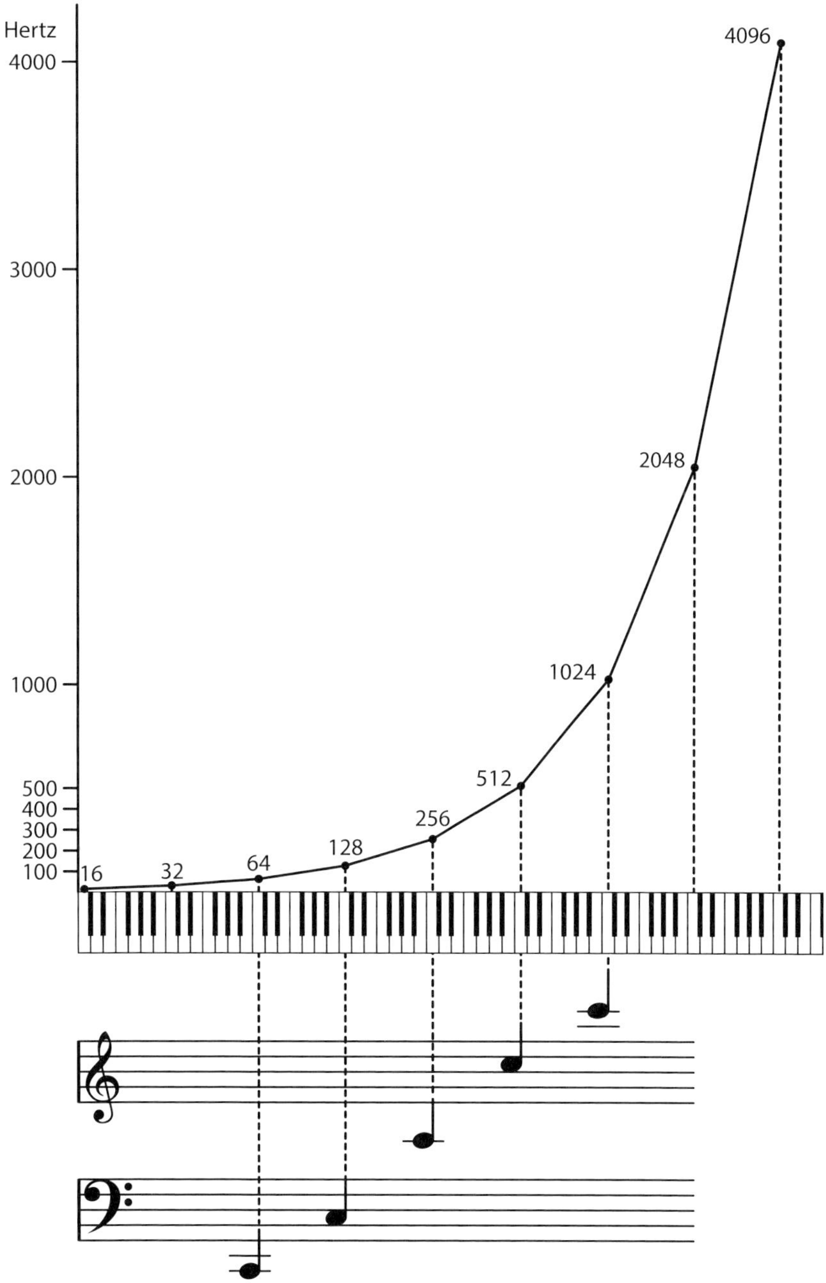

Oktaven und Frequenzen

Von Oktave zu Oktave verdoppelt oder halbiert sich der Frequenzunterschied. So sind es – ausgehend von einem Grundton von 64 Hz – vom Grundton bis zur ersten Oktave 64 Hz, von der ersten Oktave zur zweiten sind es 128 Hz, von der zweiten zur dritten Oktave sind es 256 Hz und von der dritten zur vierten Oktave sind es dann 512 Hz.

Auffällig ist, dass sich in der Grundoktave kein weiterer Teilton aus der Obertonreihe befindet, in der ersten Oberoktave sind es zwei Teiltöne, in der zweiten Oberoktave sind es deren vier, in der dritten Oberoktave sind es deren acht. Würde man die Tabelle weiterführen, könnte man sehen, dass in der vierten Oberoktave 16 Teiltöne liegen, in der fünften bereits ganze 32, in der nächsten gar 64 usw.

Die Grundstruktur des Systems von Intervallen (Anzahl von Intervallen der Obertonreihe innerhalb von Oktaven) und der Frequenzen von Oktaven wird durch Zweierpotenzen (einfache oder mehrfache Verdoppelungen) charakterisiert, wie beispielsweise auch die Grundstruktur von Speichermedien (Festplatten u.a.) zur Aufbewahrung von Dateien. Die Größe von Dateien oder Speicherkapazitäten wird in Bits, Bytes, Kilobytes (KB), Megabytes (MB) oder Gigabytes (GB) angegeben. Die Umrechnungsfaktoren zwischen diesen Einheiten sind immer als Zweierpotenzen determinierbar.

Umrechnungsfaktoren Gigabyte (GB), Megabyte (MB), Kilobyte (KB), Byte, Bit

GB	MB	KB	Byte	Bit
1	$1.024 = 2^{10}$	$1.048.576 = 2^{20}$	$1.073.741.824 = 2^{30}$	$8.589.934.592 = 2^{33}$
	1	$1.024 = 2^{10}$	$1.048.576 = 2^{20}$	$8.388.608 = 2^{23}$
		1	$1.024 = 2^{10}$	$8.192 = 2^{13}$
			1	$8 = 2^{3}$

FAZIT

Potenzen der Zahl 2 spielen nicht nur in der Musik im Zusammenhang mit der Bildung von Oktaven eine besondere Rolle, sondern auch für den Aufbau von Speichermedien. In der Musik ist die Oktave das Intervall mit dem geringsten energetischen Widerstand, sie wird also am meisten von allen Intervallen auch vom Grundton mitgetragen. Dadurch hat sie eine herausragende Stellung gegenüber allen anderen Intervallen. Dies ist jedoch nicht nur in der Musik so, sondern hat allgemeine Gültigkeit bei allen Schwingungsphänomenen. Denn die Harmoniegesetze, wie wir sie aus der Musik kennen, lassen sich auf alle Schwingungsphänomene in der Natur übertragen. Dabei zeigt sich, dass das Oktavgesetz nicht nur in dem für unser Ohr wahrnehmbaren Frequenzbereich seine Gültigkeit hat, sondern wahrlich von universellem Charakter ist.

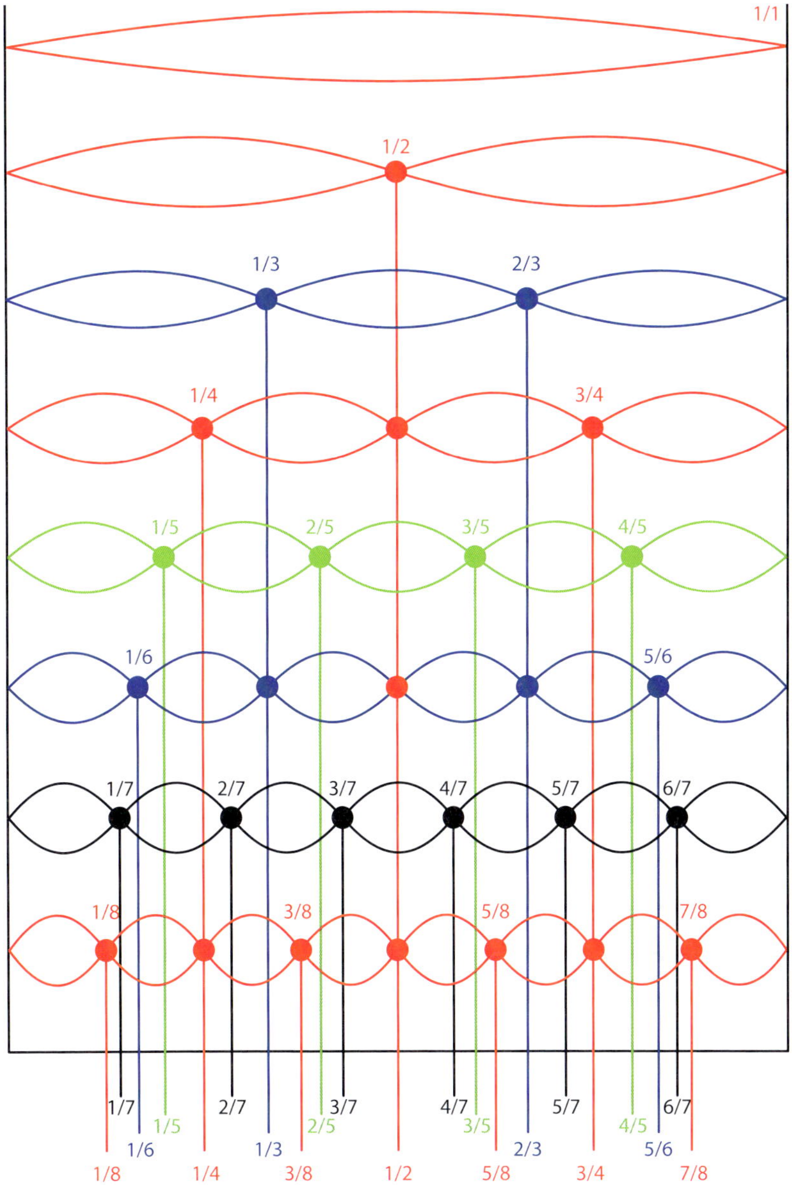

Die Grafik zeigt die Schwingungen des Grundtones und der Obertöne einer idealisierten Saite. Die meisten Schnittpunkte liegen bei den Oktavtönen – deshalb hat die Oktave den höchsten Resonanzeffekt respektive den geringsten energetischen Widerstand.

Transposition kosmischer Rhythmen

Der Kartograf zeichnet eine Landkarte in einem bestimmten Maßstab. Karten für Wanderer werden oft im Maßstab 1 zu 25.000 dargestellt. Ein See mit einer Länge von einem Kilometer erscheint auf einer solchen Karte mit einer Länge von vier Zentimetern. Der Wanderer kann auf der Karte erkennen, wie lang der Weg von einem Dorf zu einem Berg ist und wie die Landschaft um das Dorf herum strukturiert ist. Die Karte ist ein optisches Abbild der Landschaft (des Originals) zur Orientierung der Wanderer.

Der Kartograf bestimmt den Maßstab ja nach Bedürfnissen der Nutzer der Landkarten. Für den Wanderer wählt er einen Maßstab von 1 zu 25.000, sodass vier Zentimeter auf der Karte einem Kilometer in der Landschaft entsprechen. Für den Radfahrer ist etwa ein Maßstab von 1 zu 100.000 günstig, da ein Kilometer in der Landschaft einem Zentimeter auf der Karte entspricht. Für Autofahrer sind eher Maßstäbe von 1 zu 500.000 oder 1 zu 1.000.000 günstig, da hier ein Zentimeter auf der Karte fünf beziehungsweise zehn Kilometern in der Landschaft entspricht.

Um sich ein akustisches Bild von etwas zu machen, ist die Oktave als Grundelement für einen Maßstab sehr geeignet. Die Maßzahl wird hier mit der Zahl der Oktaven angegeben. Hierbei wird das Original – ein Sonnensystem oder ein Atom – so lange oktaviert, bis man in den Bereich gelangt, der einem nützlich erscheint, also zum Beispiel bis in den mittleren Hörbereich oder bis in den gewünschten Rhythmusbereich. Will man ein akustisches Abbild der Schwingungsverhältnisse – zum Beispiel der Umlaufperioden der Planeten – machen, muss man einfach diese periodischen Umläufe um etwa 35 Oktaven nach oben transponieren (verkleinern), und schon kann man die Schwingungsverhältnisse der Planeten im Hörbereich darstellen, Merkur ist dann als sehr hoher Ton zu hören, Venus schon etwas tiefer, die Erde nochmals tiefer – und je weiter ein Planet von der Sonne entfernt ist und somit entsprechend länger seine Umlaufzeit ist, desto tiefer erklingt er in diesem akustischen Abbild. Neptun wäre in diesem Beispiel mit etwa 6,6 Hz schon unterhalb des Hörbereiches und man würde diese Frequenz als schnelles Tempo von knapp 400 Anschlägen pro Minute wahrnehmen.

Man kann nach diesem Verfahren durch sukzessive Oktavierung jedoch nicht nur Phänomene aus dem Makrokosmos in den Hörbereich transponieren, sondern auch aus dem Mikrokosmos. Will man zum Beispiel die Spektren des Wasserstoffes in den Hörbereich transponieren, muss man die Frequenzen dieser Spektren einfach 40-mal halbieren, das heißt um 40 Oktaven nach unten

Die Landkarte ist Wegweiser für die Erde, die „Kosmische Oktave" für das Sonnensystem.

transponieren (vergrößern), und schon kann man die Schwingungsverhältnisse der Wasserstoffspektren im Hörbereich darstellen und hat dann ein akustisches Abbild dieser naturgegebenen Struktur.

Die Oktave im Regelwerk des Glasperlenspiels

Hermann Hesse, Schriftsteller (1877–1962), erhielt 1946 den Nobelpreis für Literatur. Ausgezeichnet wurde er für das Buch *Das Glasperlenspiel.* Das Werk enthält Grundsätze einer neuen Sprache, nämlich einer Zeichen- und Formelsprache, an welcher die Mathematik und die Musik gleichen Anteil hatten, und in der es möglich wurde, astronomische und musikalische Formeln zu verbinden, Mathematik und Musik gleichsam auf einen gemeinsamen Nenner zu bringen. Einer dieser Grundsätze ist das Gesetz der Oktave. Oktavieren heißt ja, wie bereits erwähnt, nichts anderes als das Verdoppeln oder das Halbieren einer beliebigen Frequenz.

Hermann Hesse hat in seinem *Glasperlenspiel* keine Angaben im mathematisch-physikalischen Sinn zu der besagten Formel gemacht, sondern hat diese nur literarisch umschrieben:

„Das Spiel der Spiele hatte sich, unter der wechselnden Hegemonie bald dieser, bald jener Wissenschaft oder Kunst, zu einer Art von Universalsprache ausgebildet, durch

welche die Spieler in sinnvollen Zeichen Werte auszudrücken und zueinander in Beziehung zu setzen befähigt waren. Zu allen Zeiten stand das Spiel in engem Zusammenhang mit der Musik und verlief meistens nach musikalischen oder mathematischen Regeln.

Ein Thema, zwei Themen, drei Themen wurden festgestellt, wurden ausgeführt, wurden variiert und erlitten ein ganz ähnliches Schicksal wie das Thema einer Fuge oder eines Konzertsatzes. Es konnte ein Spiel zum Beispiel ausgehen von einer gegebenen astronomischen Konfiguration, oder vom Thema einer Bachfuge, oder von einem Satz des Leibniz oder der Upanishaden, und es konnte von diesem Thema aus, je nach Absicht und Begabung des Spielers, die wachgerufene Leitidee entweder weiterführen und ausbauen oder auch durch Anklänge an verwandte Vorstellungen ihren Ausdruck bereichern. War der Anfänger etwa fähig, durch die Spielzeichen Parallelen zwischen einer klassischen Musik und der Formel eines Naturgesetzes herzustellen, so führte beim Könner und Meister das Spiel vom Anfangsthema frei bis in unbegrenzte Kombinationen."

Und zur Bedeutung dieser Formel und ihrer Anwendung schrieb er:

„Ich begriff plötzlich, daß in der Sprache oder doch mindestens im Geist des Glasperlenspiels tatsächlich alles allbedeutend sei, daß jedes Symbol und jede Kombination von Symbolen nicht hierhin oder dorthin, nicht zu einzelnen Beispielen, Experimenten und Beweisen führte, sondern ins Zentrum, ins Geheimnis und Innerste der Welt, in das Urwissen. Jeder Übergang von Dur zu Moll in einer Sonate, jede Wandlung eines Mythos' oder eines Kultes, jede klassische, künstlerische Formulierung sei, so erkannte ich im Blitz jenes Augenblicks, bei echter meditativer Betrachtung, nichts andres als ein unmittelbarer Weg ins Innere des Weltgeheimnisses, wo im Hin und Wider zwischen Ein- und Ausatmen, zwischen Himmel und Erde, zwischen Yin und Yang sich ewig das Heilige vollzieht."

Den Glasperlenspielern gibt Hermann Hesse folgende Botschaft mit auf den Weg:

„Also wir haben nicht zu regieren und haben nicht Politik zu machen. Wir sind Fachleute des Untersuchens, Zerlegens und Messens, wir sind die Erhalter und beständigen Nachprüfer aller Alphabete, Einmaleinse und Methoden, wir sind die Eichmeister der geistigen Maße und Gewichte. Gewiß sind wir auch noch vieles andre, können unter Umständen auch Neuerer, Entdecker, Abenteurer, Eroberer und Umdeuter sein, unsere erste und wichtigste Funktion aber, derentwegen das Volk unser bedarf und uns erhält, ist jene Sauberhaltung aller Wissensquellen. Es kann im Handel, in der Politik und wo immer vielleicht gelegentlich eine Leistung und Genialität bedeuten, aus einem U ein X zu machen, bei uns aber niemals."

Die Rhythmen der Erde

Die Rotationsdauer eines Planeten, in der sich der Himmelskörper einmal um die eigene Achse dreht, und seine Umlaufzeit um die Sonne können durch das *Gesetz der Oktave* in Töne und Farben transponiert werden und sind das Analoge zu dem sich Darbietenden am Himmel und auf Erden.

Außer der Bildung eines Kehrwertes (um aus der Periodendauer die Frequenz zu ermitteln) und dem Multiplizieren mit der Zahl 2 (zur Bildung der nächsthöheren Oktave) bedarf es keinerlei mathematischer Kenntnisse zur Berechnung eines Metrums respektive eines Tempos, eines Tones und einer Farbe analog zu einer astronomischen Periode.

Metrum, Ton und Farbe des Tages

Vorbemerkung zur Länge des Tages:

Der tägliche Umlauf des Sternhimmels wird als Sterntag bezeichnet. Nach seinem Ablauf erreichen dieselben Sterne wieder ihren höchsten Stand oder die obere Kulmination über dem Südhorizont (Meridiandurchgang). Durch die westöstlich gerichtete Komponente im Weiterrücken der Sonne am Fixsternhimmel ist der siderische Tag (Sterntag) circa 4 Minuten kürzer als der mittlere Sonnentag. Anders ausgedrückt, die Sonne bleibt scheinbar täglich rund 1° in östlicher Richtung an der Sphäre gegenüber dem Fixsternhimmel zurück.

Des Weiteren ist die Zeitspanne zwischen zwei aufeinanderfolgenden Meridiandurchgängen der Sonne unterschiedlich groß, weil sich die Sonne auf ihrer scheinbaren jährlichen Bahn verschieden schnell bewegt. Tatsächlich bewegt sich die Erde auf ihrer Jahresbahn um die Sonne wegen der elliptischen Bahnform verschieden schnell. Die wahren Sonnentage (Zeitspanne zwischen zwei Meridiandurchgängen der Sonne) sind somit im Verlauf des Jahres nicht genau gleich lang. Für eine gleichmäßige Zeiteinteilung hat man die durchschnittliche Länge der wahren Sonnentage ermittelt und diese dann als mittleren Sonnentag definiert.

Vorbemerkung zur Berechnung des Metrums:

Das Metrum beziehungsweise das Tempo wird in der Musik in Anschlägen pro Minute (beats per minute, bpm) angegeben. Ein Anschlag pro Minute (1 bpm) bedeutet, dass die Zeit von einem Anschlag zum nächsten eine Minute währt. Bei 30 Anschlägen pro Minute (ein sehr langsames Tempo) ist die Zeitdauer zwischen zwei Anschlägen 1/30 = 0,033 Minuten oder gleich zwei Sekunden. Bei

40 Anschlägen pro Minute ist die Zeitdauer zwischen zwei Anschlägen natürlich kürzer und beträgt 1/40 = 0,025 Minuten oder gleich 1,5 Sekunden. Um ein oktavanaloges Tempo zu einer bestimmten Zeitdauer zu berechnen, muss man die Zeitdauer in Minuten so oft halbieren, bis man zu einem Wert kleiner als 0,033 Minuten gelangt, da hier der Bereich der langsamen Tempi beginnt. Kürzere Zeitabstände zwischen den Anschlägen führen zu höheren Tempi.

Berechnung des Metrums des Tages

Ein mittlerer Sonnentag hat 24 Stunden, das sind 1.440 Minuten. Die Periode des Tages dauert 1.440 Minuten, die der 16. Oktave des Tages dauert:

$$1.440 \text{ Minuten} / 2^{16} = 0{,}021\,973 \text{ Minuten}$$

Das entspricht der Frequenz von:
2^{16} / 1.440 Minuten = 1 / 0,021 973 Minuten = 45,51 Schwingungen pro Minute

Das Metrum von 45,51 Anschlägen pro Minute entspricht der 16. Oktave des mittleren Sonnentages, das Doppelte, 91,02 Anschläge pro Minute, entspricht der 17. Oktave, das Vierfache von 45,51 ist 182,04, und 182,04 Anschläge pro Minute entsprechen der 18. Oktave des mittleren Sonnentages.

Ein Pendel mit einer Länge von etwa 43 cm pendelt 45,5 Mal pro Minute hin und her und somit oktavanalog zum mittleren Sonnentag. Ein Pendel mit der vierfachen Länge oder mit einem Viertel dieser Länge pendelt ebenfalls oktavanalog zum mittleren Sonnentag.

Berechnung des Tones des Tages

Der mittlere Sonnentag hat 24 Stunden, das sind 1.440 Minuten oder 86.400 Sekunden (24 × 60 × 60). Die 25. Oktave oder der 2^{25}. = 33.554.432. Teilton des Erdentages ist demnach:

$$1 / 86.400 \text{ sec} \times 33.554.432 = 388{,}36 \text{ Hz}$$

Die 25. Oktave des mittleren Sonnentages entspricht dem Ton g‘ und wird im europäischen Notensystem vom Violinschlüssel angezeigt.

Der Violinschlüssel

Elektronische Stimmgeräte mit Frequenzanzeige für den Ton a‘ müssen zur Erzeugung der oktavanalogen Tagestöne wie folgt eingestellt werden:

Man lässt den Ton g erklingen und pegelt die Anzeige auf 435,92 Hz – dem entsprechenden gleichschwebend temperierten a‘ – ein. Dann hört man das g mit 194,18 Hz, die 24. Oktave des mittleren Sonnentages, beziehungsweise mit 388,36 Hz, die 25. Oktave des mittleren Sonnentages. Der Tageston G ist 16,1 Cent (siehe Kasten, Seite 32f.) tiefer als das Norm-G, wobei 100 Cent einem Halbtonschritt auf der gleichschwebend temperierten Skala entsprechen.

Berechnung der Farbe des Tages

Die 65. Oktave (aufsteigend) des mittleren Sonnentages liegt im Sehbereich, denn sie hat eine Frequenz von:

$$1 / 86.400 \text{ sec} \times 2^{65} = 4{,}270 \times 10^{14} \text{ Hz}$$

Der Frequenz von $4{,}270 \times 10^{14}$ Hz entspricht eine Wellenlänge von 0,702 Mikrometer. Licht mit dieser Frequenz und mit dieser Wellenlänge sehen wir Orange-Rot.

Metrum, Ton und Farbe des Jahres

Der Umlauf der Erde um die Sonne wird als Jahr bezeichnet. Die Erde beschreibt in einem Jahr eine Umlaufbahn um die Sonne, deren Ebene um 23° 26‘ 15“ (2014) gegen den Erdäquator geneigt ist. Die Projektion dieser Ebene auf den Fixsternhimmel nennt man auch *Ekliptik* (griech. εκλειψις *[ekleipsis] = Verfinsterung*). Die Ekliptik schneidet den Himmelsäquator (Projektion der Äquatorebene auf den Fixsternhimmel) an zwei Stellen, dem Frühlingspunkt (0° Widder) und dem Herbstpunkt (0° Waage). Dort erscheint die Sonne für die Nordhalbkugel bei Frühlingsanfang um den 21. März (Frühlingsäquinoktium) und bei Herbstanfang um den 23. September (Herbstäquinoktium). An den beiden Äquinoktien (Tagundnachtgleiche) geht die Sonne genau im Osten auf und im Westen unter. Aufgrund der sich verändernden Bahngeschwindigkeit der Erde dauern derzeit bei uns Frühling und Sommer zusammengerechnet etwa eine Woche länger als Herbst und Winter.

Die Dauer der Zeitspanne zwischen zwei Durchgängen der Sonne durch den Frühlingspunkt, das heißt von einem Frühlingsanfang bis zum nächsten Frühlingsanfang, nennt man ein *tropisches Jahr* (griech. τροηαι *[tropai] = Wendepunkt*).

Berechnung des Metrums des Jahres

Das tropische Jahr dauert:

- 365 Tage, 5 Stunden, 48 Minuten, 45,261 Sekunden = 31.556.925,261 Sekunden
- in Minuten: 31.556.925,261 Sekunden / 60 = 525.948,75 Minuten

Die Periode der 24. Oktave dauert: 525.948,75 Minuten / 2^{24} = 0,031 349 Minuten

Das entspricht einer Frequenz von:
2^{24} / 525.948,75 Minuten = 31,899 Schwingungen pro Minute

WAS SIND CENTWERTE?

Centwerte sind Einheiten zur genauen Beschreibung der Größe eines Intervalls. Die hier angegebenen Centwerte geben die Größe des Intervalls zum entsprechenden Ton auf der Normskala basierend auf einem a' mit 440 Hz wieder.

Die Oktave wird in 1.200 Cent eingeteilt, sodass jeder Halbtonschritt der gleichschwebenden Stimmung (Normstimmung) 100 Cent umfasst. Der Intervallfaktor des gleichschwebenden Halbtonschrittes beträgt 1,059 463, was der 12. Wurzel aus 2 entspricht, also jener Zahl, die zwölf Mal mit sich selbst multipliziert 2 ergibt. Der Centwert eines Intervalls I wird nach der folgenden Formel berechnet:

$$\text{Centwert von } I = (\log I / \log 2) \times 1.200 \text{ Cent}$$

In der Formel steht „I“ für den Intervallfaktor, „log I“ für den Logarithmus (zur Basis 10 = dekadischer Logarithmus) des Intervallfaktors, „log 2“ für den dekadischen Logarithmus der Zahl 2, „(log I / log 2)“ steht somit für den Logarithmus des Intervallfaktors „I“ zur Basis 2 und 1.200 ist die Centzahl innerhalb einer Oktave.

Setzt man für „I“ die Zahl 2 in die Formel ein, also den Intervallfaktor von Grundton zur Oktave, erhält man 1.200 als Resultat, die Centzahl, die eine Oktave umfasst. Setzt man für „I“ die Zahl 1,059 463 ein, also den Intervallfaktor eines Halbtonschrittes der Normskala, erhält man als Resultat die Zahl 100, also die Centzahl, die ein Halbton der heutigen Normstimmung umfasst. Setzt man beispielsweise für „I“ den Wert 1,5 ein, also den Intervallfaktor der natürlichen (reinen) Quinte ein, erhält man als Resultat den Wert von 701,955 Cent.

$$(\log 1{,}5 / \log 2) \times 1.200 \text{ Cent} = 701{,}955 \text{ Cent}$$

Ein Metrum von 31,899 Anschlägen pro Minute entspricht der 24. Oktave des Jahres. Ein Metrum von 63,798 Anschlägen pro Minute entspricht der 25. Oktave des Jahres. Ein Metrum von 127,596 Anschlägen pro Minute entspricht der 26. Oktave des Jahres.

Ein Pendel mit einer Länge von etwa 88 cm schwingt mit einer Periode von 1,88 Sekunden respektive etwa 32-mal pro Minute hin und her. Das entspricht der 24. Oktave des tropischen Jahres. Ein Pendel mit einer Länge von etwa 22 cm schwingt mit einer Periode von 0,94 Sekunden respektive etwa 64-mal pro Minute hin und her. Das entspricht der 25. Oktave des tropischen Jahres.

Der Intervallfaktor der natürlichen (reinen) Quarte ist 4/3 = 1,333 333. Setzt man diesen Wert für „I" in der Formel ein, erhält man den Wert von 498,045 Cent.

$$(\log 1{,}333\,333 / \log 2) \times 1.200 \text{ Cent} = 498{,}045 \text{ Cent}$$

Die Folge von Quinte und Quarte bilden zusammen eine Oktave. Die Summe der Centwerte von Quinte (701,955) und Quarte (498,045) ist 1.200 (Centwert der Oktave). Das Produkt der Intervallfaktoren von Quinte (1,5) und Quarte (1,333 333) ist 2 (Intervallfaktor der Oktave). Intervallfaktoren werden durch Multiplikation, respektive Division miteinander verknüpft, die entsprechenden Centwerte durch Addition, respektive Subtraktion. Das Intervall der natürlichen (reinen) Quinte umfasst 701,955 Cent und ist etwas größer als das Intervall einer gleichschwebenden (temperierten) Quinte, das genau 700 Cent umfasst. Die natürliche (reine) Quarte ist hingegen etwas kleiner als die gleichschwebende (temperierte) Quarte mit 500 Cent.

Die in Stimmblättern angegebenen Centwerte geben die Größe des Intervalls zwischen dem angezeigten und dem nächsten Ton der Normskala an. Die angegebenen Werte liegen immer zwischen -50 Cent und 50 Cent (+50 Cent). Ein Minus vor dem Wert zeigt an, dass der entsprechende Ton tiefer ist als der nächstgelegene Normton. Positive Centwerte zeigen an, dass der entsprechende Ton höher ist als der nächstgelegene Normton.

Je kleiner der angegebene Centwert ist, desto näher liegt der entsprechende Ton beim nächstgelegenen Normton, je größer der angegebene Wert ist, desto größer ist die Abweichung vom entsprechenden Normton. Tendiert der Wert gegen 50, heißt das, dass die Abweichung etwa einen Viertelton der Normskala ausmacht.

Berechnung des Tones des Jahres

Bildet man die 32. Oktave der Frequenz des tropischen Jahres

$$1 / 31.556.925{,}261 \text{ Sekunden} \times 2^{32} = 136{,}102 \text{ Hz}$$

kommt man zu einem Ton, der etwas unter dem Ton Cis (c#) der gleichschwebend temperierten Normskala mit einem a‘ = 440 Hz liegt. Das dem Jahreston entsprechende gleichschwebend temperierte a‘ liegt bei 432,1 Hz und ist somit 31,4 Cent tiefer als der Norm-Kammerton.

Die Pariser *Académie des Sciences* setzte 1950 für Frankreich den Stimmton (Kammerton, auf dessen Basis die Instrumente im Orchester gestimmt werden) auf 432 Hz herab. Bei Ravi Shankar (1920–2012, indischer Musiker und Komponist) ist nachzulesen, dass die Sitar etwas unter dem europäischen c# (Cis) zu stimmen sei. Der Grundton der Sitar ist das „Sa“ (Sadja, indischer Grundton) und entspricht dem Jahreston der Erde in der 32. Oktave. Sadja heißt so viel wie *Vater der Anderen.* Auch die heilige Silbe „OM“ wird auf diesen Ton eingestimmt, wie auch zumeist die religiöse Tempelmusik. Aus stimmtechnischen Gründen wird empfohlen, eine höhere Oktave als Stimmgabel zu verwenden, da Schwebungen in höheren Oktaven genauer gehört werden, z.B. 272,20 Hz. Bemerkenswert ist noch die Länge der schwingenden Saite der Sitar. Bei den meisten nachgemessenen Instrumenten liegt diese bei 88 cm – sie ist also genauso lang wie ein Pendel, das oktavanalog zum Erdenjahr hin- und herschwingt.

Berechnung der Farbe des Jahres

Die 74. Oktave (aufsteigend) des tropischen Jahres liegt im Sehbereich, denn sie ist:

$$1 / 31.556.925{,}261 \text{ Sekunden} \times 2^{74} = 5{,}986 \times 10^{14} \text{ Hz}$$

Das entspricht einer Wellenlänge von 0,501 Mikrometer. Diese Frequenz und Wellenlänge sehen wir Blau-Grün (Türkis).

Metrum, Ton und Farbe des platonischen Jahres

Die Erde dreht sich um eine Achse (von Pol zu Pol) und stellt damit einen Kreisel dar. Allgemein bezeichnet man die Achsverlagerung eines Kreisels, die durch ein äußeres Drehmoment erzeugt wird, als Präzession. Auch die Erdachse beschreibt unter dem Einfluss von Sonne und Mond eine solche Bewegung. Dies war schon im Altertum bekannt, und die Dauer der Präzession wurde in der

GEHEIMNISVOLLE WIRKUNG DES JAHRESTONES

Das Geheimnis der enormen Wirkung der indischen Meditationsmusik liegt ganz einfach in der Tatsache, dass diese eben genau auf den Lauf der Dinge, das *„Tao“* eingestimmt ist. Das ist in diesem Fall der Lauf der Erde um die Sonne. So sind nicht nur die Instrumente, sondern auch Musiker und Zuhörer nach der *„Alapa“* – dem musikalischen Ein-Stimm-Vor-Spiel auf diesen immerwährenden Ton, das Sadja, eingestimmt. Alle Beteiligten sind im Einklang mit dem Kosmos, der seinen Widerhall in den Menschen findet.
Dieses Sadja, auch kurz Sa genannt, ist, nach indischer Überlieferung, der immerwährende, nie vergehende Ton und wird, wie schon erwähnt, durch die Silbe *„OM“* zum Ausdruck gebracht. Das *„OM“* entspricht dem *„Amen“* in den christlichen Kirchen. Amen bedeutet ja nichts anderes als *„so ist es“*. Jeder kann das für sich selbst nachprüfen, indem er original indische Meditationsmusik hört oder auf diesen Ton meditiert, diesen Ton summt oder singt und auf sich wirken lässt, und schon spürt man die Kraft, die diesem Ton innewohnt.
Der Musiker Barnim Schultze (Akasha Project) bezeichnet den Jahreston der Erde als *„home tone“*, als den Ton des Zuhauses. Und der Musiker Bert Olke (B. Ashra) schreibt über seine Erfahrungen mit dieser Stimmung beim Komponieren und Musizieren:

„Eine meiner intensivsten Erfahrungen mit der Kosmischen Oktave war die Produktion des Albums ‚Om Meditation‘ (Klangwirkstoff Records KW004). Im wahrsten Sinne des Wortes fühlte und fühle ich mich durch die Frequenzen, die ich für das Album nutzte, geerdeter denn je.
Die CD wurde auf das Erdenjahr, genauer ausgedrückt auf das tropische Erdenjahr (Cis | 136,1 Hz | 127,6 BPM) gestimmt, welches auch dem indischen Om exakt entspricht. Mit diesen Frequenzen wollte ich für den Zuhörer eher einen Zustand denn richtige Musik schaffen, den man speziell für Meditationen und therapeutische Anwendungen nutzen kann. Deswegen wollte ich mich dabei auf das Wesentliche konzentrieren und habe für die Produktion hauptsächlich Sinustöne und kosmisch gestimmte Hemisphären-Synchronisationen genutzt.
Die schönste Erfahrung mit dem Album war für mich, diese Frequenzen tauchend in einem Schwimmbecken mit Unterwasserlautsprechern erleben zu können. So fühlte ich mich, als wenn ich mit den Frequenzen Eins wurde und empfand dabei ein sehr wohliges Gefühl. Da wir Erdlinge diese Schwingung am intensivsten miterleben, ist es für mich auch einer der wichtigsten Töne der kosmischen Oktave.“

B. Ashra 2015

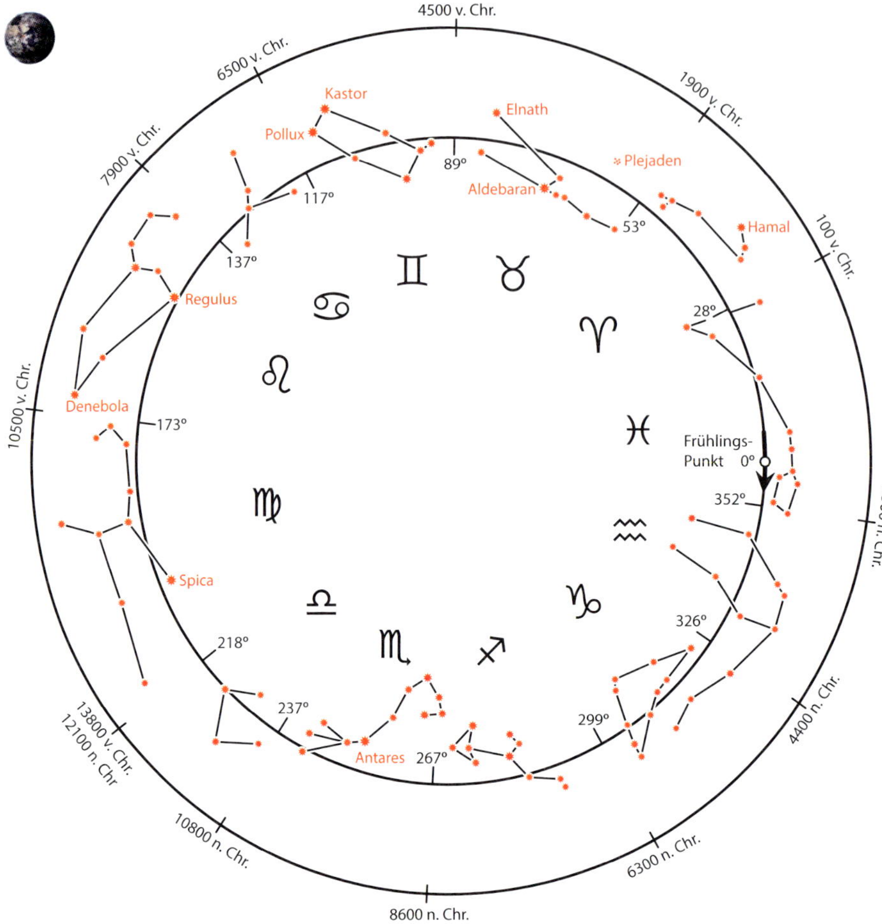

Die Abbildung zeigt den Verlauf der Wanderung des Frühlingspunktes durch den Tierkreis. Da die Sternbilder unterschiedlich groß sind, dauert die Durchwanderung derselben unterschiedlich lang. Am längsten dauert die Durchwanderung der Jungfrau (3.300 Jahre), am wenigsten lang die Durchwanderung der Waage (1.300 Jahre). Durchschnittlich sind es etwa 2.160 Jahre. Die angegebenen Jahreszahlen sind approximativ zu sehen.

Antike auf mehr als 30.000 Jahre geschätzt und wird auch heute noch *platonisches Jahr* genannt. In der Folge von genaueren Himmelsbeobachtungen im europäischen Abendland konnte die Dauer der Kreiselbewegung der Erdachse genauer bestimmt werden und wurde lange mit 25.920 Jahren angegeben. Somit verschiebt sich auch die Lage des Frühlingspunktes, Ausgangspunkt der astronomischen Koordinatensysteme, durch die Ekliptik in einer der *„Sonnenbahn“* entgegengesetzten Richtung um etwa 50 Bogensekunden pro Jahr respektive um 1 Grad in 72 Jahren. Das *Platonische Jahr,* in dem Mutter Erde einmal durch alle zwölf Tierkreiszeichen wandert, dauert, wie bereits erwähnt, 25.920 Jahre. Es wird in zwölf einzelne *Platonische Monate* unterteilt (analog zum Tierkreis oder zur Messung mittels Uhr in Abschnitten = Stunden).

Das Sternbild des entsprechenden Tierkreiszeichens, in dem sich der jeweilige Frühlingspunkt befindet, gibt dem Platonischen Monat seinen Namen. Seine Dauer beträgt entsprechend durchschnittlich 25.920/12 = 2.160 Jahre.

Unter allen hellen Sternen steht Regulus, auch α Leonis (Alpha Leonis) genannt, der Ekliptik am nächsten. Er ist der hellste Stern im Sternbild Löwe. Regulus (lat. kleiner König) hieß schon im alten Orient Königsstern. Seine Länge in der Ekliptik beträgt derzeit etwa 149° 33‘. Vor bald 10.800 Jahren lag der Frühlingspunkt beim Stern Regulus. Den Hauptstern des Löwen findet man als Spitze eines fast gleichschenkligen Dreiecks, dessen Grundlinie von Arktur und Spika gebildet wird.

Gegenwärtig zeigt die Erdachse recht genau in Richtung des Polarsterns, sodass alle Fixsterne scheinbar eine Kreisbahn um ihn beschreiben. Als Folge der Präzession liegt der Himmelspol aber nicht fest beim Polarstern, sondern wandert auf einem Kreis mit einem Radius von etwa 23,5° (Schiefe der Ekliptik) um den Ekliptikpol. In 12.000 Jahren wird er sich bei der Wega im Sternbild Leier befinden, dem zweithellsten nördlichen Stern.

Berechnung des Metrums des platonischen Jahres

Rechnet man 25.920 Jahre in Minuten um, so erhält man $1{,}363 \times 10^{10}$ Minuten. Die 39. Oktave dieser Periode dauert 0,024 80 Minuten, das entspricht einer Frequenz von 40,33 Anschlägen pro Minute, die 40. Oktave entspricht dann 80,65 Anschlägen pro Minute, die 41. Oktave 161,31 Anschlägen pro Minute.

Ein Pendel mit einer Länge von 55 cm schwingt oktavanalog in der 39. Oktave zum platonischen Jahr.

Berechnung des Tones des platonischen Jahres

Berechnet man die 47. Oktave der Frequenz des platonischen Jahres, so erhält man:

$1 / (31.556.925 \text{ Sekunden} \times 25.920) \times 2^{47} = 172{,}06 \text{ Hz}$

Dieser Ton entspricht einem f und wird in der klassischen Notenschrift mit dem Bassschlüssel angezeigt.

Der Bassschlüssel

Das dem platonischen f entsprechende gleichschwebend temperierte a' hat eine Frequenz von 433,564 Hz, ist also um 25,5 Cent tiefer als der Norm-Kammerton. Zu Stimmübungen und zum Einstimmen der Instrumente empfiehlt es sich, eine höhere Oktave als Referenzton zu verwenden:

172,06 Hz – 47. Oktave
344,12 Hz – 48. Oktave
688,24 Hz – 49. Oktave

Berechnung der Farbe des platonischen Jahres

Die Frequenz des platonischen Jahres à 25.920 Jahre in den sichtbaren Bereich oktaviert ist gleich zweimal sichtbar, an der unteren und an der oberen Sehgrenze.

FAU – DER KAMMERTON IM ALTEN CHINA

Das F ist der Ton des Geistes und war im Alten China der Grundton der Musik. Die Art und Weise, in der die Chinesen den Geist hervorhoben, steht sicherlich im direkten Zusammenhang mit der Wahl ihres Kammertones F, dem sie immer eine große Bedeutung beigemessen haben. Der Kammerton F wurde im Alten China Fau genannt. In keinem anderen Land war die Musik so bedeutend für das Geistesleben wie im Alten China. Nur, wer die Stimmkunst beherrschte, wurde für geeignet befunden, Amtsträger in der Politik zu werden. Eine kurze Passage aus dem *Buch der Riten, Sitten und Gebräuche* des Li Gi, einem der Fünf Klassiker, die Konfuzius (551–479 v. Chr.) zugeschrieben werden:

„So muss man die Laute untersuchen,
um die Töne zu verstehen;
man muss die Töne untersuchen,
um die Musik zu verstehen;
man muss die Musik untersuchen,
um die Gebote zu verstehen.
So wird der Weg zur Ordnung vollkommen.
Wer die Musik versteht,
erreicht dadurch die Geheimnisse der Sitte.
Wer die Musik und die Sitte beide erlebt hat,
besitzt Leben.
Leben zeigt sich im Erleben."

Die 88. Oktave führt zu einer Frequenz von:

$$1 / (31.556.925 \text{ Sekunden} \times 25.920) \times 2^{88} = 3{,}78 \times 10^{14} \text{ Hz}$$

Dies entspricht einer Wellenlänge von 0,792 Mikrometer. Das ist ein Rot im unteren Sehbereich nahe der Schwelle zum Infrarot.

Die 89. Oktave hat dann die Frequenz von: $3{,}78 \times 10^{14}$ Hz $\times 2 = 7{,}56 \times 10^{14}$ Hz

Dies entspricht einer Wellenlänge von 0,396 Mikrometer. Diese Farbe sehen wir als Violett an der Schwelle zum Ultraviolett. Das platonische Jahr – in seiner Schwingung oktaviert – deutet die Schwellen im Sehbereich des Menschen an. Fügt man die beiden Enden des Farbbandes zusammen und bildet einen Farbkreis, wie zum Beispiel J. W. v. Goethe in seiner Farbenlehre, dann findet diese „Unio Mystika“ bei den Oktavfrequenzen des platonischen Jahres statt.

Die Zengglocken von Suizhou

Das Grab des Markgrafen Yi von Zeng, das auch unter der Bezeichnung Grab des Markgrafen von Zeng in Suizhou bekannt ist, ist eine bedeutende archäologische Stätte aus der frühen Zeit der chinesischen Hochkultur. Das Grab befindet sich in Leigudun, nur wenige Kilometer nordwestlich von Suizhou in der Provinz Hubei und wurde 1978 ausgegraben.

Der Fund wird auf eine kürzere Zeit nach 433 v. Chr. datiert. Aus einer Inschrift einer im Grab entdeckten großen Glocke geht hervor, dass diese dem Markgrafen im Jahr 433 v. Chr. von König Hui von Chu (Chŭ Huì wáng) geschenkt worden war.

Die berühmteste Entdeckung in dem Grab ist jedoch der Satz eines Bianzhong, eines bronzenen Glockenspiels aus 65 Glocken (1 bozhong, 45 yongzhong, 19 niuzhong). Die Glocken sind in drei Reihen übereinander an einem aus Holz und Bronzeelementen angefertigten Gestell aufgehängt. Das Glockenspiel erforderte zum Spiel eine Truppe aus fünf Personen, die es mit Holzhämmern zum Klingen brachten. Die Glocken erzeugen zwei unterschiedliche Töne, je nachdem ob sie in der Mitte oder am Rande angeschlagen werden. Das Glockenspiel hat einen Tonumfang von fünf Oktaven. Der Grundton des Glockenspiels liegt bei einem f‘ mit 345 Hz und somit 20 Cent tiefer als der heutige Normton f‘. Das entspricht einer Abweichung von etwa 5 Cent vom Ton des platonischen Jahres.

Siehe hierzu: Braun, Martin *Bell tuning in ancient China: a six-tone scale in a 12-tone system based on fifths and thirds*, in: Neuroscience of Music, S-671 95 Klässbol, Sweden. Date of publication: June 16, 2003 (http://www.neuroscience-of-music.se/Zengbells.html)

Tempi, Töne und Farben der Erde

Mittlerer Sonnentag	
in Tagen:	1,000 Tage
in Minuten:	1.440 min.
in Sekunden:	86.400 sec.
Tempi / Metra	
Oktavzahl	Anschläge pro Minute
16	45,51 bpm
17	91,02 bpm
18	182,04 bpm
Töne	
Oktavzahl	Frequenz in Hz / Ton
23	97,09 Hz / G
24	194,18 Hz / g
25	388,36 Hz / g '
26	776,72 Hz / g ''
Farbe: Orange-Rot	
Oktavzahl	Frequenz
65	427,0 x 10^{12} Hz

Tropisches Jahr	
in Tagen:	365,242 19 Tage
in Minuten:	525.948,75 min.
in Sekunden:	31.556.925,261 sec.
Tempi / Metra	
Oktavzahl	Anschläge pro Minute
24	31,90 bpm
25	63,80 bpm
26	127,60 bpm
Töne	
Oktavzahl	Frequenz in Hertz
31	68,05 Hz / $C^{\#}$
32	136,10 Hz / $c^{\#}$
33	272,20 Hz / $c^{\#}$ '
34	544,41 Hz / $c^{\#}$ ''
Farbe: Blau-Grün (Türkis)	
Oktavzahl	Frequenz
74	598,6 x 10^{12} Hz

Platonisches Jahr	
in Jahren:	25.920 Jahre
in Tagen:	9.467.078 Tage
in Minuten:	1,363 26 x 10^{10} min.
in Sekunden:	8,179 56 10^{11} sec.
Tempi / Metra	
Oktavzahl	Anschläge pro Minute
39	40,33 bpm
40	80,65 bpm
41	161,31 bpm
Töne	
Oktavzahl	Frequenz in Hz / Ton
46	86,03 Hz / F
47	172,06 Hz / f
48	344,12 Hz / f '
49	688,24 Hz / f ''
Farbe: Violett (Rot-Violett)	
Oktavzahl	Frequenz
88	378 x 10^{12} Hz

Hinweis: Die Tonbezeichnungen entsprechen nicht genau den Tönen der Normskala, die gleichschwebend temperiert auf dem Kammerton a' = 440 Hz basiert. Das G des mittleren Sonnentages ist 16,12 Cent tiefer als das Norm-G, wobei 100 Cent einem Halbton entsprechen. Das Cis des tropischen Jahres ist 31,38 Cent tiefer als das Norm-Cis und das F des Platonischen Jahres ist 25,51 Cent tiefer als das Norm-F.

Die Rhythmen des Mondes

Die Umlaufzeit des Mondes kann verschieden definiert werden (jeweils in mittlerer Sonnenzeit):

Der *synodische Monat* ist die Zeitspanne zwischen zwei gleichartigen Mondphasen (z.B. von Vollmond zu Vollmond oder von Neumond zu Neumond) und dauert 29 Tage, 12 Std., 44 Min., 2,9 Sec. Ein synodischer Monat wird Lunation genannt und ist auch mit ungeübten Augen leicht wahrzunehmen.

Der *siderische Monat* ist die Zeitspanne zwischen zwei aufeinanderfolgenden Vorübergängen an demselben Stern (genauer durch denselben Stundenkreis des Sterns). Er dauert 27 Tage, 7 Std., 43 Min., 11,6 Sec.

Die längere Dauer des synodischen Monats gegenüber dem siderischen Monat ist eine Folge der Erdbewegung um die Sonne, beziehungsweise der scheinbaren Sonnenbewegung durch die Ekliptik. Nach einem siderischen Monat ist die Sonne um rund 28 Grad auf der Ekliptik weitergewandert und der Mond benötigt nochmals etwa 2 1/4 Tage, um die Sonne *„einzuholen"* und damit zur nächsten Neumondphase zu gelangen.

Synode bedeutet Zusammenkunft, hier von Sonne und Mond bei Neumond. Sonne und Mond stehen bei Neumond in Konjunktion – bei Vollmond in Opposition. Siderischer Umlauf ist der Sternenumlauf, ein Umlauf gemessen am Fixsternhimmel.

Die Tempi, Töne und Farben der Rhythmen des Mondes und der Planeten werden genau gleich berechnet wie die Rhythmen der Erde (Tag, Jahr und Platonisches Jahr):

Zur Berechnung der oktavanalogen *Tempi* oder *Metra* bildet man den Kehrwert der Periodendauer in Minuten und verdoppelt das Ergebnis so oft, bis man in den Bereich zwischen 30 und 60 Anschlägen pro Minute (*beats per minute = bpm)* gelangt. In diesem Bereich liegen die langsamen Tempi. Weitere Verdoppelungen (Oktavierungen) führen dann zu den schnelleren Tempi.

Zur Berechnung der oktavanalogen *Töne* bildet man den Kehrwert der Periodendauer in Sekunden und verdoppelt das Ergebnis so oft, bis man in den Bereich zwischen 30 und 60 Hz gelangt. Weitere Verdoppelungen (Oktavierungen) führen dann zu den gleichen Tonstufen in höheren Oktaven. Nach weiteren Verdoppelungen – gut 40 an der Zahl – der hörbaren Frequenzen gelangt man in den menschlichen Sichtbereich, der zwischen 400×10^{12} Hz und 800×10^{12} Hz liegt. Bei etwa 400×10^{12} Hz liegt die Schwelle zwischen Infrarot und dem Rotbereich des sichtbaren Spektrums, bei 800×10^{12} Hz liegt die Schwelle zwischen dem Blau- beziehungsweise Violettbereich des sichtbaren Spektrums zum UV-Bereich (Ultraviolettbereich).

Tempi, Töne und Farben des Mondes				
Synodische Umlaufperiode			**Siderische Umlaufperiode**	
in Tagen:	29,530 59 Tage		in Tagen:	27,321 67 Tage
in Minuten:	42.524 min.		in Minuten:	39.343 min.
in Sekunden:	2.551.443 sec.		in Sekunden:	2.360.592 sec.
Tempi / Metra			**Tempi / Metra**	
Oktavzahl	Anschläge pro Minute		Oktavzahl	Anschläge pro Minute
21	49,32 bpm		21	53,30 bpm
22	98,63 bpm		22	106,61 bpm
23	197,27 bpm		23	213,22 bpm
Töne			**Töne**	
Oktavzahl	Frequenz in Hz / Ton		Oktavzahl	Frequenz in Hertz
28	105,21 Hz / G#		28	113,72 Hz / B (A#)
29	210,42 Hz / g#		29	227,43 Hz / b
30	420,84 Hz / g# '		30	454,86 Hz / b '
31	841,67 Hz / g# ''		31	909,72 Hz / b ''
Farbe: Orange			**Farbe: Gelb**	
Oktavzahl	Frequenz		Oktavzahl	Frequenz
70	462,7 x 10^{12} Hz		70	500,1 x 10^{12} Hz

Hinweis: Die Tonbezeichnungen entsprechen nicht genau den Tönen der Normskala, die gleichschwebend temperiert auf dem Kammerton a‘ = 440 Hz basiert. Das Gis des synodischen Mondumlaufs ist 22,9 Cent höher als das Norm-Gis, wobei 100 Cent einem Halbton entsprechen. Das B des siderischen Mondumlaufs ist 42,5 Cent tiefer als das Norm-B.

Die Rhythmen der Planeten

Im Zentrum des Sonnensystems befindet sich die Sonne als Zentralstern. Darauf folgen von innen nach außen die terrestrischen Planeten (erdähnlichen Planeten) Merkur, Venus, Erde und Mars, die den inneren Teil dieses Planetensystems ausmachen.

Der Abstand von der Erde zur Sonne beträgt etwa 150 Millionen Kilometer beziehungsweise eine Astronomische Einheit (1 AE). Merkur ist als sonnennächster Planet nur 0,39 AE von der Sonne entfernt, die Venus 0,72 AE. Merkur und Venus befinden sich somit zeitweise zwischen der Sonne und der Erde. Wenn sie in dieser Bahnphase eine Konjunktion mit der Sonne bilden, das heißt, wenn sie von der Erde aus gesehen die gleiche Position im Tierkreis (gleiche ekliptikale Länge) haben, spricht man von einer unteren Konjunktion.

Während einer unteren Konjunktion ist die Venus nur etwa 0,28 AE (etwa 40 Millionen Kilometer) von der Erde entfernt. Zeitweise befinden sich Merkur und Venus von der Erde aus gesehen hinter der Sonne. Wenn sie in dieser Bahnphase eine Konjunktion mit der Sonne bilden, spricht man von einer oberen Konjunktion. Während einer oberen Konjunktion ist die Venus etwa 1,72 AE (etwa 260 Millionen Kilometer) von der Erde entfernt. Der Abstand von der Erde zur Venus ist somit nicht konstant, sondern verändert sich sehr stark – bei keinem anderen Planeten ist das Verhältnis vom kleinsten zum größten Abstand zur Erde so groß wie bei der Venus.

Aufgrund ihres geringen Abstandes zur Sonne sind Merkur und Venus nur im Wechsel als Morgen- oder als Abendstern zu sehen, wobei der Merkur nur an wenigen Tagen im Jahr für kurze Zeit vor dem Sonnenaufgang respektive nach dem Sonnenuntergang von der Erde aus sichtbar ist. Die meisten Astrologen haben den Merkur noch nie gesehen. Die Venus hingegen leuchtet zuweilen so hell, dass sie in der Abenddämmerung als erster leuchtender Punkt am Westhimmel strahlt, bevor man irgendeinen anderen Planeten oder Sterne erkennen kann. Zu anderen Zeiten leuchtet sie noch als Morgenstern, wenn die Morgendämmerung schon das Licht aller anderen Planeten und

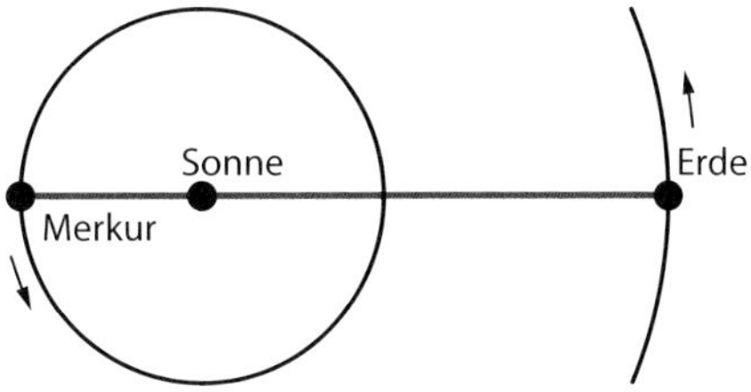

Stellung von Sonne, Erde und Merkur bei einer oberen Konjunktion. Merkur ist hier von der Erde aus gesehen hinter der Sonne.

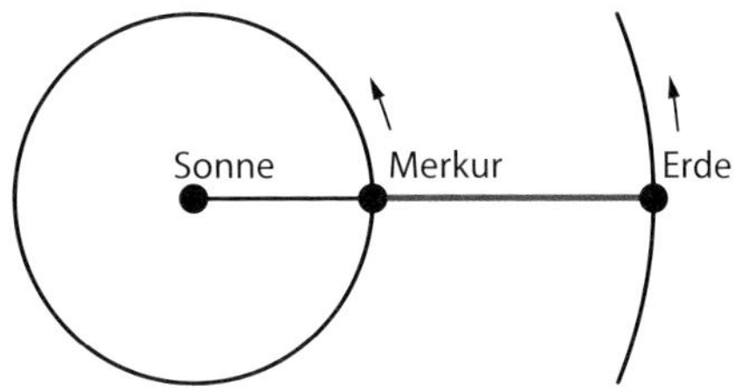

Konstellation bei einer unteren Konjunktion. Merkur ist hier zwischen der Erde und der Sonne.

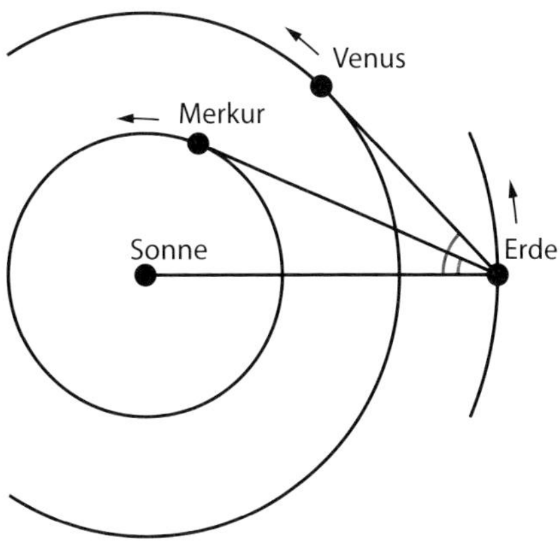

Merkur erreicht von der Erde aus gesehen höchstens einen seitlichen Abstand (Elongation) von etwa 28 Grad, für Venus beträgt die größtmögliche Elongation 48 Grad.

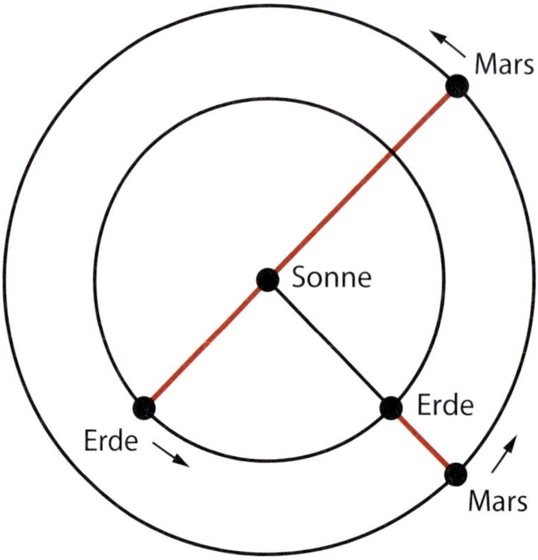

Die Abbildung veranschaulicht den Abstand von der Erde zum Mars bei einer Sonne-Mars-Konjunktion (größter Abstand) und bei einer Sonne-Mars-Opposition (kleinster Abstand).

Sterne überstrahlt hat. Mitten in der Nacht sind Merkur und Venus nie zu sehen.

Der Mars ist, von der Sonne aus gesehen, der vierte Planet im Sonnensystem und der äußere Nachbar der Erde. Sein Abstand von der Sonne liegt etwa bei 1,5 AE. Wenn der Mars von der Erde aus gesehen in Opposition (Konstellation, bei der sich zwei Himmelskörper von der Erde aus betrachtet im Winkelabstand von 180 Grad zueinander befinden) zur Sonne steht, ist er gegen Mitternacht in Richtung Süden zu sehen und sein Abstand von der Erde beträgt im Schnitt nur etwa eine halbe Astronomische Einheit (0,5 AE) oder im Schnitt knapp 75 Millionen Kilometer. Ist der Mars hingegen in Konjunktion mit der Sonne (hinter der Sonne), dann ist er nicht sichtbar, und sein Abstand von der Erde beträgt im Schnitt etwa 2,5 AE oder etwa 375 Millionen Kilometer.

Zwischen Mars und Jupiter befindet sich der sogenannte Asteroidengürtel, eine Ansammlung von Kleinplaneten. Die meisten dieser Asteroiden sind nur wenige Kilometer groß und nur wenige haben einen Durchmesser von mehr als 100 km. Ceres ist mit etwa 960 km der größte dieser Himmelskörper und gilt als Zwergplanet. Die Bahnen der Asteroiden um die Sonne sind teilweise stark elliptisch, wobei die Sonne jeweils in einem der Brennpunkte dieser Ellipsen steht.

Außerhalb des Asteroidengürtels befinden sich die vier äußeren Planeten Jupiter, Saturn, Uranus und Neptun. Der 1930 entdeckte Planet Pluto wurde von der Internationalen Astronomenunion (IAU) am 24. August 2006 zum Zwergplanet degradiert und zählt nicht mehr zu den Planeten. Pluto besitzt lediglich ein Drittel des Volumens des Erdmondes.

Jupiter ist der massereichste Planet im Sonnensystem. Er ist etwa 2,5-mal so massereich wie alle anderen sieben Planeten zusammen. Der mittlere Abstand zur Sonne beträgt etwa 5,2 AE. Bei einer Sonne-Jupiter-Opposition ist der Jupiter etwa viermal so weit von der Erde entfernt wie die Sonne, bei einer Konjunktion etwa sechsmal so weit.

Der Saturn ist fast doppelt so weit entfernt von der Sonne wie der Jupiter. Sein mittlerer Abstand von der Sonne beträgt etwa 9,5 AE. Jupiter und Saturn können mit bloßem Auge ohne Fernglas gesehen werden. Astronomen sagen hierzu, sie seien mit *unbewaffnetem Auge* sichtbar. Dies ist bei Uranus und Neptun nicht der Fall.

Die 1781 und 1846 entdeckten Planeten Uranus und Neptun können nur mithilfe eines Fernrohrs gesehen werden und waren im Altertum deshalb nicht bekannt. Der Uranus ist mehr als doppelt so weit von der Sonne entfernt wie der Saturn, der Neptun sogar mehr als dreimal so weit. Der mittlere Abstand von der Sonne beträgt beim Uranus 19,2 AE, beim Neptun 30,1 AE.

Johannes Kepler erkannte im Jahre 1619, dass die Quadrate der Umlaufzeiten zweier Planeten sich wie die Kuben (dritte Potenzen) der mittleren Abstände der Planeten verhalten. Heute weiß man, dass dieses sogenannte Dritte Keplersche Gesetz für die großen Bahnhalbachsen der Planeten genauer zutrifft. Will man schnell die Umlaufzeiten der Planeten abschätzen, muss man lediglich die Maßzahl der Abstände in Astronomischen Einheiten (AE) mit dem Exponenten 3/2 = 1,5 potenzieren, und schon hat man die Maßzahl der Umlaufzeit in Jahren. Ist hingegen die Umlaufzeit in Jahren bekannt, muss man, um den Abstand zur Sonne in AE zu ermitteln, die Umlaufzeit mit dem Exponenten 2/3 = 0,667 potenzieren.

Maßstäbliche Darstellung der Planetenbahnen um die Sonne bzw. der Abstände der Planeten von der Sonne

Die Planeten unseres Sonnensystems

Beispielrechnung für Neptun mit der Periodendauer von 164,788 Jahren:

$$30{,}1^{1{,}5} = 165 \quad \text{und} \quad 165^{0{,}667} = 30{,}1$$

Beispielrechnung für Uranus mit der Periodendauer von 84,015 Jahren:

$$19{,}2^{1{,}5} = 84 \quad \text{und} \quad 84^{0{,}667} = 19{,}2$$

Die Rechnung zeigt: Je näher ein Planet die Sonne umrundet, desto kürzer ist seine Umlaufzeit. Je weiter ein Planet von der Sonne entfernt ist, desto häufiger muss der Kehrwert seiner Umlaufzeit, das heißt seiner Frequenz, oktaviert werden, um in die musikalischen Bereiche der Tempi und Töne zu gelangen. Das Gleiche gilt auch für die Farben.

In den folgenden Tabellen sind die Umlaufzeiten der Planeten in Jahren, Tagen, Minuten und Sekunden angegeben. Danach folgen die Tempi respektive Metra, wobei hier jeweils zuerst die Oktavzahl angegeben ist und danach die Zahl der entsprechenden Anschläge pro Minute. In der Folge sind die entsprechenden Angaben für die Töne in Hz angegeben sowie die Bezeichnung der Tonstufe. In Klammern dahinter befindet sich die Centwertdifferenz zum Normton der gleichschwebend temperierten Skala basierend auf einem a‘ mit 440 Hz. Ein Halbton entspricht 100 Cent, eine Oktave umfasst 1.200 Cent. In den untersten Zeilen der Tabelle sind die Oktavzahlen, Frequenzen, Wellenlängen in Nanometer (nm) sowie die Farbbezeichnungen der oktavierten Frequenzen im Sehbereich zu finden.

Tempi, Töne und Farben der inneren Planeten				
Umlaufzeit	**Merkur**	**Venus**	**Erde**	**Mars**
in Jahren:	0,240 851 Jahre	0,615 210 Jahre	1,000 000 Jahre	1,880 890 Jahre
in Tagen:	87,969 Tage	224,701 Tage	365,242 Tage	686,980 Tage
in Minuten:	126.675,4 min.	323.569,2 min.	525.948,7 min.	989.251,8 min.
in Sekunden:	7.600.525 sec.	19.414.150 sec.	31.556.925 sec.	59.355.110 sec.
Tempi / Metra	**Merkur**	**Venus**	**Erde**	**Mars**
Oktavzahl / bpm	22 / 33,11 bpm	24 / 51,85 bpm	24 / 31,90 bpm	25 / 33,92 bpm
Oktavzahl / bpm	23 / 66,22 bpm	24 / 103,70 bpm	25 / 63,80 bpm	26 / 67,84 bpm
Oktavzahl / bpm	24 / 132,44 bpm	26 / 207,40 bpm	26 / 127,60 bpm	27 / 135,68 bpm
Töne / Tonstufe	**Merkur**	**Venus**	**Erde**	**Mars**
Oktavzahl / Hz	30 / 141,27 Hz	32 / 221,23 Hz	32 / 136,10 Hz	33 / 144,72 Hz
Oktavzahl / Hz	31 / 282,54 Hz	33 / 442,46 Hz	33 / 272,20 Hz	34 / 289,44 Hz
Oktavzahl / Hz	32 / 565,09 Hz	34 / 884,91 Hz	34 / 544,41 Hz	35 / 578,88 Hz
Tonstufe	Cis (+ 33,2 Cent)	A (+ 9,6 Cent)	Cis (– 31,4 Cent)	D (– 25,1 Cent)
Farbe	**Merkur**	**Venus**	**Erde**	**Mars**
Oktavzahl / Hz	72 / 621 x 10^{12} Hz	73 / 486 x 10^{12} Hz	74 / 599 x 10^{12} Hz	75 / 636 x 10^{12} Hz
Wellenlänge nm	483 nm	616 nm	501 nm	471 nm
Farbton	Blaugrün	Gelborange	Blaugrün	Blau

Tempi, Töne und Farben der äußeren Planeten				
Umlaufzeit	**Jupiter**	**Saturn**	**Uranus**	**Neptun**
in Jahren:	11,862 23 Jahre	29,457 74 Jahre	84,015 28 Jahre	164,788 29 Jahre
in Tagen:	4.332,588 Tage	10.759,209 Tage	30.685,93 Tage	60.187,64 Tage
in Minuten:	6.238.927 min.	15.493.262 min.	44.187.733 min.	86.670.200 min.
in Sekunden:	374.335.600 sec.	929.595.700 sec.	2.651.264.000 sec.	5.200.212.000 sec.
Tempi / Metra	**Jupiter**	**Saturn**	**Uranus**	**Neptun**
Oktavzahl / bpm	28 / 43,03 bpm	29 / 34,65 bpm	31 / 48,60 bpm	32 / 49,56 bpm
Oktavzahl / bpm	29 / 86,05 bpm	30 / 69,30 bpm	32 / 97,20 bpm	33 / 99,11 bpm
Oktavzahl / bpm	30 / 172,10 bpm	31 / 138,61 bpm	33 / 194,40 bpm	34 / 198,22 bpm
Töne / Tonstufe	**Jupiter**	**Saturn**	**Uranus**	**Neptun**
Oktavzahl / Hz	36 / 183,58 Hz	37 / 147,85 Hz	39 / 207,36 Hz	40 / 211,44 Hz
Oktavzahl / Hz	37 / 367,15 Hz	38 / 295,70 Hz	40 / 414,71 Hz	41 / 422,87 Hz
Oktavzahl / Hz	38 / 734,31 Hz	39 / 591,39 Hz	41 / 829,42 Hz	42 / 845,74 Hz
Tonstufe	Fis (– 13,3 Cent)	D (+ 11,9 Cent)	Gis (– 2,5 Cent)	Gis (+ 31,3 Cent)
Farbe	**Jupiter**	**Saturn**	**Uranus**	**Neptun**
Oktavzahl / Hz	77 / 404 x 10^{12} Hz	79 / 650 x 10^{12} Hz	80 / 456 x 10^{12} Hz	81 / 465 x 10^{12} Hz
Wellenlänge nm	743 nm	461 nm	658 nm	645 nm
Farbton	Rot	Blau	Orange	Orange

Der Ton der Sonne

Der Ton der Sonne ist nicht wie die Töne der Erde, des Mondes und der Planeten eine Transposition von in der Natur existierenden periodischen Phänomenen, sondern er entspringt einer Vorstellung einer theoretischen Grundlage. Es handelt sich um einen virtuellen Ton, der für einen Grenzwert in unserem Sonnensystem steht, ähnlich wie der absolute Temperaturnullpunkt oder die Lichtgeschwindigkeit in der Physik des Daseins Grenzwerte darstellen.

Es sei hier angemerkt, dass die Herleitung des Tones der Sonne auf Basis physikalischer Gegebenheit erfolgt und ein gewisses Verständnis von Physik und Mathematik voraussetzt. Für das Verständnis der Zusammenhänge ist es auf jeden Fall hilfreich, die Grunddaten wie auch die Gleichungen auf ein

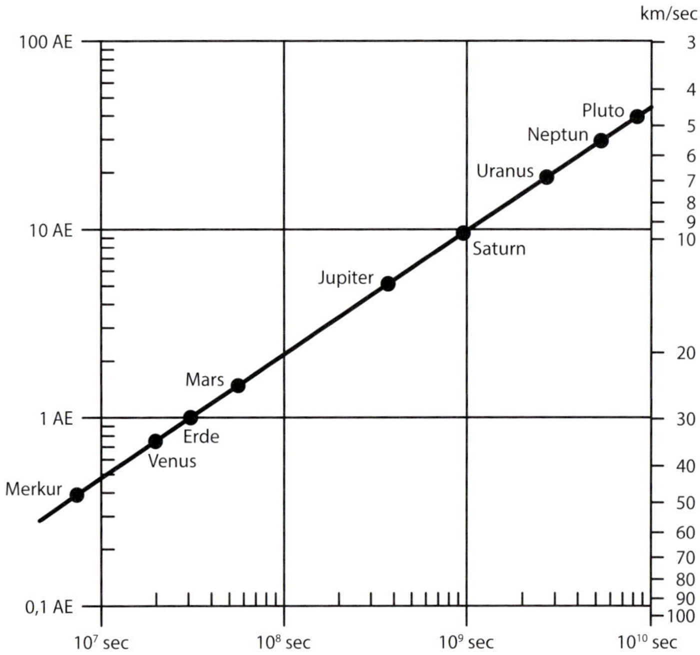

Veranschaulichung des Dritten Keplerschen Gesetzes und der Gravitation. Die Abbildung zeigt eine doppeltlogarithmische Darstellung des Sonnensystems. Die untere Skala gibt die Umlaufzeiten der Planeten in Sekunden an, die linke Skala den mittleren Abstand der Planeten von der Sonne (in Astronomischen Einheiten), und die rechte Skala zeigt die Bahngeschwindigkeit der Planeten in Kilometer pro Sekunde an. Verbindet man in diesem System die Lage der Planeten miteinander, so reihen diese sich alle entlang einer Geraden auf.

Blatt Papier zu notieren und Schritt für Schritt die Rechnungen mit einem Taschenrechner selbst nachzurechnen. Wem Physik und Mathematik hierfür zu fremd erscheinen, kann die Abschnitte mit den Gleichungen einfach übergehen und die Ergebnisse schlicht „glauben". Der Ton der Sonne stellt einen Grenzwert dar, der mit klassischen physikalischen Methoden hergeleitet werden kann. Dies ganz im Gegensatz zu gewissen Grenzwissenschaften – manche zählen auch die Astrologie dazu –, wo postulierte Zusammenhänge nicht mit reinen naturwissenschaftlichen Methoden verifiziert werden können.

Merkur ist der sonnennächste Planet und hat von allen Planeten die höchste Bahngeschwindigkeit (etwa 47 km/sec), die kürzeste Umlaufzeit und den kleinsten Abstand zur Sonne. Grenzwertig für unser Sonnensystem wäre ein Planet, der mit Lichtgeschwindigkeit um die Sonne kreisen würde. Der Ton der Sonne entspringt genau diesem grenzwertigen Fall und es soll hier gezeigt werden, wie lange seine Periodendauer und sein Abstand zum Sonnenmittelpunkt – dem Gravitationszentrum – wäre.

Gemäß dem Dritten Keplerschen Gesetz verhalten sich die Quadrate der Umlaufzeiten (u) von Planeten proportional zu den dritten Potenzen der großen Halbachsen (a) ihrer Ellipsenbahnen. Unter Vernachlässigung der Massen der Planeten heißt das, dass u^2 / a^3 eine Konstante ergeben, die sogenannte Kepler-Konstante (K) der Zentralmasse (Gaußsche Gravitationskonstante des Sonnensystems). Setzt man nun für u und a die Werte der Bahnelemente der Erde ein, erhält man:

[Gleichung 1]

$$K = u^2 / a^3$$
$$K = (31.556.025\ \text{sec})^2 / (149{,}598 \times 10^6\ \text{km})^3$$
$$K = 9{,}958\,395 \times 10^{14}\ \text{sec}^2 / 3{,}347\,938 \times 10^{24}\ \text{km}^3$$
$$K = 2{,}974\,494 \times 10^{-10}\ \text{sec}^2\ \text{km}^{-3}$$

Weiter gilt mit großer Annäherung für die mittlere Bahngeschwindigkeit (v) eines Planeten die Gleichung:

[Gleichung 2] $v = 2\pi \times a / u$

Somit gilt für a die Gleichung:

[Gleichung 3] $a = v \times u / 2\pi$

Ersetzt man nun in Gleichung 1 a durch $v \times u / 2\pi$ gemäß Gleichung 3, erhält man:

[Gleichung 4] $K = u^2 / (v \times u / 2\pi)^3$

Durch Umstellen und Kürzen erhält man:

$$v^3 \times u^3 / 8\pi^3 = u^2 / K$$
$$u = 8\pi^3 / (v^3 \times K)$$

Setzt man nun für K den oben berechneten Wert ein und für v die Lichtgeschwindigkeit (299.792,5 km sec^{-1}), so erhält man:

$$u = 248{,}050\ 213 / (2{,}694\ 401 \times 10^{16}\ km^3\ sec^{-3} \times 2{,}974\ 494 \times 10^{-10}\ sec^2\ km^{-3})$$
$$u = 3{,}095\ 026 \times 10^{-5}\ sec$$

Die Frequenz zu dieser Umlaufperiode liegt gemäß dieser Näherungsrechnung somit bei:

$$f = 1 / u = 32.310\ Hz$$

Die genaue Berechnung mit Berücksichtigung der Planetenmasse führt zur Frequenz von 32.312,52 Hz. Die 8. Unteroktave hat dann gemäß dieser Näherungsrechnung 126,21 Hz. Der genaue Wert liegt bei 126,22 Hz.

Setzt man nun in Gleichung 3 die Werte für v und u ein, erhält man für den Abstand zum Gravitationsmittelpunkt folgenden Wert:

$$a = v \times u / 2\pi$$
$$a = 299.792{,}5\ km\ sec^{-1} \times 3{,}095\ 026 \times 10^{-5}\ sec / 2\pi$$
$$a = 1{,}476\ 744\ km$$

Errechnet man den Wert unter Berücksichtigung der Sonnen- und Planetenmassen, liegt er bei 1,476 625 km und ist etwa 10 Zentimeter kleiner als der Wert, der mit der Näherungsrechnung erzielt wurde. Der Wert, der auf Basis der Einsteingleichung – wie weiter unten dargestellt – $E = m \times c^2$ berechnet werden kann, führt zu einem Radius von 1,477 km. Dieser ist um etwa 30 cm größer als jener, der mit der Näherungsrechnung eruiert wurde. Für das allgemeine Verständnis, wie der Sonnenton errechnet werden kann und wie groß der Abstand dieses gedachten Planeten vom Gravitationsmittelpunkt wäre, ist diese Näherungsrechnung hinreichend und genügend und vor allem für in Physik und Astronomie nur amateurhaft vorgebildete Leserinnen und Leser leichter nachvollziehbar.

Die Entdeckung des Tones der Sonne mit 126,22 Hz respektive dessen Oktaven war eigentlich nichts anderes als die logische Konsequenz, die aus der Betrachtung des Dritten Keplerschen Gesetzes hervorgeht. Die Töne der Erde, des Mondes und der Planeten entspringen der Gedankenwelt der Physik des 17. und 18. Jahrhunderts, da sie eine Analogie zu einem direkt beobachtbaren und erfahrbaren Phänomen darstellt. Der Ton der Sonne entspringt eher der Gedankenwelt der Physik des 20. Jahrhunderts und repräsentiert einen Grenzwert in unserem Sonnensystem. Erreichte ein Planet die Schwingung des virtuell vorgestellten Planeten, dann wäre sein Moment der Einswerdung mit der Sonne gekommen, da sein Abstand genau der Gravitationslänge der Sonne – auch Schwarzschild-Radius genannt – entspricht. Anders ausgedrückt, würde man die Masse des Sonnensystems in eine Kugel mit einem Radius von 1,476 km komprimieren, dann würde das Sonnensystem zu einem Schwarzen Loch kollabieren. Ein Schwarzes Loch ist ein astronomisches Objekt, dessen Gravitation so extrem stark ist, dass aus diesem Raumbereich keine Materie und kein Lichtsignal nach außen gelangen können.

Albert Einstein, Physiker (1879–1955), der die Relativitätstheorie entwickelte, kam auf die folgende, inzwischen auch vielen Laien bekannte Gleichung:

$$E = m \times c^2$$

Diese besagt, dass die Energie E gleich dem Produkt aus der Masse m und dem Quadrat der Lichtgeschwindigkeit ist (Lichtgeschwindigkeit = c). Es ist nun naheliegend, die Gravitationslänge eines Körpers zu ermitteln, wenn man die Gravitationsenergie des Körpers gleich $m \times c^2$ setzt:

$$\gamma \times m^2 \times (R_0)^{-1} = m \times c^2$$
$$R_0 = \gamma \times m \times c^{-2}$$

wobei $\gamma = 6{,}6740 \times 10^{-8}\ \text{cm}^3\ \text{g}^{-1}\ \text{sec}^{-2}$ die Gravitationskonstante ist, m die Masse des Körpers, in diesem Fall die Masse der Sonne, $m = 1{,}989 \times 10^{33}$ g, und $c = 2{,}997\,925 \times 10^{10}\ \text{cm sec}^{-1}$. R_0 ist die gesuchte Gravitationslänge der Sonne. Durch Einsetzen der Zahlenwerte in die oben stehende Gleichung erhält man:

$$R_0 = 6{,}6740 \times 10^{-8}\ \text{cm}^3\ \text{g}^{-1}\ \text{sec}^{-2} \times 1{,}989 \times 10^{33}\ \text{g} \times (2{,}997\,925 \times 10^{10}\ \text{cm sec}^{-1})^{-2}$$
$$R_0 = 1{,}477 \times 10^5\ \text{cm} = 1{,}477\ \text{km}$$

Aus der allgemeinen Relativitätstheorie folgt, dass die Gravitationslänge R_0 eine fundamentale Bedeutung hat. Es stellt sich nämlich heraus, dass Lichtsignale (Photonen) nicht aus den Oberflächen von Körpern austreten können, deren Radius R kleiner oder gleich der Gravitationslänge R_0 ist. Ein solcher Körper absorbiert jedes auf ihn zukommende Lichtsignal und strahlt selbst kein Licht aus. Darum nennt man solche Körper Schwarze Löcher.

Der Sonnenton steht für einen Grenzwert in unserem Sonnensystem. Er bedeutet die Schwelle zwischen Zusammenziehung und Ausdehnung, zwischen Yang und Yin.

Tempi, Töne und Farben des Grenzwertplaneten (Sonnenton)	
Umlaufzeit in Sekunden:	3,095 026 x 10^{-5} sec
Tempi / Metra	
Oktavzahl / bpm	-13 / 236,66 bpm
Oktavzahl / bpm	-14 / 118,33 bpm
Oktavzahl / bpm	-15 / 59,17 bpm
Töne / Tonstufe	
Oktavzahl / Hz	-6 / 504,88 Hz
Oktavzahl / Hz	-7 / 252,44 Hz
Oktavzahl / Hz	-8 / 126,22 Hz
Tonstufe	H (+ 38,1 Cent)
Farbe	
Oktavzahl / Hz	34 / 555 x 10^{12} Hz
Wellenlänge nm	540 nm
Farbton	Gelbgrün
Oktave	34
Frequenz	5,551 x 10^{14} Hz

Stimmdaten für die Sonnentonmusik

FAZIT

Das Gesetz der Oktave respektive das Oktavieren – Verdoppeln oder Halbieren von Schwingungsphänomenen – ermöglicht es, beliebige periodische Erscheinungen in den Hörbereich zu transponieren. Auf diese Weise kann man sich auf dem Wege der Akustik die entsprechenden Schwingungsverhältnisse vergegenwärtigen.
Die Zahl der Oktaven entspricht dem akustischen Maßstab der Transposition, genauso wie der Maßstab einer Landkarte angibt, um welchen Faktor die Landschaft verkleinert dargestellt wird. Mittels der durch das Gesetz der Oktave hergeleiteten Töne der Erde, des Mondes und der Planeten können die periodischen Erscheinungen der Himmelskörper in unserem Sonnensystem akustisch erfahrbar gemacht werden. So gesellt sich zur Weltanschauung die Weltanhörung.

Längenmaße, Winkel und Zeit im alten Ägypten

Die alten Ägypter wussten wohl sehr genau, dass die Erde keine Scheibe ist, sondern eine Kugel, da sie ihre Maßeinheiten in Bezug zur Größe der Erde setzten. Dies bezeugen schon Schriften aus dem Alten Reich (um 2700 v. Chr.) wie beispielsweise das *Amduat.* Das *Amduat* gilt als ältestes altägyptisches Literaturwerk der Gattung Jenseitsbücher. Nahezu vollständige Inschriften des *Amduat* sind in den Grabkammern der Pharaonen (Könige) Thutmosis I. (regierte ab 1504 v. Chr.) und Thutmosis III. (regierte von 1479–1425 v. Chr.) erhalten. Im *Amduat* wird ein Maß angegeben, dass *Iteru* genannt wird und 20.000 Königliche Kuben umfasst. Die Königliche Kube wird in der Literatur auch als *„altägyptische Königselle“* bezeichnet und umfasst 52,4398 cm. Diese Maßzahl beruht auf den Forschungen des englischen Spezialisten für alte Maßsysteme John Frederick Carden Michell (1933–2009).

1 Iteru = 20.000 Königliche Kuben mit 52,4398 cm = 10,488 km

Das altägyptische Buch *Amduat*, in dem beschrieben wird, was im Jenseits ist, diente ursprünglich ausschließlich für die verstorbenen Könige (Pharaonen) als Jenseits-Orientierungshilfe in ihren Gräbern. Aus den Schriften des *Amduats* geht hervor, dass der Sonnengott Re bei seiner nächtlichen Fahrt durch die Duat (jenseitige Welt) in einer Nachtstunde eine Strecke von 309 Iteru (knapp 3.241 km) zurücklegte, weshalb 309 Iteru als zeitliches Längenmaß auch einer Nachtstunde entsprechen. Nach dem Eintritt in die Duat vergingen zwölf Nachtstunden bis zum Sonnenaufgang.

Dieser Zeitraum entspricht einer Gesamtstrecke von 3.708 Iteru (knapp 39.000 km), was fast dem tatsächlichen Erdumfang gleichkommt. Es bleibt unklar, wie jene Entfernungsangaben von den Ägyptern ermittelt wurden und ob ein Verfahren im Zusammenhang der Landvermessung als Grundlage diente, die als große Errungenschaft der Ägypter galt.

Eratosthenes von Kyrene (276–194 v. Chr.) war ein außergewöhnlich vielseitiger griechischer Gelehrter in der Blütezeit der hellenistischen Wissenschaften. Obwohl die Kugelgestalt der Erde den Griechen schon lange vor Eratosthenes zu Zeiten von *Aristoteles* (384–322 v. Chr.) bekannt war, ist Eratosthenes der einzige Gelehrte der Antike, für den eine wissenschaftlich fundierte Messung des Erdumfangs bezeugt ist. Er verfügte über vorzügliche Kenntnisse sowohl auf mathematischem als auch auf geografischem Gebiet, hatte in der Bibliothek von Alexandria, die ab ca. 240 v. Chr. unter seiner Leitung stand, Zugang zur bereits vorhandenen einschlägigen Literatur und konnte sich bei der Durchführung der aufwendigen Messungen auf die Unterstützung des Pharaos (Königs) Ptolemaios III. (284–222 v. Chr.) aus der Dynastie der Ptolemäer, verlassen.

Das Verfahren des Eratosthenes bestand aus folgenden Schritten: Er nahm an, dass die ägyptischen Städte Alexandria (an der Mittelmeerküste) und Syene (das heutige Assuan, die südlichste Stadt des Landes) auf demselben Meridian (Längengrad) liegen. Der Abstand zwischen zwei von Eratosthenes festgelegten Messpunkten in den beiden Städten betrug nach seiner Kenntnis 5.000 Stadien. Die genaue Größe des von Eratosthenes verwendeten Längenmaßes „Stadion" ist nicht bekannt, muss aber nach heutiger Rechnung etwa 167 Meter betragen haben. An beiden Orten stellte er einen senkrechten Schattenstab auf, sodass der Schatten auf einer innen mit einer Gradeinteilung ausgestatteten metallenen Halbkugel zu sehen war. Der Stand der Sonnenhöhe über dem Horizont wurde mit diesen Messgeräten genau zur Mittagszeit am Tag der Sommersonnenwende durchgeführt. Die Messung zeigte, dass der Schattenstab in Syene keinen Schatten warf, da die Sonne dort genau im Zenit (senkrecht über dem Kopf) stand. In Alexandria war die Sonne zu diesem Zeitpunkt um einen *„fünfzigsten Teil"* eines Vollkreises vom Zenit entfernt, also nach der heutigen Kreiseinteilung in 360 Winkelgrade 7° 12′. Somit musste man 5.000 Stadien nach Süden wandern, um ein Fünfzigstel des Erdumfangs zurückzulegen. Daraus ergab sich für den Erdumfang ein Wert von 50 × 5.000 = 250.000 Stadien.

Für die Genauigkeit der Bestimmung des Erdumfanges spielt die verwendete Längeneinheit allerdings keine Rolle: Nach dem Versuchskonzept und der Messung handelt es sich um das 50-fache der Entfernung von Alexandria nach Assuan, nach heutigen Einheiten also um 835 km mal 50 gleich 41.750 km, was dem tatsächlichen Wert (40.075 km Äquatorumfang, 40.008 km Meridianumfang) sehr nahe kommt.

Die Cheopspyramide

Die Cheopspyramide von Gizeh in Ägypten ist von vielen Geheimnissen umwoben. In manchen Büchern wird das eine oder andere Wundersame dieses gigantischen Bauwerkes erwähnt oder gar durchleuchtet. Die Maße der Cheopspyramide sind Ausdruck der Beziehung von Raum und Zeit in Relation zu unserem Planeten Erde und unserem Sonnensystem.

Teilt man zum Beispiel den Durchmesser der Erde am Äquator (12.756.273 m) durch die Anzahl der Sekunden eines Erdentages (86.400 sec) so erhält man die Höhe der Cheopspyramide (147,64 m), denn es ist: 12.756.273 m : 86.400 = 147,64 m. Der Umfang (U) der Cheopspyramide verhält sich zur Höhe (h) angenähert wie der Kreisumfang zum Radius. Es gilt somit U = 2 × π × h, wobei π die Kreiszahl 3,141 59... ist. In Zahlen ausgedrückt ergibt das U = 2 × 3,141 59 × 147,64 m = 927,65 m. Die Grundkante hat ein Viertel dieser Länge, das sind dann 231,9 m. Dies entspricht wiederum etwa der Strecke, die die Erde durch ihre Drehung um ihre Achse in einer halben Sekunde am Äquator zurücklegt.

In Zahlen ausgedrückt: 2 × 86.400 = 172.800. Es ist somit 40.075.014 m / 172.800 = 231,9 m. Die Beziehung in den Maßen der Cheopspyramide zur Zeiteinheit Sekunde und zur Größe der Erde ist unübersehbar klar und deutlich in diesem Bauwerk manifestiert. Es sind noch viele andere elementare Verbindungen in diesem Bauwerk nachzuweisen, wie im folgenden Abschnitt gezeigt wird.

Die Cheopspyramide hat in den letzten Jahrtausenden stark gelitten, durch die Witterung einerseits, durch den Raubbau der Menschen andererseits. Deshalb sind sich die Archäologen auch nicht einig, wie groß sie eigentlich war. Es gibt hierzu verschiedenste Angaben. Was die Länge der Grundkante anbelangt, sind hier Messwerte angegeben*:

Umfang, gemessen von Eckstein zu Eckstein:
3.043,7 feet = 921,46 m → Seitenkante: 231,92 m
Umfang, gemessen an der Basis der Seitenkanten:
3.023,16 feet = 921,46 m → Seitenkante 230,36 m

Laut dem Ägyptologen Flinders Petrie (1853–1942) wurde die Größe der Cheopspyramide dadurch bestimmt, dass sie 7 × 40 = 280 ägyptische Ellen (altägyptische Königselle) hoch und 11 × 40 = 440 Ellen breit war. Dies wird durch die Pyramide von Meydum bestätigt, die älter und 7 × 25 Ellen hoch und 11 × 25 Ellen breit ist.

Es sei hier angemerkt, dass 22 / 7 = 3,142 857 eine recht präzise Annäherung zur Kreiszahl π = 3,141 593 ist. Diese Annäherung entspricht einer Genauigkeit von 0,4 Promille. Zum Vergleich: Unter Verwendung der Maßzahl der altägyptischen Königselle von 52,4398 cm – nach John Michell, Forscher zu alten Maßsystemen und Verfasser zahlreicher Bücher (1724–1793) – erhält man eine Grundkantenlänge für die Cheopspyramide von 440 Ellen = 230,735 m und eine Höhe von 280 Ellen = 146,8 m.

** Vermessung nach J. H. Cole (Regierungsauftrag 1925; Cole, J. H. 1925. „Determination of the Exact Size and Orientation of the Great Pyramid of Giza" Survey Of Egypt Paper no. 39. Government Press. Cairo.)*

Der Klang der Cheopspyramide

Kurz nach der letzten Jahrtausendwende machte sich Steve Schroyder (*1950, Komponist, Keyboarder) unter Mitwirkung von Jens Zygar (*1960, Gongs) und Gary Thomas (*1961, Didgeridoo) an die Vertonung der Cheopspyramide auf Basis des Sonnentons mit 126,22 Hz. Dies aufgrund der Tatsache, dass die Höhe dieser Pyramide dem Zehntel der Gravitationslänge der Sonne entspricht. Von diesem Grundton aus wurden die anderen Hauptintervalle (Tonstufen zum Grundton) gemäß den Proportionen der Pyramide abgeleitet. Die Tonstufen dieser Komposition entsprechen also nicht den gewohnten Intervallen der gleichschwebend temperierten Tonleiter, sondern haargenau den Proportionen der Pyramidenmaße. Daher rührt ihre starke energetische Wirkung.

Die Musik *„Sun – Spirit of Cheops"* folgt dem Geist der großen Pyramide, wirkt fremd und vertraut zugleich, wie eine Offenbarung aus einer anderen Welt, ergreifend und mächtig. Sie führt in Bereiche jenseits der gewöhnlichen Hör- und Vorstellungswelt.

Steve Schroyder schrieb seinerzeit in sein Tagebuch, wie sich das Klangbild der Pyramide auf Basis des Sonnentons für ihn in Zeit und Raum manifestierte:

> *„**Das Schaf** – Aus entfernter Erinnerung entfaltet sich mächtiger Glanz mit glücklicher Stimme des Schafs.*
> ***K** – Die Töne werden zu Licht und die Struktur offenbart sich. Ich bin die Ratte in diesem Tempel und gleite in Lichtgeschwindigkeit auf den Strahlen des Tons. Alle sind Eins in diesem Moment, singend den Ton haltend, der einzig die Gegenwart enthält.*
> ***Rota** – Irgendwo mag sich das Rad der Zeit drehen, hier öffnen sich Dimensionen, vielfältig wie eindeutig. Vertraut klingt das Fremde wie im Frühling der Zeit. Wie das allsehende Auge erkennt mich der Klang.*
> ***Der Sturm** – Der Ton zerfällt in Partikel und ich sterbe, mein Körper löst sich zu Staub.*
> ***Der Strom** – Hier gleiten wir Hand in Hand, mein geliebter Freund, auf dem lebensspendenden Strom, wissend von gestern wie heute und morgen.*
> ***Die Karawane** – Aus der Urbewusstheit heraus durchdringt die nächste Inkarnation des Klanges das Vergessen.*
> ***Mähohmähohmäh** … – und dann nimmt mich der Ton, pulsiert und durchzuckt mich in orgiastischen Wellen."*

FAZIT

In der Antike beschrieb der vom ausgehenden 2. Jahrhundert v. Chr. bis zum Beginn des 1. Jahrhunderts v. Chr. in Rom lebende griechische Dichter Antipatros von Sidon die heute geläufige Liste der klassischen sieben Weltwunder in seinem Reiseführer. Genannt wurden darin die imposantesten und prunkvollsten Bauwerke seiner Zeit und seines Kulturkreises:

- Die hängenden Gärten der Semiramis zu Babylon
- Der Koloss von Rhodos
- Das Grab des Königs Mausolos II. zu Halikarnassos
- Der Leuchtturm auf der Insel Pharos vor Alexandria
- Die Pyramiden von Gizeh in Ägypten
- Der Tempel der Artemis in Ephesos
- Die Zeusstatue des Phidias von Olympia

Die Liste umfasst sieben Weltwunder, weil die Zahl Sieben in der Antike als „vollkommen" galt. Diese festgelegte Zahl sollte die Bauwerke in ihrer Bedeutung erhöhen.
Heute existieren von diesen Weltwundern nur noch die Pyramiden von Gizeh. Die anderen wurden durch Erdbeben und Kriege zerstört oder zerfielen im Laufe der Zeit. Die Pyramiden von Gizeh haben nicht nur die letzten Jahrtausende überstanden, sondern sind auch in der Gegenwart im Fokus des wissenschaftlichen Interesses. Viele Forscher haben sie vermessen und über ihre Proportionen und ihren Zweck Bücher veröffentlicht.
Mit der Vertonung der Cheopspyramide von Gizeh werden die Proportionen dieses gigantischen Bauwerkes in den Hörbereich übertragen. Die Maße der großen Pyramide sind ein Abbild des Gefüges der Erde in Raum und Zeit – die Vertonung davon das Analoge als Klangbild.

Das heilige Mandala der Tempelbauer

Das heilige Mandala der Tempelbauer ist ein Ur-Mandala, dessen Proportionen von der Natur gegeben sind und das seit Tausenden von Jahren als Schlüssel zum Bau von Pyramiden und anderen Kultstätten verwendet wurde.

Wir sind es heutzutage gewohnt, Längen-, Flächen- und Raummaße in Zentimetern, Metern oder Kilometern anzugeben. Diese Maßeinheiten stammen aus der Zeit der Französischen Revolution. Früher maß man mit Füßen, Ellen und Meilen. Das metrische System, dem das Zehnersystem zugrunde liegt, wird allgemein als modern, fortschrittlich und praktisch beschrieben. Doch die wenigsten Autoren solcher Kommentare wissen um die enge strukturelle Übereinstimmung des alten Maßsystems mit den Gegebenheiten der Natur. Wenn sie nur eine Ahnung davon hätten, würde ein Vergleich des alten Maßsystems mit dem heute gebräuchlichen völlig anders aussehen!

Der Kilometer ist vom Meridianumfang (Umfang der Erde durch die Pole) abgeleitet: Ein 40-tausendstel Teil des Meridianumfanges entspricht der Länge eines Kilometers. Für die englische Meile (1,609 Kilometer) gibt es eine ganze Reihe erstaunlicher Zusammenhänge bezüglich der Größe von Erde und Mond. So beträgt der Durchmesser der Erde 7.920 Meilen. 7.920 ist das Produkt der Zahlen $8 \times 9 \times 10 \times 11$. Oder, anders ausgedrückt: Wenn man alle Zahlen bis 11 miteinander multipliziert und dieses Produkt durch das Produkt aller Zahlen bis 7 dividiert, erhält man die Maßzahl des Erddurchmessers in Meilen.

Die Produktreihe bis 7 ($1 \times 2 \times 3 \times 4 \times 5 \times 6 \times 7$) ergibt 5.040. In Kurzform schreibt man dies wie folgt: $7! = 5.040$. Dies ist in Meilen die Summe des Erdradius zuzüglich des Mondradius (Erdradius = 3.960 Meilen, Mondradius = 1.080 Meilen). Im alten Maßsystem lassen sich die Größen von Erde und Mond durch ganz einfache mathematische Produktreihen ausdrücken. Auch für die Teilung von Winkeln im Kreis oder der Zeit ging man von einer derartigen Produktreihe aus, in diesem Fall von der Produktreihe der Zahl 6.

Es ist $1 \times 2 \times 3 \times 4 \times 5 \times 6 = 720$. Das Doppelte von 720 ist, wie bereits erwähnt, die Zahl der Minuten des Tages (1.440), die Hälfte von 720 ist die Zahl der Grade des Kreises (360 Grad).

Dem alten Maßsystem wohnt eine Magie inne, die heute kaum noch rational nachvollziehbar erscheint. So kann man sich des Eindrucks nicht erwehren, dass es früher auf der Erde Menschen gab, die gewisse Dinge über die Struktur unseres Sonnensystems wussten, von denen wir heute keine Ahnung mehr haben.

Kleiner Exkurs zu den Größenverhältnissen von Sonne, Erde und Mond

Das alte Maßsystem in Meilen ist viel enger mit den Größenverhältnissen im Sonnensystem verwoben als das metrische System. In Meilen lassen sich die Längen leicht als kurze mathematische Ausdrücke formulieren.

Durchmesser der Erde:	7.920 Meilen = 11!/7! Meilen = 8 x 9 x 10 x 11 Meilen
Radius der Erde:	3.960 Meilen = 11 x 6 x 60 Meilen
Durchmesser des Mondes:	2.160 Meilen = 6 x 6 x 60 Meilen
Radius des Mondes:	1.080 Meilen = 10 x 108 Meilen
Radius der Erde:	3.960 Meilen
Radius des Mondes:	1.080 Meilen
Rad. Erde + Rad. Mond:	5.040 Meilen = 7! Meilen = 1 x 2 x 3 x 4 x 5 x 6 x 7 Meilen
Abstand Erde-Mond:	237.600 Meilen = 60 Erdradien = 11 x 6 x 60 x 60 Meilen
Durchmesser der Sonne:	864.000 Meilen = 10 x 86.400 Meilen = 12 x 12 x 600 Meilen
	864.000 / 10 = 86.400 = Anzahl der Sekunden eines Erdentages
	864.000 / 2 = 432.000 = Anzahl der Meilen des Sonnenradius
	864.000 / 2 = 432.000 = Anzahl der Jahre der Dauer des Kaliyuga *Kali Yuga* → aus dem Sanskrit: wörtlich *Zeitalter des Streites*

Zum Vergleich die heutigen Messwerte gemäß *The Astronomical Almanac, 2011:*

Äquatorradius (a):	6.378,137 km = 3.963,191 Meilen
Polarradius (b):	6.356,753 km = 3.949,903 Meilen
Mittlerer Radius (Näherung) $(\sqrt{a \times b} + a) / 2$	6.372,786 km = 3.959,866 Meilen
Historischer Wert:	6.373,002 km = 3.960,000 Meilen
Genauigkeit:	6.373,002 km / 6.372,786 km = 1,000 034 = 34 mm/km
Mondradius:	1.737,400 km = 1.079,570 Meilen
Historischer Wert:	1.738,092 km = 1.080,000 Meilen
Genauigkeit:	1,738,092 km / 1.737,400 km = 1,000 398 = 398 mm/km

Konstruktion des Mandalas der Tempelbauer

Die Erbauer der alten großen Tempel hatten wohl recht genaue Kenntnisse über die Grundstruktur des Daseins – manchmal dünkt es einen, etwas mehr als die Gelehrten und Architekten heute, denn jene Bauwerke waren optimal im Einklang mit dem Lauf der Dinge. Ein Schlüssel zu diesen Bauwerken ist das im Folgenden beschriebene Mandala. Damit jeder genau nachvollziehen kann, was die Verhältnisse in diesem Mandala ausdrücken, sei hier eine exakte Konstruktionsbeschreibung abgedruckt.

1. Die Abbildung zeigt ein Quadrat mit der Kantenlänge 11, auf dessen Kante zwei Dreiecke und ein kleines Quadrat zu sehen sind. Die Dreiecke mit den Seitenlängen 3, 4 und 5. Das kleine Quadrat zwischen den Dreiecken hat die Kantenlänge 3.

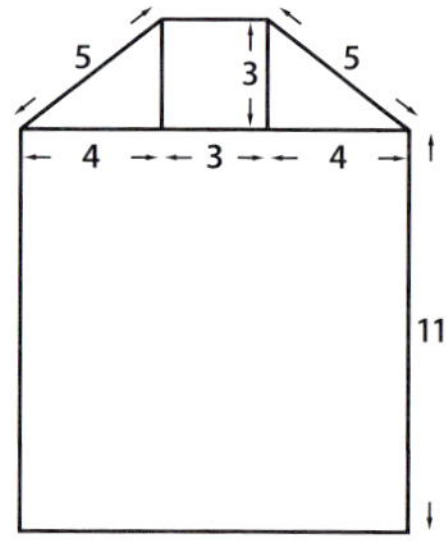

2. Zeichnet man nun in beide Quadrate je einen einbeschriebenen Kreis, so entsprechen die beiden Kreisflächen den Querschnitten von Erde und Mond, und dies mit einer Genauigkeit, die weit besser als ein Promille ist. Die Durchmesser der beiden Kreise verhalten sich wie 11 zu 3. Der Erddurchmesser hat 7.920 Meilen = 11 × 720 Meilen und der Monddurchmesser hat 2.160 Meilen = 3 × 720 Meilen und der Erdradius plus Mondradius sind 5.040 Meilen = 7 × 720 Meilen.

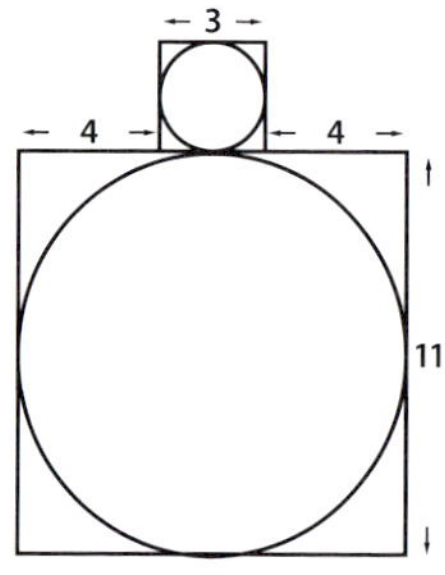

3. In diesen Maßen von Erde und Mond liegt ein großes mathematisches Geheimnis verborgen: die Quadratur des Kreises! Nicht absolut genau, aber doch erstaunlich genau. Der Kreis, dessen Radius den aufsummierten Radien von Erde und Mond entspricht, hat einen Umfang von 44 Einheiten. Es ist der Umfang des Kreises gleich 2 mal Radius mal Pi. Der genaue Wert ist 43,98 Einheiten, doch wenn

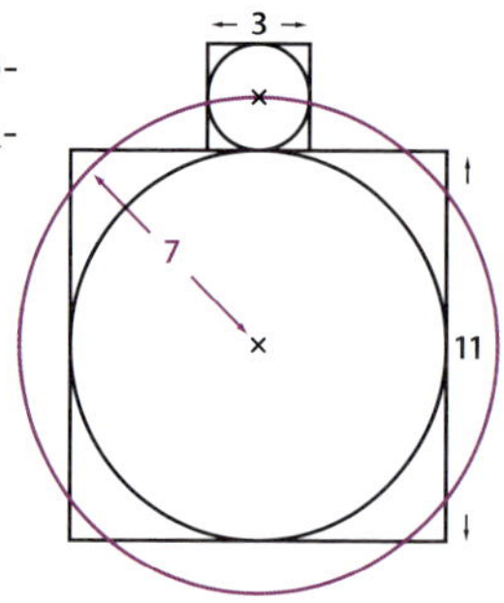

man für Pi 22 / 7 einsetzt, wie das im Altertum üblich war, erhält man genau 44. Das Quadrat um den Erdkreis hat auch einen Umfang von 44 Einheiten (11 × 4 = 44). Zeichnet man nun symmetrisch auf diesen Kreis mit dem Umfang von 44 Einheiten sich berührende Mondkreise mit dem Durchmesser von 3 Einheiten und verbindet dann die Mittelpunkte und die Berührungspunkte wie auf der nächsten Abbildung, erhält man ein regelmäßiges Siebeneck! Das Siebeneck kann mit Zirkel und Lineal allein nicht genau konstruiert werden, und die hier gezeigte Konstruktion ist, wie alle anderen auch, eine Näherungskonstruktion, doch eine der einfachsten und genauesten.

4 Verbindet man die Punkte E, F und S miteinander (hier mit gestrichelter Linie dargestellt), erhält man den Querschnitt der Cheopspyramide. Dieses Mandala offenbart in sehr anschaulicher Weise den geometrischen Zusammenhang von den Größenverhältnissen von Erde, Mond und Cheopspyramide und den strukturellen Zusammenhang mit dem Siebeneck.
Diverse Passagen dieser Konstruktionsbeschreibung veröffentlichte Hans Cousto 1986 unter dem Titel *Eine kosmische Gartenlaube* in der Zeitschrift *Körper, Geist & Seele* (Alpha Verlag Berlin).

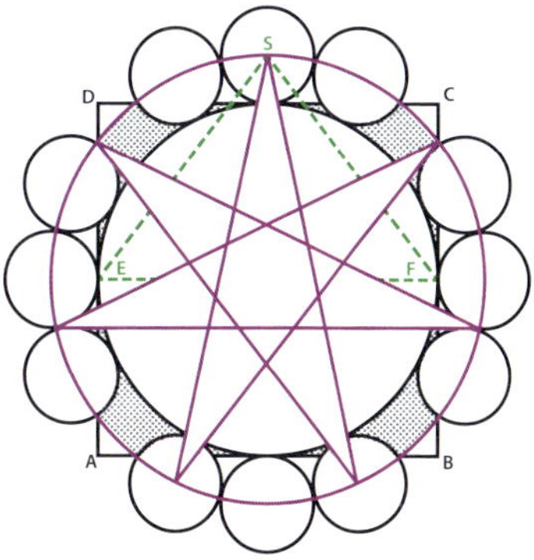

FAZIT

Die Zahlen 7 und 11 sind zentrale Elemente bei der Konstruktion des Mandalas der Tempelbauer. Im Mandala sind die Größenverhältnisse von Erde und Mond gut sichtbar, und man kann den geometrischen Zusammenhang zwischen dem Querschnitt der großen Pyramide von Gizeh, der Cheopspyramide, und dem Siebenstern erkennen. Diese Struktur wurde auch in der Planung anderer Sakralbauten genutzt, zum Beispiel bei der Konstruktion der Kathedrale von Chartres. Es ist bemerkenswert, dass die Zahlen 7 und 11 sowohl im Bereich der Geometrie bezüglich der Größenverhältnisse wie auch im Bereich der Mathematik bezüglich der absoluten Größen von Erde und Mond hervortreten. Das Längenmaß „Englische Meile" (1.609,344 Meter) passt sehr genau in dieses Raster, da in Meilen die absoluten Größen von Erde und Mond als Produktreihen (Fakultäten) der Zahlen 7 und 11 dargestellt werden können. Man kann sich des Eindrucks nicht erwehren, dass es einst Menschen gab, die über gewisse Dinge und Zusammenhänge mehr wussten, als wir heute wissen.

Die ägyptischen Längenmaße und die Töne der Erdbahnelemente

Nach den Quellen von John Michell (1724–1793), Forscher zu alten Maßsystemen und Verfasser zahlreicher Bücher, unter anderem *City of Revelation*, verwendeten die alten Ägypter vornehmlich drei Maße in ihrer Architektur:

- das Remen = 1,2165 feet ≈ 37,1 cm
- die Königliche Kube = 1,72 feet ≈ 52,4 cm
- das Megalithische Yard = 2,72 feet ≈ 82,9 cm

Hierbei sind folgende Verhältnisse gegeben:

- Remen : Königliche Kube : Megalithisches Yard = $1 : \sqrt{2} : \sqrt{5}$

und weiter

- 1 Remen^2 = 1,48 feet^2 = (0,74 × 2) feet^2
- 1 Königl. Kube^2 = 2,96 feet^2 = (0,74 × 4) feet^2
- 1 Meg. Yard^2 = 7,4 feet^2 = (0,74 × 10) feet^2

Berechnet man nun nach diesen Angaben die genauen Längen, so erhält man

- 1 Remen = $\sqrt{1{,}48\text{feet}^2}$ = 1,216 553 feet = 0,370 805 m
- 1 Königl. Kube = $\sqrt{2{,}96\text{feet}^2}$ = 1,720 465 feet = 0,524 398 m
- 1 Meg. Yard = $\sqrt{7{,}4\text{feet}^2}$ = 2,720 294 feet = 0,829 146 m

In der Physik der Elementarteilchen (Atomphysik) verwendet man wie in der Astronomie die Zeit, die das Licht braucht, um bestimmte Strecken zurückzulegen, als Längenmaßangabe dieser Strecken (1 Lichtjahr = $9{,}4605 \times 10^{12}$ km = 63.240 Astron. Einheiten). Das Licht legt $(2{,}977\,925 \pm 0{,}000\,001) \times 10^{10}$ cm/sec zurück (299.793 km/sec).

Die Lichtgeschwindigkeit ist die Ausbreitungsgeschwindigkeit von Licht im Vakuum. Neben Licht breiten sich auch alle anderen elektromagnetischen Wellen wie auch die Gravitationswellen mit dieser Geschwindigkeit aus. Die Lichtgeschwindigkeit ist eine fundamentale Naturkonstante.

Berechnet man nun die Zeit, die das Licht braucht, um ein Remen, eine Königliche Kube oder ein Megalithisches Yard zurückzulegen, sowie die dazugehörige Frequenz, die man dann oktaviert, so stellt man eine erstaunliche Übereinstimmung der altägyptischen Maße zu den Erdbahnelementen fest.

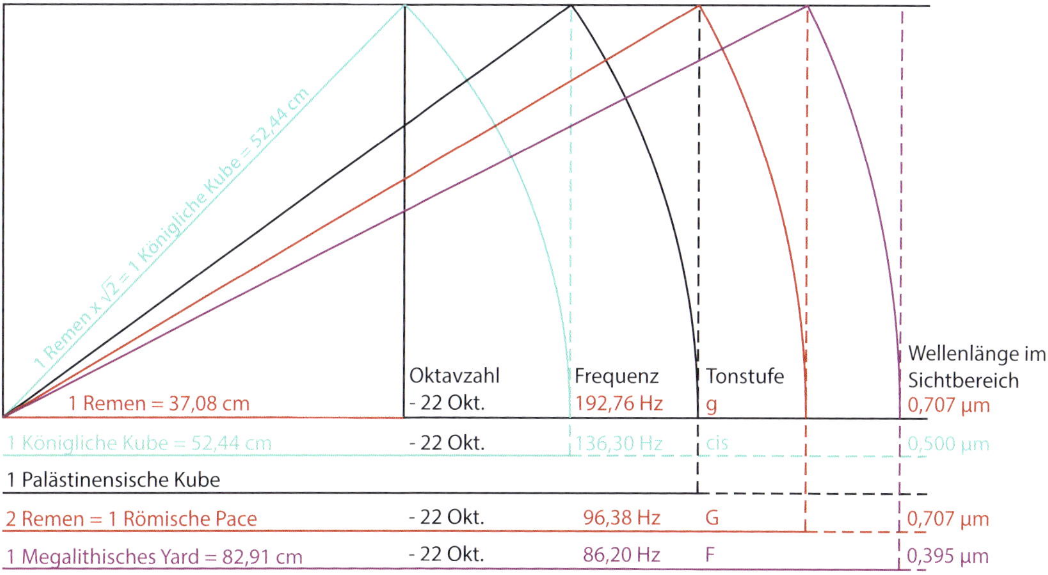

Die Abbildung zeigt den geometrischen Zusammenhang der altägyptischen Längenmaße und ihren Bezug zu den Tönen der Erde. Ein Quadrat mit der Kante a hat die Diagonale a x $\sqrt{2}$. Ein Rechteck mit den Kanten a und a x $\sqrt{2}$ hat die Diagonale a x $\sqrt{3}$. Ein Rechteck mit den Kanten a und a x $\sqrt{3}$ hat die Diagonale a x $\sqrt{4}$ = 2a. Ein Rechteck mit den Kanten a und 2a hat die Diagonale a x $\sqrt{5}$. 1 : $\sqrt{2}$: $\sqrt{5}$ ist das Verhältnis von Remen : Königliche Kube : Megalithisches Yard.

FAZIT

Es gibt keine Hinweise, dass die alten Ägypter die Lichtgeschwindigkeit kannten. So muss die Korrelation zwischen den Längenmaßen der alten Ägypter und den Rhythmen der Erde als rein zufällig klassifiziert werden. Offenbar können Zufälle in einem System von Maßeinheiten schon fast die Qualität eines Weltwunders erreichen.

Hinweis für Esoteriker: Vielleicht waren vor Tausenden von Jahren außerirdische Wesen im alten Ägypten zugange, und diese haben die Maße aufgrund ihres Wissens festgelegt. Sicher, das ist reine Spekulation und bis heute jedenfalls nicht beweisbar. Doch das Gegenteil – also dass es nicht so war – kann bis heute auch nicht bewiesen werden. Diese Gegebenheit lässt viel Spielraum frei für die eigene Fantasie.

Farb- und Klangbilder aus dem Mikrokosmos

In den bisherigen Kapiteln wurden die Transpositionen mittels des Oktavgesetzes aus dem Makrokosmos (Astronomie) in den Hör- und Sichtbereich erklärt und erläutert, in den folgenden Abschnitten wird nun auch eine Transposition aus dem Mikrokosmos dargestellt. Als Beispiel soll hier die Vertonung der Wasserstoffspektren dienen.

Farb- und Klangstruktur der Wasserstoffspektren

Von besonderem wissenschaftlichen Interesse sind die harmonikalen Strukturen aller dem Wasserstoff (Element Nr. 1) zugehörigen Frequenzen und die dem Wasserstoff innewohnende Klangstruktur. Da die einzelnen Frequenzen durch ganz bestimmte Arten von Elektronensprüngen und die zugehörigen Energieniveaus determiniert sind, offenbart die Klangstruktur des Wasserstoffes den Zuhörenden auch wesentliche Elemente der Quantenphysik – auf dem Wege der Akustik mittels Klangbildern. Weit mehr als die Hälfte aller Atome im Universum sind Wasserstoffatome. Deshalb sind die dem Wasserstoff eigenen Frequenzen tonangebend im Universum, da sie häufiger vorkommen als alle anderen Frequenzen zusammen.

Die musikalische Transkription der Wasserstoffspektren beinhaltet die physikalischen Grundlagen zur Anhörung der Quantentheorie. Die Quantentheorie fasst alle Phänomene und Effekte zusammen, die darauf beruhen, dass bestimmte Größen nicht jeden beliebigen Wert annehmen können, sondern nur bestimmte, fest determinierte Werte. Die Quantentheorie beziehungsweise die Quantenphysik umfasst alle Theorien, Modelle und Konzepte, die auf die Quantenhypothese von Max Planck zurückgehen. Plancks Hypothese war um 1900 notwendig geworden, weil die klassische Physik zum Beispiel bei der Beschreibung des Lichts oder des Aufbaus der Materie an ihre Grenzen gestoßen war.

Die Abbildung zeigt eine Briefmarke mit den Fraunhoferlinien, die zum 200. Geburtstag von Joseph von Fraunhofer von der Deutschen Bundespost im Jahr 1987 herausgegeben wurde.

Die Quantentheorie ist neben der Relativitätstheorie der zweite Grundpfeiler der modernen Physik. Besonders deutlich zeigen sich die Unterschiede zwischen der Quantenphysik und der klassischen Physik im mikroskopisch Kleinen wie dem Aufbau der Atome und Moleküle.

Spektralanalyse – Das Spektrum des Sonnenlichtes

Allgemein bezeichnet man die stufenlose Folge der Regenbogenfarben (Rot, Orange, Gelb, Grün, Blau und Violett) als kontinuierliches Spektrum. Lässt man das Sonnenlicht durch eine schmale spaltförmige Blende und das dahinter austretende Lichtbündel auf ein Prisma fallen, so wird es in die einzelnen Farbbereiche, in ein Spektrum zerlegt. Im Jahr 1802 entdeckte der englische Arzt, Chemiker und Physiker William Hyde Wollaston (1766–1828) bei genauerer Betrachtung des durch ein Prisma zerlegten Strahls des Sonnenlichtes dunkle Linien auf dem kontinuierlichen Farbenhintergrund des Sonnenspektrums. Der Physiker und Astronom Joseph von Fraunhofer (1787–1826) bezeichnete diese Linien im Jahr 1814 mit lateinischen Buchstaben. Von den gut ein Dutzend umfassenden auffälligsten Linien im Sonnenspektrum konnten vier später eindeutig als Absorptionslinien des Wasserstoffs identifiziert werden. Daher weiß man, dass die Sonne von Wasserstoffgas umgeben ist.

Die Bedeutung dieser dunklen Linien im Sonnenspektrum wurde erst im Jahre 1859 klar, als die beiden befreundeten Physiker Robert Wilhelm Bunsen (1811–1899), der Erfinder des Bunsenbrenners, und Gustav Robert Kirchhoff (1824–1887) die Grundlagen der Spektralanalyse in Laborversuchen ermittelten.

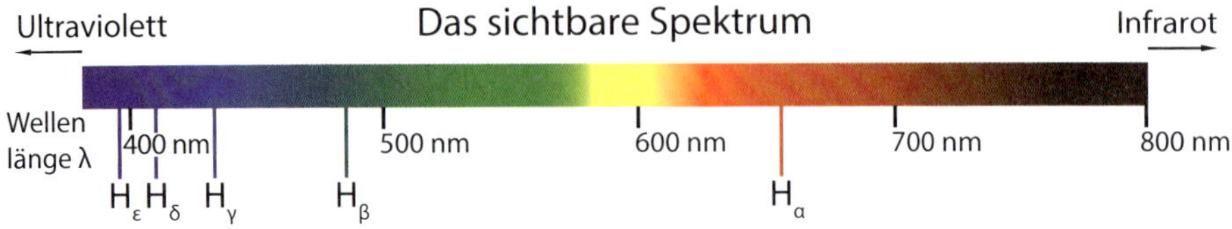

Die Abbildung zeigt die Lage der Spektrallinien des Wasserstoffes im sichtbaren Spektrum, das von knapp 400 nm Wellenlänge (1 nm = 10-9m) im violetten Bereich bis nach Rot bei 800 nm reicht.

Das sichtbare Wasserstoffspektrum

Die Linien in den Spektren glühender Gase treten oft in mathematisch einfach beschreibbaren Reihen oder Serien auf. Das erste Seriengesetz ist für Wasserstoff, dem kleinsten Atom und ersten Element des Periodensystems der chemischen Elemente, von dem Mittelschullehrer Johann Jakob Balmer (1825–1898) im Jahr 1885 in Basel entdeckt worden. Balmer fand dieses Seriengesetz durch genaue Betrachtung und Analyse der Lage der einzelnen Spektrallinien im sichtbaren Spektrum. Dieses Seriengesetz lässt sich in Form einer einfachen Gleichung darstellen. Für die mathematisch und physikalisch interessierten Leserinnen und Leser ist diese Gleichung mit allen relevanten Informationen auf folgender Internetseite nachzulesen: http://www.planetware.de/tune_in/Wasserstoff.html.

Das Spektrum im nicht sichtbaren ultravioletten Bereich

Der amerikanische Physiker Theodore Lyman (1874–1954) studierte in Harvard, wo er ab 1921 als Professor lehrte. Er entdeckte bereits im Jahr 1906 die nach ihm benannte Serie des Wasserstoffspektrums im Bereich der ultravioletten kurzwelligen Schwingungen, die für das menschliche Auge nicht sichtbar sind. Sein Forschungsgebiet war die Untersuchung des äußerst kurzwelligen Lichtes. Die Wellenlängen und Frequenzen der im ultravioletten Bereich liegenden Spektrallinien des Wasserstoffes können Sie auf folgender Internetseite nachlesen: http://www.planetware.de/tune_in/Wasserstoff.html.

Die Spektralserien im nicht sichtbaren infraroten Bereich

Der aus Schwerin stammende Professor der Physik Friedrich Paschen (1865–1947), der 1924 zum Präsidenten der Physikalisch-Technischen Reichsanstalt in Berlin-Charlottenburg berufen wurde und für seine äußerst vielfältigen Untersuchungen auf dem Gebiet der Wärmestrahlung und der ultravioletten Spektren wie auch für seine Beiträge zur Elektrochemie bekannt war, entdeckte

Die optische Brechung von Licht in seine Spektralfarben

die ersten beiden Linien der nach ihm benannten Serie der Wasserstoffspektren im für das menschliche Auge nicht sichtbaren Infrarot-Bereich. Weitere Glieder dieser Paschen-Serie wurden im Jahr 1922 von Frederick Sumner Brackett (1896–1988) gefunden, der zudem weitere Spektrallinien des Wasserstoffes entdeckte, die heute als Brackett-Serie bekannt sind. Im Jahr 1924 entdeckte der amerikanische Physiker August Herman Pfund (1879–1949) weitere Wasserstofflinien im infraroten Bereich, die heute als *Pfund-Serie* bekannt sind. Die Wellenlängen und Frequenzen der im infraroten Bereich liegenden Spektrallinien des Wasserstoffes können Sie auf folgender Internetseite nachlesen: http://www.planetware.de/tune_in/Wasserstoff.html.

FAZIT

Der Regenbogen ist das Zeichen des Bundes zwischen Gott und den Menschen, so steht es im ersten Buch Moses, Kapitel 7, Vers 12. In den letzten Jahrhunderten wurde der Regenbogen auch zum Zeichen des Bundes zwischen der Natur und der menschlichen Erkenntnis, denn im Spektrum der Regenbogenfarben erkannten Physiker wesentliche Strukturen über den Aufbau der Atome. Mit der Erfindung neuer technischer Geräte wurde dann das Blickfeld der Physiker um die mit dem Auge nicht sichtbaren Bereiche der UV- und IR-Spektren erweitert. In der Folge vertieften sich die Erkenntnisse der Forscher bezüglich des Aufbaus der Materie.

Faszinosum Wasserstoffspektren

Die Spektren des Wasserstoffes haben nicht nur den Physikern viele Fakten über den Aufbau von Atomen gezeigt, sie haben vielmehr generell die Wissenschaft der Physik beflügelt. Die Spektren des Wasserstoffes offenbarten grundlegende Gesetzmäßigkeiten, gemäß denen die Natur funktioniert. Sie haben – das kann man ohne zu übertreiben sagen – das Weltbild der Physiker revolutioniert.

Nicht nur auf Physiker, sondern auch auf Mathematiker und Harmoniker, die sich mit Geometrie und Stimmtechnik befassen, haben die Wasserstoffspektren eine große Faszination ausgeübt. Einer dieser Mathematiker war, wie schon erwähnt, Johann Jakob Balmer, der zuerst Philologie und Mathematik an der Universität Basel studierte und danach an den Universitäten in Karlsruhe und Berlin ein Studium der Architektur absolvierte. 1849 promovierte er an der Universität Basel über die Zykloide, auch Radlaufkurve oder Rollkurve genannt. Eine Zykloide ist die Bahn, die ein Kreispunkt beim Abrollen eines Kreises auf einer Leitkurve, zum Beispiel einer Geraden, eines Kreises oder einer Ellipse beschreibt.

Da die Geometrie für Balmer eine große Bedeutung hatte und ihn faszinierte, fand er auch die geometrische Struktur, die den sichtbaren Linien des Wasserstoffspektrums innewohnt. Er war der erste Forscher, der uns etwas über die Struktur der Ordnung im Wasserstoffatom überlieferte. Balmer war sehr vielseitig in seinen Interessen. Er beschäftigte sich mit den gemeinsamen Grundfragen von Naturwissenschaft, Philosophie und Religion sowie mit Kabbalistik und Numerologie und errechnete zum Beispiel die Stufenanzahl von Pyramiden.

Die Wellenlängen der sichtbaren Spektrallinien des Wasserstoffatoms entsprechen der folgenden von Balmer gefundenen Gleichung:

$$\lambda = R \times [m^2 / (m^2 - 4)]$$

Hierbei ist λ die Wellenlänge der Spektrallinie in Nanometer. R = 364,7 nm ist eine Konstante. Der Wert m in der Formel sei der Reihe nach 3; 4; 5 und 6 (eine Folge von natürlichen Zahlen). Es ist für:

$m = 3$: $R \times (9/5) = 656{,}5$ nm H_α Rot
$m = 4$: $R \times (4/3) = 486{,}3$ nm H_β Blaugrün
$m = 5$: $R \times (25/21) = 434{,}2$ nm H_γ Blau
$m = 6$: $R \times (9/8) = 410{,}3$ nm H_δ Violett

Balmers geometrische Konstruktion der Wasserstofflinien

Die unten stehende Abbildung zeigt auf der vertikalen (senkrechten) Achse von oben nach unten die vier sichtbaren Wasserstofflinien in ihren Abstandsverhältnissen ($H_\alpha = 9/5$; $H_\beta = 16/12 = 4/3$; $H_\gamma = 25/21$ und $H_\delta = 36/32 = 9/8$), während die dazugehörigen Werte für m = 3; 4; 5 und 6 in einem viermal engeren Maßstab auf der horizontalen (waagerechten) Achse aufgetragen sind. Die vier Verbindungslinien der entsprechenden Punkte sind Tangenten am Kreisbogen. Auffällig ist hier die harmonikale Struktur der einzelnen Abstandsverhältnisse, mit denen R multipliziert wird. 9/5 ist das Schwingungsverhältnis der kleinen Septime, 4/3 das der Quarte und 9/8 das des natürlichen Ganztones. Es zeigt sich, dass auch in den Quantensprüngen auf atomarer Ebene die Proportionen der Energiestufen an klassischen harmonikalen Prinzipien orientiert sind.

Auch die Abstandsverhältnisse (als Brüche gelesen) der Wellenlängen der Spektrallinien der Lyman-Serie sind rein harmonikal strukturiert und bilden jeweils Schrittintervalle der natürlichen Obertonreihe ($L_\alpha = 4/3$; $L_\beta = 9/8$; $L_\gamma = 16/15$; $L_\delta = 25/24$; $L_\varepsilon = 36/35$ und $L_\zeta = 49/48$).

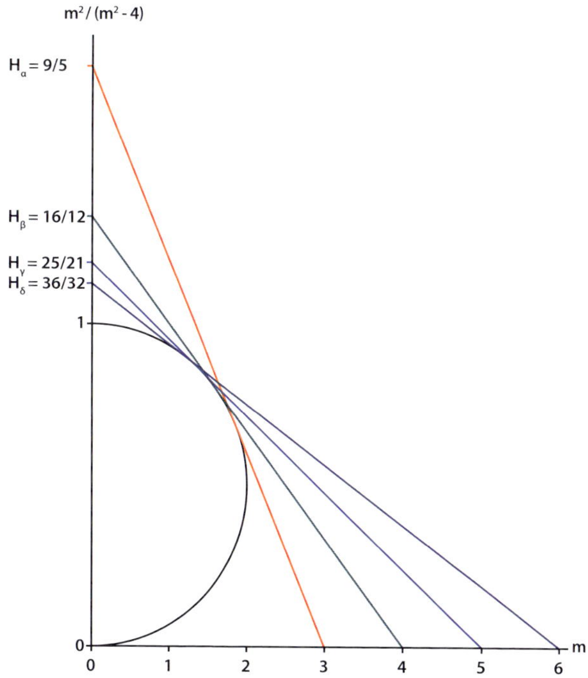

Geometrische Entwicklung der Spektralserien des Wasserstoffes

Die nebenstehende Abbildung zeigt die geometrische Entwicklung der Spektralserien des Wasserstoffes. Die Spektrallinien ordnen sich in eine Skala, die proportional ist zur Quadratwurzel aus der Frequenz der einzelnen Linien der Spektralserien des Wasserstoffes. Darunter sind die zugehörigen Wellenlängen angegeben. Die gestrichelt gezeichneten Linien bezeichnen jeweils die obere Grenze des Frequenzbandes der einzelnen Serien.

Für die Umrechnung der Wellenlängen in die zugehörigen Frequenzen, respektive der Frequenzen in die zugehörigen Wellenlängen gelten die beiden folgenden Formeln:

$$\lambda = c / f \quad \text{und} \quad f = c / \lambda$$

wobei λ die Wellenlänge, c die Lichtgeschwindigkeit ($2{,}997\,925 \times 10^{17}$ nm sec^{-1}) und f die Frequenz ist. Das heißt, will man von einer bekannten Frequenz die zugehörige Wellenlänge errechnen, dann muss die Lichtgeschwindigkeit durch die bekannte Frequenz geteilt werden und wenn man zu einer bereits bekannten Wellenlänge die entsprechende Frequenz errechnen will, dann muss die Lichtgeschwindigkeit durch die bekannte Wellenlänge geteilt werden. Als Resultat erhält man die jeweils gesuchte Größe.

FAZIT

Zur Zeit der Jahrhundertwende vom 16. zum 17. Jahrhundert wusste die Menschheit nichts vom Aufbau der Atome. Als zu jener Zeit der Astronom Johannes Kepler zur Erkenntnis gelangte, dass Gott immer Geometrie betreibe, beruhte diese Einsicht vor allem auf Beobachtungen des Makrokosmos. Seitdem die Menschheit zu immer tieferen Einblicken in den Mikrokosmos gelangte und Forscher wie Johann Jakob Balmer die innere geometrische Struktur des sichtbaren Wasserstoffspektrums entdeckte, hat die Feststellung von Kepler wahrlich an Bedeutung gewonnen – sie scheint von universeller Relevanz zu sein. Aus Keplers Sicht war es göttliche Vorsehung, die ihn zum Studium der Gestirne führte. Die natürliche Welt war ihm ein Spiegel, in dem die göttlichen Ideen sichtbar werden konnten, der gottgeschaffene menschliche Geist dazu da, sie zu erkennen und zu preisen.

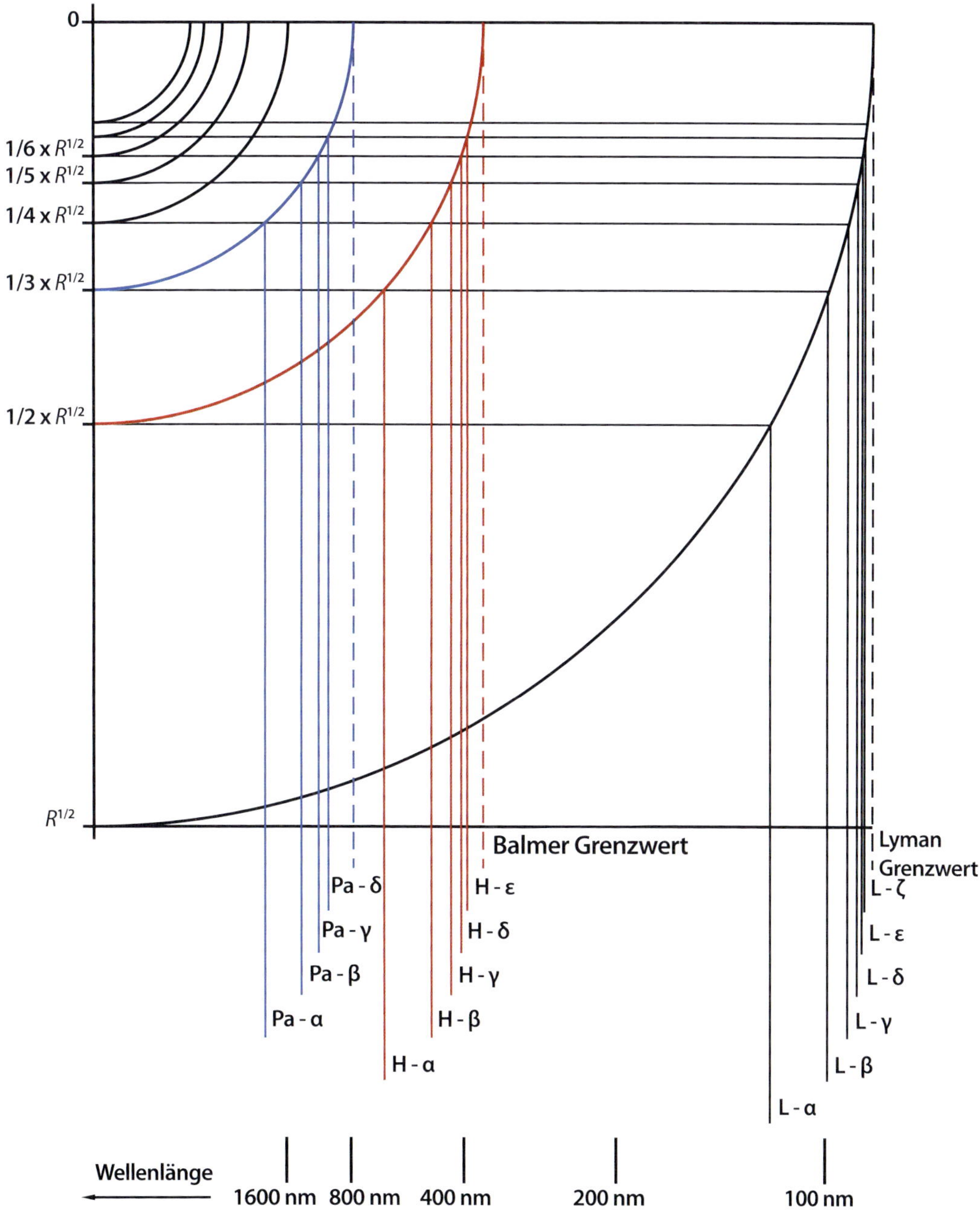
0
1/6 x $R^{1/2}$
1/5 x $R^{1/2}$
1/4 x $R^{1/2}$
1/3 x $R^{1/2}$
1/2 x $R^{1/2}$
$R^{1/2}$
Balmer Grenzwert
Lyman Grenzwert
Pa - δ
Pa - γ
Pa - β
Pa - α
H - ε
H - δ
H - γ
H - β
H - α
L - ζ
L - ε
L - δ
L - γ
L - β
L - α
Wellenlänge
1600 nm
800 nm
400 nm
200 nm
100 nm

Harmonikale Struktur der Wasserstoffspektren

Die augenscheinliche Struktur der Wasserstoffspektren lässt sich, wie gerade gezeigt wurde, geometrisch darstellen. Doch auch auf dem Weg der Akustik kann die Struktur dieser Spektren vermittelt werden. Dabei wird offenbar, dass die Frequenzen dieser Spektren äußerst genau aufeinander abgestimmt sind. Die einzelnen Frequenzen bilden miteinander sehr präzise reine Intervalle: Oktaven, reine Quinten, reine große Terzen und reine Naturseptimen.

Die Wasserstoffspektren sind nicht nach dem Prinzip der gleichmäßig schwebenden Stimmung (heutige Normstimmung) aufeinander abgestimmt, sondern orientieren sich ganz genau nach der Struktur der Obertonreihe. Der Grundton ist hierbei durch die *Rydbergkonstante* determiniert. Der schwedische Physiker Johannes Robert Rydberg (1854–1919) entdeckte im Jahr 1889 die grundlegende Bedeutung dieser Konstante für den Aufbau und die Bestimmung der Spektren des Wasserstoffes. Die Grundfrequenz der Rydbergkonstante beträgt $3{,}288\,051 \times 10^{15}$ Hz. In der 40. Unteroktave entspricht dies einer Frequenz von 2990,47 Hz, in der 43. Unteroktave der Frequenz von 373,808 Hz oder in der 44. Unteroktave der Frequenz von 186,9 Hz. Diese Frequenz liegt im Bereich des Tones Fis. Von diesem Fis mit 373,808 Hz aus können schrittweise alle in den Hörbereich oktavierten Frequenzen der einzelnen Linien der Wasserstoffspektren nach dem Ohr schwebungsfrei gestimmt werden. Die Vorgehensweise hierfür kann dem sogenannten *„Wasserstoff-Stimmschlüssel“*, der in den folgenden Absätzen erklärt und erläutert wird, entnommen werden.

Auf den folgenden Seiten sind die Originalfrequenzen der einzelnen Linien der Wasserstoffspektren sowie die entsprechenden Frequenzen in der 40. Unteroktave dargestellt, sowohl als Tabelle wie auch

Antoine Laurent de Lavoisier gab dem Wasserstoff seinen Namen.

Schwingung als verbindendes Element der gesamten Schöpfung

grafisch. Im Anschluss wird dann der Wasserstoff-Stimmschlüssel dargestellt und erläutert sowie die Stimmvorgaben für die zugehörigen Frequenzen der einzelnen Spektrallinien. Mit diesen Angaben kann jeder Musiker, der die Kunst des Stimmens beherrscht, seine Instrumente oktavanalog zu den Spektren des Wasserstoffes stimmen und dann eine Wasserstoffmusik spielen, die eine hohe Affinität zum „Original" hat. Die Wasserstoffmusik offenbart auf dem Wege der Akustik in harmonischer und präziser Weise wesentliche Strukturen der Quantenphysik.

Transposition der Wasserstoff-Spektralfrequenzen in den mittleren Hörbereich

Die Tabelle zeigt nach den Originalfrequenzen der einzelnen Spektrallinien und der Grenzfrequenzen der einzelnen Serien des Wasserstoffspektrums die Transposition derselben in die 40. Unteroktave und des Weiteren die Transposition der Lyman-Serie in die 44. Unteroktave, der Balmer-Serie in die 42. Unteroktave, der Paschen-Serie in die 40. Unteroktave, der Brackett-Serie in die 39. Unteroktave und der Pfund-Serie in die 38. Unteroktave. In der 40. Unteroktave liegen alle Frequenzen im Hörbereich, sodass in dieser Transposition die wahren Frequenzverhältnisse aller Linien des Wasserstoffspektrums angehört werden können. Die nachfolgenden Transpositionen, die zwischen der 44. und 38. Unteroktave angesiedelt sind, geben die Frequenzen im mittleren Hörbereich wieder.

Transposition der Wasserstoff-Spektralfrequenzen in den mittleren Hörbereich

	Urfrequenz	Oktav	Frequenz	Oktav	Frequenz
Lyman-Serie					
L- α	$2.466039 \cdot 10^{15}$ Hz	-40	2,242.85 Hz	-44	140.18 Hz
L- β	$2.922712 \cdot 10^{15}$ Hz	-40	2,658.19 Hz	-44	166.14 Hz
L- γ	$3.082548 \cdot 10^{15}$ Hz	-40	2,803.56 Hz	-44	175.22 Hz
L- δ	$3.156529 \cdot 10^{15}$ Hz	-40	2,870.85 Hz	-44	179.43 Hz
L- ε	$3.196717 \cdot 10^{15}$ Hz	-40	2,907.40 Hz	-44	181.71 Hz
L- ζ	$3.220948 \cdot 10^{15}$ Hz	-40	2,929.44 Hz	-44	183.09 Hz
Grenzwert:	$3.288051 \cdot 10^{15}$ Hz	-40	2,990.47 Hz	-44	186.90 Hz
Balmer-Serie					
H- α	$4.566738 \cdot 10^{14}$ Hz	-40	415.34 Hz	-42	103.84 Hz
H- β	$6.165097 \cdot 10^{14}$ Hz	-40	560.71 Hz	-42	140.18 Hz
H- γ	$6.904908 \cdot 10^{14}$ Hz	-40	628.00 Hz	-42	157.00 Hz
H- δ	$7.306781 \cdot 10^{14}$ Hz	-40	664.55 Hz	-42	166.14 Hz
H- ε	$7.549098 \cdot 10^{14}$ Hz	-40	686.59 Hz	-42	171.65 Hz
Grenzwert:	$8.220129 \cdot 10^{14}$ Hz	-40	747.62 Hz	-42	186.90 Hz
Paschen-Serie					
Pa- α	$1.598358 \cdot 10^{14}$ Hz	-40	145.37 Hz	-40	145.37 Hz
Pa- β	$2.338170 \cdot 10^{14}$ Hz	-40	212.66 Hz	-40	212.66 Hz
Pa- γ	$2.740043 \cdot 10^{14}$ Hz	-40	249.21 Hz	-40	249.21 Hz
Pa- δ	$2.982360 \cdot 10^{14}$ Hz	-40	271.24 Hz	-40	271.24 Hz
Grenzwert:	$3.653391 \cdot 10^{14}$ Hz	-40	332.27 Hz	-40	332.27 Hz
Brackett-Serie					
Br- α	$7.398116 \cdot 10^{13}$ Hz	-40	67.29 Hz	-39	134.57 Hz
Br- β	$1.141685 \cdot 10^{14}$ Hz	-40	103.84 Hz	-39	207.67 Hz
Br- γ	$1.384001 \cdot 10^{14}$ Hz	-40	125.87 Hz	-39	251.75 Hz
Grenzwert:	$2.055032 \cdot 10^{14}$ Hz	-40	186.90 Hz	-39	373.81 Hz
Pfund-Serie					
Pf- α	$4.018730 \cdot 10^{13}$ Hz	-40	36.55 Hz	-38	146.20 Hz
Pf- β	$6.441897 \cdot 10^{13}$ Hz	-40	58.59 Hz	-38	234.35 Hz
Grenzwert:	$1.315221 \cdot 10^{14}$ Hz	-40	119.62 Hz	-38	478.47 Hz

Die Tabelle zeigt nach den Originalfrequenzen der einzelnen Spektrallinien und der Grenzfrequenzen der einzelnen Serien des Wasserstoffspektrums die Transposition derselben in die 40. Unteroktave und des Weiteren die Transposition der Lyman-Serie in die 44. Unteroktave, der Balmer-Serie in die 42. Unteroktave, der Paschen-Serie in die 40. Unteroktave, der Brackett-Serie in die 39. Unteroktave und der Pfund-Serie in die 38. Unteroktave. Die Transpositionen, die zwischen der 44. und der 38. Unteroktave angesiedelt sind, geben die Frequenzen im mittleren Hörbereich wieder.

Grafische Darstellung der Wasserstoff-Spektralfrequenzen

Der Grenzwert der Lyman-Serie (L-Gr) ist 4-mal so groß wie der Grenzwert der Balmer-Serie (H-Gr) und 16-mal so groß wie der Grenzwert der Brackett-Serie (Br-Gr). Der Grenzwert der Lyman-Serie ist demzufolge zwei Oktaven höher als der Grenzwert der Balmer-Serie und vier Oktaven höher als der Grenzwert der Brackett-Serie.

Der Grenzwert der Paschen-Serie (Pa-Gr) ist 9-mal kleiner als der Grenzwert der Lyman-Serie, somit ist der Grenzwert der Paschen-Serie drei Oktaven und ein (pythagoräischer) Ganzton kleiner als der Grenzwert der Lyman-Serie.

Der Höhenunterschied der Säulen der Lyman- und Balmer-Grenzwerte ist gleich der Höhe der Säule der Alphalinie der Lyman-Serie. Das heißt, die Differenz der Frequenzen der Grenzwerte der Lyman- und der Balmer-Serie ist gleich der Frequenz der Alphalinie der Lyman-Serie. Bei genauerer Betrachtung der Säulen kann man weitere analoge Zusammenhänge erkennen.

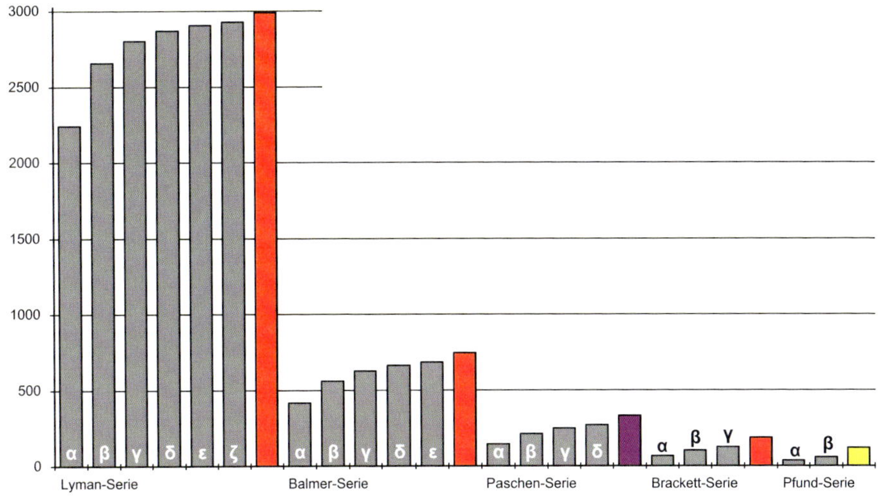

Die Abbildung zeigt die Wasserstoff-Spektralfrequenzen in der 40. Unteroktave und die Grenzfrequenzen der einzelnen Serien. Über jeder Säule ist die Frequenz der einzelnen Spektrallinien wie auch der einzelnen Grenzfrequenzen gerundet als ganze Zahl in Hertz angegeben. Die linke Skala zeigt ebenso die Hertzzahl an (in Schritten von 500 Hertz). Von links nach rechts sind der Reihe nach die Lyman-, Balmer-, Paschen-, Brackett- und die Pfund-Serie dargestellt. Die erste Säule links von jeder Gruppe entspricht der Alpha-Linie, die letzte Säule rechts von jeder Gruppe zeigt den Grenzwert der entsprechenden Serie an.

Grafische Darstellung der Wasserstoff-Spektraltöne

Die Lyman-Serie umfasst den Intervallraum einer Quarte und ist in der höchsten Oktave angesiedelt. Der Grenzwert der Lyman-Serie entspricht der Frequenz der Rydbergkonstante für Wasserstoff. Die Quarte cis'''' (Lα) – fis'''' (L-Gr) hat genau das Schwingungsverhältnis 3 zu 4 und ist somit rein. Der Ganzton e'''' (Lβ) – fis'''' (L-Gr) hat das Schwingungsverhältnis des pythagoräischen Ganztones von 8 zu 9. Der Halbton f'''' (Lγ) – fis'''' (L-Gr) hat das Schwingungsverhältnis eines diatonischen Halbtones von 15 zu 16. Der Halbton f'''' (Lδ) – fis'''' (L-Gr) hat das Schwingungsverhältnis eines kleinen diatonischen Halbtones (kleines Chroma) von 15 zu 16. Die letzten beiden Spektralfrequenzen der Lyman-Serie bilden keine harmonischen Intervalle zur Frequenz des Grenzwertes (L-Gr).

Die Balmer-Serie umfasst den Intervallraum einer kleinen Septime und ihr Frequenzband ist genau zwei Oktaven unterhalb der Frequenz der Rydbergkonstante für Wasserstoff angesiedelt. Das Intervall gis' (Hα) – fis'' (H-Gr) ist eine kleine Septime mit dem Frequenzverhältnis 5 zu 9. Das Intervall cis'' (Hβ) – fis'' (H-Gr) ist eine natürliche Quarte mit dem Schwingungsverhältnis 3 zu 4. Der Ton e'' (Hδ) bildet zum fis''(H-Gr) das Intervall eines großen (pythagoräischen) Ganztones mit dem Schwingungsverhältnis von 8 zu 9 und liegt zwei Oktaven tiefer als das e'''' von (Lβ) und eine Oktave höher als das e' der Grenzfrequenz der Paschen-Serie (Pa-Gr).

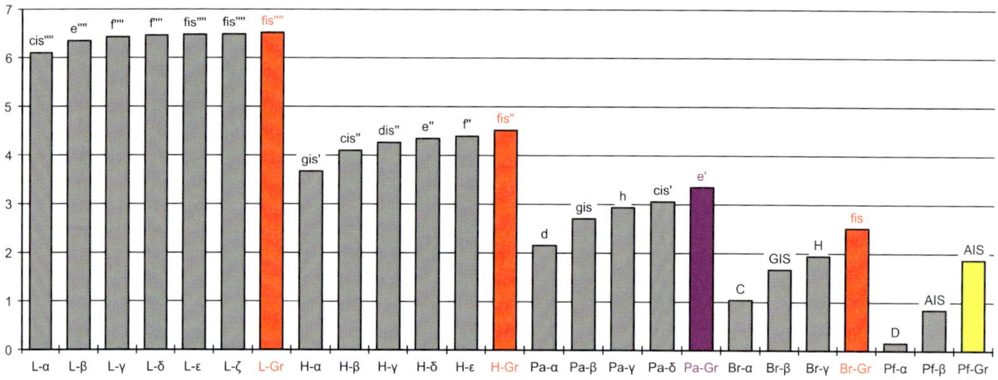

Die Abbildung zeigt die Wasserstoff-Spektraltöne in der 40. Unteroktave und die Grenzfrequenzen der einzelnen Serien. Das ganze Spektrum umfasst sieben Oktaven.

Wasserstoffatome bilden mehr als 50 Prozent aller Atome des Universums.

Die einzelnen Spektralserien des Wasserstoffs geben Auskunft über das „Sprungverhalten" des Elektrons und den dabei aufgenommenen oder freigesetzten Energiebeträgen. Da die Wasserstoffmusik auch sehr kleinteilige, natürliche Intervalle enthält, ist das Hören einer solchen Musik ein aktives Training für unsere Ohren beziehungsweise für unsere Hörrinde. So kann die akustische Wahrnehmung von der Welt ein feineres Raster erhalten. Das wiederum wirkt sich mit der Zeit auf alle Bereiche des Seins aus und ermöglicht es, auch auf anderen Ebenen mehr „Zwischentöne" wahrzunehmen.

Die transformatorische Kraft, die dieser akustischen Grundmatrix innewohnt, kann bei der meditativen Anhörung die Wahrnehmung von der Welt erweitern und offenbaren, was die Welt im Innersten zusammenhält. Gerade in Bezug auf die Einbindung neuen Wissens über die Struktur der Materie kann das Hören der Quantenmusik ein gutes Training sein, alte Denkmuster aufweichen zu lassen.

FAZIT

Die Musik der Wasserstoffmoleküle, erzeugt durch die Sprünge der Elektronen von einer Bahn auf andere Bahnen, spielt sich etwa 40 Oktaven jenseits des menschlichen Hörbereichs ab. Mittels Transposition um 40 Oktaven werden die Schwingungsverhältnisse dieser Wasserstoffmusik für uns Menschen wahrnehmbar. Die Wasserstoffmusik umfasst etwa sieben Oktaven.

Wasserstoff-Stimmschlüssel

Der Stimmschlüssel zu den Tönen der Spektrallinien des Wasserstoffs beinhaltet alle Angaben, um vom gegebenen Ton der Rydbergkonstante (in der 43. Unteroktave ein fis‘ mit 373,808 Hz) mittels Quinten, natürlichen großen Terzen und Naturseptimen sämtliche Töne des Wasserstoffspektrums rein akustisch nach Gehör einzustimmen. Mit Ausnahme von zwei Tönen (Brackett-Gamma-Linie und Pfund-Alpha-Linie) können alle Töne vollkommen rein, das heißt, ohne Schwebungen zählen zu müssen, eingestimmt werden. Nur die beiden letztgenannten Töne erfordern eine Stimmtechnik, wie sie von jedem Klavierstimmer genutzt wird, bei der die Töne zuerst absolut rein gestimmt und danach leicht verstimmt werden, wobei die Größenordnung der Verstimmung durch das Zählen von Schwebungen gehandhabt und festgestellt wird.

Wasserstoff-Stimmschlüssel-Schema

Das auf Seite 80 grafisch dargestellte Schema zeigt den Stimmschlüssel zu den einzelnen Tönen des Wasserstoffspektrums im Überblick. Die waagerechte durchgezogene rote Linie in der Mitte der Grafik zeigt die Tonhöhe der Ausgangsfrequenz fis‘ = 373,808 Hz (43. Oktave der Rydbergkonstante). Die gestrichelten roten Linien darüber und darunter markieren jeweils den Abstand einer Oktave (1.200 Cent). Oktavsprünge sind durch rot markierte Felder gekennzeichnet.

Die mittels dieses Stimmschlüssels erzielten Stimmtöne liegen alle (mit einer Ausnahme) im Bereich zwischen 100 Hz und 1000 Hz. Die Stimmtöne liegen in unterschiedlichen Oktavbereichen der einzelnen Spektralserien und können nach Bedarf beliebig hoch- oder herunteroktaviert werden.

Die Abstände der reinen Quinten (701,955 Cent) von der Ausgangsfrequenz werden mittels durchgezogener grüner Linien angezeigt und Quintsprünge mittels grün markierter Felder.

Die Abstände der natürlichen großen Terzen (386,314 Cent) über respektive unter den Quinten werden mittels durchgezogener blauer Linien angezeigt. Reelle reine Terzabstände von der Ausgangsfrequenz selbst (fis‘ = 373,808 Hz) kommen im Wasserstoffspektrum nicht vor. Einzig und allein der virtuelle Ton des Grenzwertes der Pfund-Serie liegt zwei große Terzen (und eine Oktave) tiefer als die Ausgangsfrequenz. Terzsprünge werden mittels blau markierter Felder angezeigt.

Ausgangspunkte für Naturseptimen (968,826 Cent) sind Quint- respektive Doppelquintabstände oder kombinierte Quint-Terz-Abstände von der Ausgangsfrequenz. Naturseptimsprünge von der Ausgangsfrequenz selbst kommen nicht vor. Naturseptimsprünge werden mittels violett markierter Felder gekennzeichnet und der Abstand von einem anderen Intervall mittels einer waagerecht durchgezogenen Linie in violetter Farbe.

Die undezimale Überquarte (551,318 Cent) basierend auf dem Teilungsverhältnis des 11. Teiltones kommt zweimal vor. Ausgangspunkte für die undezimalen Überquarten sind in beiden Fällen kombinierte Intervallabstände von der Ausgangsfrequenz (+ 1 Quinte – 2 Naturseptimen im einen Fall und – 2 Quinten – 2 Terzen im anderen Fall).

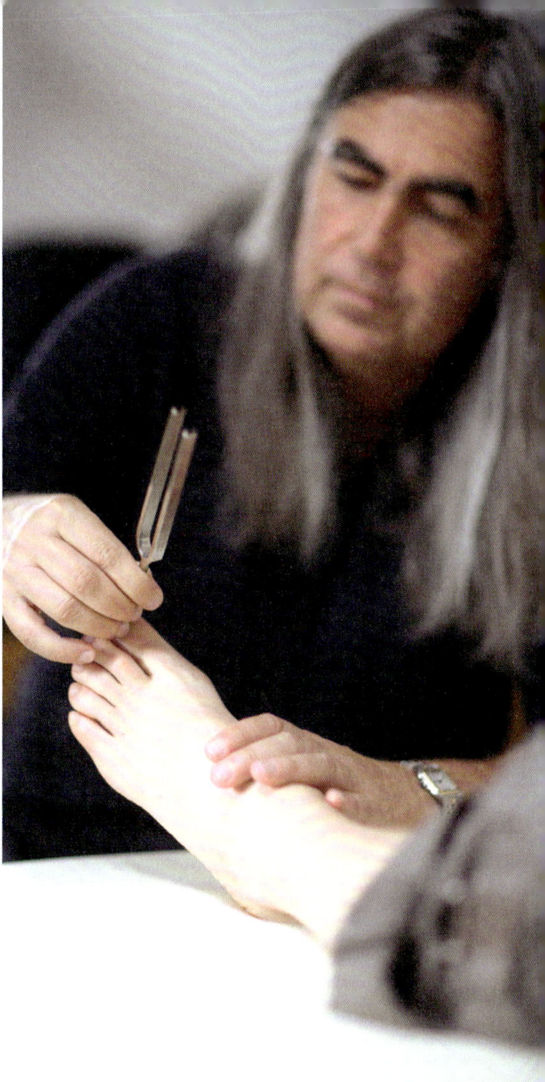

Stimmgabeln dienen als „Vermittler" kosmischer Schwingungen.

In der grafischen schematischen Darstellung des Stimmschlüssels wurde auf die Darstellung der reinen Oktavsprünge verzichtet. Einerseits wird dadurch die Systematik übersichtlicher und leichter erkennbar, andererseits kann der Stimmschlüssel für verschiedene Oktavlagen genutzt werden. Das Transponieren einer Tonstufe von einer Oktavlage in eine andere zählt ja zudem zu den einfachsten Übungen in der Stimmtechnik.

Links von der senkrecht durchgezogenen schwarzen Linie sind die virtuellen Töne (Frequenzen der Grenzwerte) des Wasserstoffspektrums angezeigt, rechts davon die reellen Töne (Frequenzen der Spektrallinien). Vom Grenzwert fis' = 373,808 Hz aus (durchgezogene horizontale Linie) sind die Töne über Quinten (grün), Terzen (blau) und Septimen (violett) nach dem Ohr stimmbar.

Schematische Darstellung des Stimmschlüssels zu allen Spektrallinien des Wasserstoffs

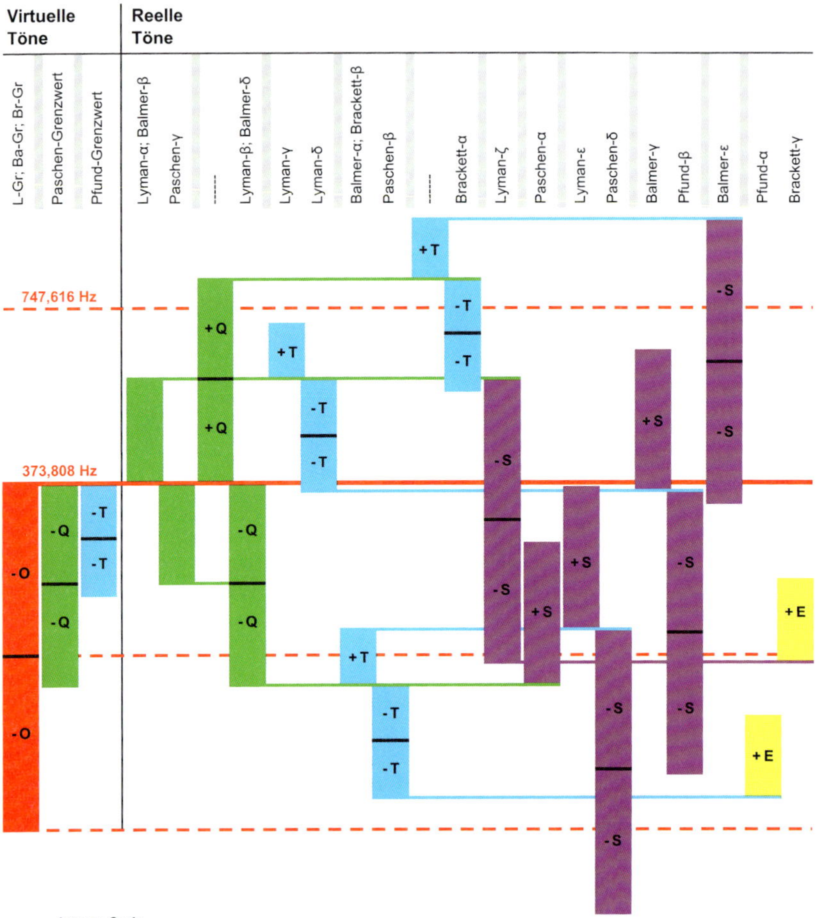

Lyman-Serie

-43	Ly-Gr	373,81 Hz
-42	Ly-α	560,71 Hz
-44	Ly-β	166,14 Hz
-42	Ly-γ	700,89 Hz
-43	Ly-δ	358,86 Hz
-43	Ly-ε	363,42 Hz
-44	Ly-ζ	183,09 Hz

Balmer-Serie

-41	Ba-Gr	373,81 Hz
-41	Ba-α	207,67 Hz
-40	Ba-β	560,71 Hz
-40	Ba-γ	628,00 Hz
-42	Ba-δ	166,14 Hz
-41	Ba-ε	343,29 Hz

Paschen-Serie

-41	Pa-Gr	166,14 Hz
-39	Pa-α	290,74 Hz
-41	Pa-β	106,33 Hz
-40	Pa-γ	249,21 Hz
-42	Pa-δ	67,81 Hz

Brackett-Serie

-39	Br-Gr	373,81 Hz
-37	Br-α	538,28 Hz
-39	Br-β	207,67 Hz
-39	Br-γ	251,75 Hz

Pfund-Serie: -39 Pf-Gr 239,24 Hz -42 Pf-α 146,21 Hz -39 Pf-β 117,18 Hz

Die Abbildung zeigt die schematische Darstellung des Stimmschlüssels zu den Spektrallinien des Wasserstoffs wie auch zu den Grenzwerten der einzelnen Serien im Wasserstoffspektrum.

Datenblatt zum Stimmschema

Serie + Linie	Exponenten zur Basis (für 40. O.) 2	3	5	7	11	Frequenz 40. Oktave in Hertz	Tonstufe	Intervallfaktor < 2 u. > 1	Centwert < 1.200 u. > 0	Frequenz zwischen fis und fis'
Lyman										
Grenzwert	3	0	0	0	0	2.990,465	fis""	2,000000	1.200,000000	373,808
Alpha	1	1	0	0	0	2.242,849	cis""	1,500000	701,955001	280,356
Beta	6	-2	0	0	0	2.658,191	e""	1,777778	996,089998	332,274
Gamma	-1	1	1	0	0	2.803,561	f""	1,875000	1.088,268715	350,445
Delta	6	1	-2	0	0	2.870,846	f"" (2)	1,920000	1.129,327573	358,856
Epsilon	1	-2	1	1	0	2.907,396	fis"" (2)	1,944444	1.151,229619	363,425
Zeta	7	1	0	-2	0	2.929,435	fis"" (3)	1,959184	1.164,303188	366,179
Balmer										
Grenzwert	1	0	0	0	0	747,616	fis"	2,000000	1.200,000000	373,808
Alpha	1	-2	1	0	0	415,342	gis'	1,111111	182,403712	207,671
Beta	-1	1	0	0	0	560,712	cis"	1,500000	701,955001	280,356
Gamma	1	1	-2	1	0	627,998	dis"	1,680000	898,153480	313,999
Delta	4	-2	0	0	0	664,548	e"	1,777778	996,089998	332,274
Epsilon	1	2	1	-2	0	686,586	f" (3)	1,836735	1.052,571903	343,293
Stimmton	0	0	0	0	0	373,808	fis'	1,000000	0,000000	186,904
Paschen										
Grenzwert	3	-2	0	0	0	332,274	e'	1,777778	996,089998	332,274
Alpha	-1	-2	0	1	0	145,370	d	1,555556	764,915905	290,740
Beta	7	-2	-2	0	0	212,655	gis (2)	1,137778	223,462571	212,655
Gamma	1	-1	0	0	0	249,205	h	1,333333	498,044999	249,205
Delta	6	-2	1	-2	0	271,244	cis' (2)	1,451247	644,751899	271,244
Brackett										
Grenzwert	-1	0	0	0	0	186,904	fis	2,000000	1.200,000000	373,808
Alpha	-1	2	-2	0	0	67,285	C	1,440000	631,282574	269,142
Beta	-1	-2	1	0	0	103,836	GIS	1,111111	182,403712	207,671
Gamma	-1	1	0	-2	1	125,874	H	1,346939	515,621130	251,748
Pfund										
Grenzwert	3	0	-2	0	0	119,619	AIS	1,280000	427,372572	239,237
Alpha	1	-2	-2	0	1	36,550	D	1,564444	774,780513	292,401
Beta	6	1	-2	-2	0	58,589	AIS (2)	1,253878	391,675760	234,355

Die Tabelle zeigt das Datenblatt zum Stimmschlüssel. Das Datenblatt enthält alle Angaben, die man braucht, um vom Stimmton (Ausgangston) fis‘ = 373,808 Hz (43. Oktave der Rydbergkonstante) alle Töne des Wasserstoffspektrums einzustimmen. Alle Spalten links von der durchgezogenen senkrechten schwarzen Linie beziehen sich auf die 40. Unteroktave des Wasserstoffspektrums, die drei Spalten rechts von der schwarzen Linie auf die Oktave fis (186,904 Hz) – fis‘ (373,808 Hz).

Ganz links stehen die Linienbezeichnungen. Dann folgen die Exponenten zu den Basiszahlen 2, 3, 5, 7 und 11. Die Exponenten zur Basis 3 in grüner Farbe zeigen die Zahl der Quintsprünge an. Positive Zahlen zeigen Quintsprünge nach oben an, negative nach unten. Die Exponenten zur Basiszahl 5 geben die Zahl der Terzsprünge, zur Basiszahl 7 die Zahl der Naturseptimsprünge und zur Basiszahl 11 die Zahl der undezimalen Überquartsprünge an. Danach folgen die Frequenzangaben und die Tonbezeichnungen. Die Angaben rechts der schwarzen Linie beziehen sich auf die in die Oktave fis – fis‘ transponierten Töne. Es sind dies der Reihe nach: Intervallfaktor, Centwert und die entsprechende Frequenz.

Die Stimme des Komponisten und Musikers Barnim Schultze

Der Musiker und Komponist Barnim Schultze, bekannt unter dem Namen „Akasha Project“ beschäftigt sich seit Mitte der 1990er-Jahre intensiv mit der „Kosmischen Oktave“. Um die Jahrtausendwende begann er mit der akustischen Darstellung der Elektronensprünge des Wasserstoffes. Dabei entwickelte er eine spezielle Kompositionsmethode zur oktavanalogen Umsetzung der spektralen Messdaten der Wasserstoffatome.

ZUR ARBEIT AN DER WASSERSTOFFMUSIK ...

„Zur Realisierung einer dem ozeanischen Gefühl förderlichen Musik sind folglich ein modaler, aus der Natur abgeleiteter und somit in einem direkten Verhältnis zu unserem Sein stehender Grundton sowie ruhige, rein gestimmte Intervalle in besonderer Weise geeignet. Als Intervalltöne werden die einfachen Partialtöne der Obertonreihe benutzt. Der damit entstehende Klangraum kommt dem Gedanken einer Sphärenmusik sehr nahe und zeitigt eine außerordentliche emotionale Wirkung. Das meditative Hören einer solchen Musik führt direkt in die Tiefenentspannung und somit in das Feld der ozeanischen Selbstentgrenzung, dem ozeanischen Gefühl.

In der Klangarbeit mit dem Wasserstoff wird jeder Ton als zyklisches Ereignis gemäß der ihm eigenen tonalen Frequenz und Geschwindigkeit gespielt. So entsteht analog zu den Elektronensprüngen des Atoms ein sich ständig wandelndes Klangfeld.

Schon die erste klangliche Umsetzung der Balmer-Serie, die am Anfang meiner Arbeit stand, vermittelte mir ein deutliches Gefühl der mehrdimensionalen Weite dieses fundamentalen Klangraumes. Dieses Klangfeld gleicht einem schillernden Teppich des Seins, der schon immer dagewesen ist und von alleine, aus sich selbst heraus entsteht. Ich bezeichne die Quantenmusik des Wasserstoffatoms als „sich selbst komponierende Musik“, da durch ein direktes Übersetzen der Spektraldaten in Klänge und Rhythmen die musikalische Struktur von alleine entsteht. Das Problem der Umsetzung bestand darin, die oktavierten Messdaten mit höchstmöglicher Genauigkeit in Klangereignisse zu übersetzen, um so das Atom musizieren zu lassen und so hörbar, ja fühlbar zu machen, welches Muster der Welt in ihrem Innersten zu Grunde liegt.“

Fühlen, was die Welt im Innersten zusammenhält

„Klangwahrnehmung hat auch immer etwas mit Gefühlen zu tun. Gefühle sind so real wie jede andere Simulation unseres Gehirns. Sie sind Informationspakete von sehr großer Datendichte.

Diese Arbeit und die Produktion einer möglichst reinen Darstellung der harmonikalen Gegebenheiten auf der mikrokosmischen Quantenebene erstreckten sich über einen Zeitraum von zehn Jahren. Die CD *„H2 – The Quantum Music of Hydrogen"* erschien im Jahr 2010 beim Label Klangwirkstoff Records in Berlin (KW 005). Quantenmusik ist *„eine sich selbst komponierende Musik"*, da die Elektronensprünge des Atoms vorgeben, welcher Ton wann hörbar ist und in welchem Tempo die Tonfolgen erklingen müssen. Darüber hinaus werden oktavanaloge Frequenzen auch zur Modulation der Klangparameter eingesetzt, sodass die Klänge selbst *„wasserstoffmoduliert"* sind.

SCHREIBT BARNIM SCHULTZE

Die Neuronenstruktur des Gehirns ist veränderbar, man spricht heute von Neuro-Plastizität. Das bedeutet, die Areale des Gehirnes und die Verschaltungen zwischen den Neuronen lassen sich durch Beanspruchung erweitern, beziehungsweise verändern. So befindet sich das Gehirn in einem lebenslangen Lern- und Wachstumsprozess. Wenn man oft Musik mit kleinteiligen Intervallen und natürlichen Obertönen hört, verfeinert sich mit der Zeit auch die Wahrnehmung. Mehr von der Wirklichkeit wahrzunehmen, befreit uns von zu engen Gedankenkonzepten und den damit verbundenen Ängsten.

Obwohl ich mich bemüht habe, in meiner Quantenmusik die Spektren nach der Maßgabe menschlicher Ästhetik klanglich angenehm darzustellen, werden sich diese seltsamen Klangfelder den Hörerinnen und Hörern beim ersten oberflächlichen Kontakt kaum erschließen.

Aber unser Gehirn lernt schnell und schon beim zweiten dritten Anhören unter entspannt meditativen Bedingungen entschlüsselt sich ihm die Tiefe und es bildet sich eine sinnvolle, musikalische Wahrnehmung für diese speziell erweiterte Harmonik heraus.

Da die Wasserstoff-Musik sehr kleinteilige, natürliche Intervalle enthält, ist das Hören einer solchen Musik ein aktives Training für die Hörrinde.

So kann die akustische Wahrnehmung der Welt ein feineres Raster erhalten. Dies wiederum wirkt sich mit der Zeit auf alle Bereiche des Seins aus und ermöglicht es, auch auf anderen Ebenen mehr Zwischentöne wahrzunehmen. Das Sich-Einlassen auf das atomare Klangfeld des Wasserstoffatoms kann zudem ein Gefühl für höherdimensionale Zusammenhänge vermitteln.

Die Suche nach der Sphärenharmonie, nach einer Sphärenmusik, egal ob im makro- oder mikrokosmischen Bereich, hat nie aufgehört und wird immer weiter führen auf dem Weg der sinnlichen Verfeinerung unserer Wirklichkeitswahrnehmung."

Die Geburt des bewussten „kosmischen Menschen“

Trotz des weitverbreiteten Glaubens vieler Menschen, Mittelpunkt und Maßstab aller Dinge zu sein, sind wir dem wirklichen Sinne nach eher Resonanzkörper der natürlichen Harmonien. Am existenziellsten wirken auf jede Person die Schwingungen unseres Planeten, denn unsere Erde rotiert, wandert und kreiselt, und überträgt dabei ihre Dynamik auf uns, nicht zuletzt weil wir – ein relativ winziger – Teil von ihr sind.

Die Rhythmen der Erde, wie auch die des Mondes, pulsieren in jedem von uns. Dieses Wissen gehört zu den ältesten, kulturellen Überlieferungen der Menschheit. Feiertage und Riten wurden seit alters her den kosmischen Rhythmen angepasst. Ein Abweichen davon kann zu heftigen Kulturbrüchen führen, wie im folgenden Kapitel einleuchtend dargestellt wird.

Astrologie ist das Wetter weiter draußen

Die Astrologie ist die Deutung von astronomischen Ereignissen und Gestirnkonstellationen in Bezug auf irdische Verhältnisse und Vorgänge. Die Wissenschaftler betrachten die Astrologie heute vor allem aus religionswissenschaftlicher und kulturhistorischer Perspektive. Daneben werden empirische Studien durchgeführt, die insgesamt zu dem Ergebnis kommen, dass überprüfbare Aussagen von Astrologen statistisch nicht signifikant besser zutreffen als willkürliche Behauptungen. Dennoch glauben viele Menschen fest an die Astrologie.

Zwei Effekte sind jedoch sehr wahrscheinlich: der Placebo- und der Nocebo-Effekt. Zum näheren Verständnis: Ein Placebo ist im engeren Sinn ein Scheinarzneimittel, welches keinen Arzneistoff enthält und somit auch keine durch einen solchen Stoff verursachte pharmakologische Wirkung haben kann. Placebo-Effekte sind positive Veränderungen des subjektiven Befindens und von objektiv messbaren körperlichen Funktionen, die der symbolischen Bedeutung einer Behandlung zugeschrieben werden. Sie können bei jeder Art von Behandlung auftreten, also nicht nur bei Scheinbehandlungen. Placebo-Effekte werden manchmal auch als medizinische Magie bezeichnet.

Die Zeit ist reif für die Geburt des „kosmischen Menschen".

Der Nocebo-Effekt ist – analog zum Placebo-Effekt – eine scheinbare negative Wirkung eines Arzneimittels. Er bezeichnet eine Reaktion auf ein medizinisches Präparat ohne spezielle Wirkung bzw. auf die gerüchteweise die Gesundheit oder das Wohlbefinden nachhaltig beeinträchtigende Wirkung einer umweltverändernden Maßnahme. Im Gegensatz zur positiven Wirkung beim Placebo-Effekt ergibt sich beim Nocebo-Effekt eine negative Reaktion.

Glauben nun viele Astrologen, dass aufgrund eines vollständigen Trigons (drei sich ergänzende 120°-Aspekte) von beispielsweise Sonne, Jupiter und Saturn, wenn also diese Himmelskörper auf der Ekliptik ein gleichseitiges Dreieck bilden, viel positive Energie das Leben auf der Erde beflügelt, dann erzählen sie dies ihren Klienten. Nun glauben auch diese Klienten an die positive Energie – und wie man weiß, kann der Glaube Berge versetzen. Die gläubigen Menschen strahlen positive Energie aus und für einige reicht das dann auch, damit bei ihnen alles gut wird – ein echter Placebo-Effekt.

Glauben jedoch viele Astrologen, dass aufgrund eines vollständigen Quadrates (vier sich ergänzende 90°-Aspekte), das somit auch zwei Oppositionen beinhaltet, beispielsweise von Mars, Saturn, Uranus und Sonne, alles nur erdenklich Schlimme passieren wird, dann kann es zu einem Nocebo-Effekt kommen – und einige Menschen werden vor Angst und Schrecken bei einer solchen Konstellation tatsächlich Böses erleben.

Bei genauer Betrachtung der Dinge kann man jedoch auch zu einer anderen Einschätzung kommen. Wer selbst den Himmel betrachtet und den Stand der

Planeten nicht nur aus den Ephemeriden (Tabellen mit täglichen Positionswerten von Sonne, Mond und Planeten) kennt, der weiß aus persönlicher Erfahrung, dass beispielsweise die Betrachtung der Venus am Abendhimmel ein beglückendes Gefühl auslösen kann. Ihr Glanz in der Abenddämmerung erfreut das Auge und kann das gesellige Wohlbefinden fördern. Astronomen können genau vorausberechnen, wann die Venus als Abend- oder als Morgenstern sichtbar sein wird, und der Astrologe kann dann einschätzen, wann es besonders schön sein wird, sich abends im Freien zu treffen, um sich gemeinsam dieses Naturschauspiels zu erfreuen. Die Wiederkehr der Venus am Abendhimmel hat so nicht nur einen Placebo-Effekt, sondern durch ihren Glanz einen direkten Einfluss auf die Gemüter der Menschen.

Ähnliches gilt noch stärker für den Mond. Wenn er auf seiner Bahn der Erde nahe und gleichzeitig voll ist und hoch am Himmel steht, dann ist es so hell, dass man mitten in der Nacht ohne künstliche Beleuchtung die Überschriften in Zeitungen lesen und sogar einige Farben in der Umgebung unterscheiden kann. Deshalb war es wohl seit Menschengedenken üblich, bei Vollmond Feste zu feiern, da man den Weg zum Festplatz ohne Fackel finden konnte. Bei Neumond hingegen ist es wirklich dunkel, sodass man kaum etwas erkennen kann. Und so war es wohl eine alte Tradition, in solchen Nächten das Haus nicht zu verlassen. Die Stellung des Mondes hat somit eindeutig einen Bezug auf irdische Verhältnisse und Vorgänge – eine Tatsache, die Grundlage der Astrologie ist.

Astrologie meint eigentlich nur das Wetter weiter draußen. Es ist das Wetter für diejenigen, deren Wahrnehmungshorizont weiter reicht als bis zu den Wolken. Für die meisten Menschen gilt: Wenn es regnet, nimmt man einen Regenschirm, um trocken zu bleiben; wenn es kalt ist, zieht man sich warm an. Wenn die Sonne scheint, geht man eher spazieren als wenn es regnet. Für Menschen, deren Horizont etwas weiter reicht, gilt eben auch: Wenn der Mond voll ist, ist es gut, gemeinsam im Freien zu feiern, wenn er neu ist, dann eher im Hause. Wenn die Venus strahlt, dann ist es schön, abends draußen zu sein; wenn der Mars in Opposition zur Sonne rötlich am Südhimmel zu sehen ist, dann lohnt es sich, den Abendspaziergang bis Mitternacht auszudehnen.

FAZIT

Beim Wetter sagen viele Leute, es gebe kein schlechtes Wetter, sondern nur die falsche Kleidung zu einem bestimmten Wetter. Analog kann man bei der Astrologie sagen, es gibt keine gute oder schlechte Konstellation am Himmel, sondern nur falsche Zeitpunkte, um bestimmte Dinge zu tun.

Das Atmen des Mondes: Einfluss und Bedeutung des Mondknotens

Die Mondknoten oder Drachenpunkte sind die Schnittpunkte der Mondbahn mit der Ekliptikebene. Der aufsteigende Mondknoten (übliches Symbol: ☊) ist derjenige, bei dem der Mond von der südlichen auf die nördliche Seite der Ekliptik wechselt. Im absteigenden Mondknoten (☋) wechselt der Mond auf die Südseite der Ekliptik. Die Verbindung der beiden Knoten heißt Knotenlinie.

Die Mondbahn ist gegenüber der Ekliptik um 5° 9‘ 24“ geneigt. Die Ekliptik ist wiederum um 23° 26‘ 19“ gegenüber der Äquatorebene geneigt. Ist nun der aufsteigende Mondknoten beim Frühlingspunkt (0° Widder), dann ist die Mondbahn um 28° 35‘ 43“ gegenüber der Äquatorebene geneigt, da sich die Schiefe der Ekliptik und die Schiefe der Mondbahnebene addieren. In solchen Zeiten ist der Unterschied für einen Betrachter auf der Erde zwischen den tiefsten und höchsten Mondständen am Himmel sehr groß und beträgt 57° 11‘ 25“.

Nach neun Jahren und vier Monaten ist der aufsteigende Mondknoten beim Herbstpunkt (0° Waage) – also dort, wo die Sonne beim Herbstanfang steht – angekommen. Dann ist die Mondbahn nur noch um 18° 16‘ 55“ gegenüber der Äquatorebene geneigt. In solchen Zeiten ist der Unterschied für einen Betrachter auf der Erde zwischen den tiefsten und höchsten Mondständen am Himmel viel kleiner und beträgt 36° 33‘ 50“. In den folgenden neun Jahren nimmt dann das *„Atmen des Mondes“* wieder zu, bis der aufsteigende Mondknoten wieder beim Frühlingspunkt angekommen ist. Ein vollständiger Umlauf der Knoten in der Ekliptik dauert 6798,38 Tage oder 18,613 Jahre.

Wenn der aufsteigende Mondknoten beim Frühlingspunkt ist, dann ist der erste Vollmond im Winter viel höher am Himmel zu sehen als die Sonne bei der Sommersonnenwende, und der erste Vollmond im Sommer ist dann viel tiefer am Himmel zu sehen als die Sonne bei der Wintersonnenwende. Ist der aufsteigende Mondknoten jedoch beim Herbstpunkt, dann erreicht der erste Vollmond im Winter nicht die Höhe, wie sie die Sonne beim Sommeranfang erzielt und im Sommer sind die Vollmonde auch nicht so tief am Himmel zu sehen wie die Sonne beim Winteranfang.

Ein Horoskop stellt die Positionen der größten und bekanntesten Himmelskörper (Sonne, Mond, Planeten) unseres Sonnensystems zu einem bestimmten

Zeitpunkt dar. Die Horoskopzeichnung gibt die Sicht in das Sonnensystem aus geozentrischer Sicht (Sicht von der Erde aus) wieder, wobei der Ort, für den das Horoskop erstellt wird, nach geografischer Länge und Breite berücksichtigt wird.

Am stärksten wahrnehmbar für uns Menschen ist der Wechsel zwischen Tag und Nacht, bedingt durch die Rotation der Erde. Im Horoskop wird die Tageszeit durch die Position der Sonne in den Häusern dargestellt. Die Position der Sonne in den Sternzeichen zeigt die Jahreszeit an. Ist die Sonne (dies gilt nur für die nördliche Hälfte der Erde) im Sternzeichen Krebs, dann ist die Sonne lange über dem Horizont und nur eine relativ kurze Zeit unter dem Horizont (Letzteres gilt nicht für Orte, die nördlicher liegen als der nördliche Polarkreis, der bei 66° 33‘ 5“ nördlicher Breite liegt). Aufgrund der Position der Sonne in den Sternzeichen kann jedenfalls die Jahreszeit erkannt werden, in der der Zeitpunkt liegt, für den das Horoskop gilt.

Die Position der Sonne in den Häusern und Sternzeichen sind die für uns Menschen wichtigsten Angaben im Horoskop, da sie Auskunft geben über die Tages- und Jahreszeit, für die das Horoskop gilt. Sie widerspiegeln die für uns am stärksten wahrgenommenen astronomischen Gegebenheiten. Gleich darauf folgt der Aspekt (Winkel) zwischen Sonne und Mond. Sind Sonne und Mond in Konjunktion, dann ist Neumond. Danach nimmt der Aspekt zu, beim Quadrat ist dann zunehmender Halbmond, bei der Opposition dann Vollmond. Danach nimmt der Aspekt wieder ab, beim Quadrat ist dann abnehmender Halbmond und eine gute Woche später ist dann wieder Neumond.

Die Zeiteinteilung in Wochen und Monate hat ihren Ursprung in den Mondphasen. Im Horoskop sind diese durch den Aspekt von Sonne und Mond erkennbar. Sie sind nach der Wahrnehmung von Tag und Nacht (im Horoskop wird die Tageszeit durch die Stellung der Sonne in den Häusern dargestellt) sowie den Jahreszeiten (Position der Sonne in den Sternzeichen) die am stärksten für den Menschen beobachtbaren astronomischen Gegebenheiten.

Nach der Einteilung in Tageszeiten, Jahreszeiten und Mondphasen folgt an vierter Stelle der aufsteigende Mondknoten. Seine Position zeigt an, wie stark das *„Atmen des Mondes“* ist. Ist der aufsteigende Mondknoten beim Frühlingspunkt, dann ist das *„Atmen des Mondes“* um mehr als 20 Grad größer, als wenn er beim Herbstpunkt ist. Diese Unterschiede sind gut wahrnehmbar, da das Wechselspiel der Mondpositionen im Verlauf der Wanderung des Mondknotens durch die Ekliptik deutlich zu- beziehungsweise dann wieder abnimmt. Ein vollständiger Umlauf der Knoten in der Ekliptik dauert 6.798 Tage oder 18,61 Jahre.

Besonders auffällige Himmelserscheinungen sind zudem beobachtbar, wenn Konjunktionen und Oppositionen von Sonne und Mond in unmittelbarer Nähe der Mondknoten stattfinden. Im Fall einer Konjunktion bei einem Mondknoten kommt es zu einer Sonnenfinsternis, im Fall einer Opposition zu einer Mondfinsternis.

Bei einer Mondfinsternis wird der Mond nicht mehr voll von der Sonne bestrahlt, da er durch den Schatten der Erde läuft, die zwischen Mond und Sonne steht. Dieses astronomische Ereignis tritt allein um die Vollmondphase ein.

Eine Sonnenfinsternis tritt genau dann ein, wenn die Sonne von der Erde aus gesehen durch den Mond ganz oder teilweise verdeckt wird, was nur bei Neumond möglich ist. Der Schatten des Mondes wandert dann über die Erde und verdunkelt darauf nur für kurze Zeit eng begrenzte Gebiete.

An fünfter Stelle in dieser Rangordnung steht dann die Position der Venus in Relation zur Sonne. Sie zeigt an, ob die Venus Morgen- oder Abendstern ist, und wie hell sie leuchtet. Keine andere Planetenkonstellation zeigt sich so auffällig am Himmel wie der Aspekt zwischen Sonne und Venus. Alle anderen Aspekte zwischen der Sonne und den Planeten wie auch der Planeten untereinander sind augenscheinlich weit weniger auffällig und werden meist nur von passionierten Sternguckern wahrgenommen. Die Planeten Mars, Jupiter und Saturn sind am besten zu sehen, wenn sie von der Erde aus betrachtet in Opposition zur Sonne stehen. Uranus und Neptun sind so weit weg respektive widerspiegeln so wenig Sonnenlicht, sodass sie nur mit einem Fernrohr für uns Menschen sichtbar sind.

FAZIT

Sonne und Mond sind die Himmelskörper, die von Menschen auch ohne astronomische Kenntnisse mühelos am Himmel erkannt werden und die das Leben auf der Erde am meisten beeinflussen. Die Einteilung der Zeit und die Entwicklung von Kalendern wurde durch den Lauf von Sonne und Mond am Himmel geprägt.

Die Mondknoten kann man hingegen nicht sehen, da sie materiell nicht existent sind, dennoch spielt ihre Position eine herausragende Rolle für das Himmelsspektakel. Nicht nur, dass von ihrer Position das Eintreten von Finsternissen abhängt, unterstreicht ihre Bedeutung, sondern auch, dass ihre Position das alltägliche Erscheinungsbild des Mondes massiv beeinflusst. Hierbei ist anzumerken, dass nicht nur Astrologen glauben, die Erscheinungen des Mondes hätten eine Wirkung auf unser Gemüt.

Mondbetrachtungen: Feiertage und der Mond

Der Mond ist der Erde nächster Himmelskörper und wegen seiner sich ständig verändernden Form das Symbol von Wandlung und Unbeständigkeit. Allmonatlich zieht er seine Bahn am Himmelsgewölbe und zeigt uns durch seine Lage und Gestalt das Maß der Zeit an. Im Winter, wenn es auf Vollmond zugeht, steht er hoch am Himmel wie die Sonne in den wärmsten Junitagen; im Sommer hingegen ist der Vollmond dicht über dem Südhorizont zu sehen, zuweilen noch tiefer als die Sonne in den kältesten Wintertagen. Die Rhythmen des Mondes beeinflussen nicht nur Ebbe und Flut, sondern auch manche andere Gezeiten auf dieser Erde, vor allem biologischer Natur. Den Frauen ist das mehr bewusst als den Männern, denn die Tage der Frauen, die Menstruation (von mensis = Monat), zeigen regelmäßig das Zeitmaß im Rhythmus ihrer Empfänglichkeit.

Diese direkten Erfahrungen von Empfänglichkeit und Zeugung waren ausschlaggebend für die zeitliche Festlegung der Feiertage in den alten Kulturen, denn die Vereinigung von Mann und Frau im Liebesakt war und ist die höchste Ekstase menschlichen Daseins. So feierte man von alters her also am Vollmond, denn Vollmond bedeutet Steigerung der Lust und der Ekstase; die Rituale und Zeremonien belebten und förderten noch diese Energien. Die Juden beginnen ihr Passahfest am 14. des Monats Nissan (Frühlingsmonat im jüdischen Kalender) respektive am Vorabend des 15. Nissan, also am ersten Vollmond nach Frühlingsanfang, das heißt am Frühlingsvollmond. Die Feierlichkeiten dauern eine ganze Woche, das heißt bis zum abnehmenden Halbmond. Es sei hier angemerkt, dass jeder hebräische Monat ungefähr bei Neumond beginnt. Im Altertum wurde der Monatsbeginn nach dem sichtbaren Beweis der *„Geburt des Mondes“* durch Zeugen bestimmt.

Die Inder feiern den Beginn des *Holifestes* – auch Fest der Farben genannt – am ersten Vollmondtag des Monats Phalgun (12. Monat des Hindukalenders), der manchmal auf den letzten Vollmond vor Frühlingsanfang, manchmal auf den ersten Vollmond nach Frühlingsanfang fällt. In manchen Jahren fallen somit der Beginn des Holifestes und des Passahfestes auf das gleiche Datum.

Holi ist eines der ältesten Feste Indiens. Das Fest dauert mindestens zwei, in einigen Gegenden Indiens auch bis zu zehn Tage. Es wird ausgelassen gefeiert und man besprengt und bestreut sich gegenseitig mit gefärbtem Wasser und gefärbtem Puder. Trotz aller Veränderungen in der modernen indischen Gesellschaft ist die sakrale Bedeutung weiterhin deutlich erkennbar, so werden etwa die Farben noch heute meist vorher auf dem Altar geweiht. Ursprünglich entstanden die Farbpulver aus bestimmten Blüten, Wurzeln und Kräutern, die heilend und euphorisierend wirken.

Das höchste Fest der Christenheit, das *Fest der Auferstehung, Ostern,* wird jedoch in der weströmischen katholischen Kirche wie auch bei den reformierten und protestantischen Christen stets bei abnehmendem Mond gefeiert, denn im Jahre 325 auf dem Konzil von Nicäa wurde beschlossen, Ostern am ersten Sonntag nach dem ersten Vollmond nach dem 21. März zu feiern, um nicht am gleichen Tage wie die Juden feiern zu müssen – und diese Regel gilt bis zum heutigen Tag. Ostern ist somit stets eine Woche nach dem Beginn des jüdischen Passahfestes zu feiern. Zudem wurde auf dem Konzil beschlossen, dass es absolut verboten sei, dass Bischöfe, Priester und Diakone mit einer Frau zusammenleben, ausgenommen natürlich ihre Mutter, Schwester oder Tante oder eine über jeden Verdacht erhabene Frau.

Diese Osterregelung hat einige schwerwiegende Folgen für die katholische Christenheit mit sich gebracht – man denke nur an die in jüngster Zeit bekannt gewordenen zahlreichen Missbrauchsfälle von Jugendlichen in der Obhut der Kirche. Zum besseren Verständnis dieser gravierenden Folgen sind hier ein paar interessante kulturhistorische Zusammenhänge dargestellt.

Stonehenge und der Mond

Über die Entstehung von Stonehenge ist bis heute wenig bekannt; es gibt hierzu verschiedene wissenschaftliche Theorien und auch allerlei Sagen und Mythen. Eines ist jedoch sicher: diejenigen, die diese riesigen Steine in Stonehenge aufgebaut haben, waren ausgezeichnete Himmelsbeobachter, denn nicht nur die Extrempositionen der Sonne (Sommer- und Wintersonnenwende) konnten mittels der Anordnung der Steine beobachtet werden, sondern auch diejenigen des Mondes und der Mondknoten. Liegen Sonne, Erde, Mond und Mondknoten in einer geraden Linie, dann findet eine Finsternis statt. Ist dies bei Vollmond der Fall, handelt es sich – wie schon ausführlich dargelegt – um eine Mondfinsternis, bei Neumond um eine Sonnenfinsternis.

Die Extrempositionen der Mondbahn können durch die Steine von Stonehenge sehr genau beobachtet werden. Gerald S. Hawkins (1928–2003) hat bei seinen Untersuchungen in Stonehenge für die Sonnenbahn zehn markante Positionen und für den Mond vierzehn solche Korrelationen finden können; bei der Sonne mit einer durchschnittlichen Genauigkeit von einem Grad und

Die kolossale Kulisse von Stonehenge: Mystik, Magie und Realität

beim Mond mit einer solchen von 1,5 Grad. Dies zeigt deutlich, welch große Bedeutung die Erbauer dieser Kultstätte den Rhythmen von Sonne und Mond beigemessen haben.

Um den Steintempel von Stonehenge sind 56 Löcher kreisförmig angeordnet, die heute nach dem Altertumsforscher John Aubrey (1626–1697) *Aubrey-Löcher* genannt werden, weil dieser die Bedeutung dieser Löcher erkannte. Setzt man in einige dieser Löcher große Steine und verschiebt sie zyklisch jedes Jahr um eine Position, kann das Monument als Digitalrechenmaschine benutzt werden. Die Methode wird in *Merlin, Märchen und Computer* von Gerald S. Hawkins (Berlin, 1983) ausführlich und genau beschrieben.

Stonehenge ist ein steinernes Zeugnis für die außerordentliche Bedeutung, die die Menschen zu jener Zeit den Himmelsereignissen beigemessen haben, besonders dem Lauf von Sonne und Mond. Stonehenge ist nach wie vor ein Kultplatz. Insbesondere die Mitglieder des Alten Ordens der Druiden (Ancient Order of Druids) zelebrieren dort bei der Sommersonnenwende eine rituelle Zeremonie.

Zur Sommersonnenwende des Jahres 1972 wurde in Stonehenge das erste Mal eines der in Großbritannien dieser Zeit beliebten *„Free Festivals“* veranstaltet. Dieses Stonehenge-Free-Festival fand im Laufe der Jahre wachsenden Zuspruch; im Jahr 1984 trafen sich geschätzt 70.000 Besucher am Steinkreis und feierten bei Live-Musik und auch mit diversen druidischen und neuheidnischen Kulthandlungen die Sonnenwende.

Im Jahr 1985 kam es im Vorfeld des Festivals zu gewalttätigen Konflikten der Besucher mit der Polizei („battle of the beanfield“), worauf die Ordnungsbehörden das Festival in Stonehenge untersagten und das Gelände insbesondere zu den beiden Sonnenwenden und den Tagundnachtgleichen für alle Besucher weiträumig sperrten.

1998 wurden kleine Gruppen von Neuheiden (darunter Druiden) wieder in den Steinkreis gelassen, und zur Jahrtausendwende erreichte der „Secular Order of Druids“ unter Berufung auf das Recht der freien Religionsausübung, dass das Versammlungsverbot für Stonehenge aufgehoben wurde. 2014 haben 36.000 Personen, Touristen wie gläubige Druiden, den Beginn des längsten Tags des Jahres in Stonehenge gefeiert. Die Menschen genossen das Ereignis.

Ostern bei den keltischen Christen

Der Missionar Columban (543–615 n. Chr.) – heute als heiliger Columban bekannt – entstammt dem keltischen Kulturkreis. Erzogen in der Einsamkeit Irlands, zwischen Meer und Fels, inmitten der Mysterien der Weisen, zieht er als Verkünder des Heils mit einer Schar Brüder nach dem Festland. Den glanzvollen, gewalttätigen Höfen weltlicher und geistlicher Herrscher stellt Columban den entsagenden Opferwillen, die Verinnerlichung und Strenge des irischen Mönchtums entgegen. Durch ihn entsteht eine Reihe später hochberühmter Klöster wie Luxeuil, Anegray, Bobbio und St. Gallen, eine Gründung seines Begleiters Gallus. Höher als Macht und Tradition stellt er die letzte Wahrheit, die göttliche Ordnung der Natur.

Der Iren größtes, heiligstes Fest ist Ostern. Die Auferstehung Christi ist erfüllt vom göttlichen Licht zum Kosmos, dem Urquell allen Lichts. So wendet sich der Mönch der Frage zu, wie er den richtigen Tag für diese Feier bestimmen will. Die Sonne geht durch die Himmelsschrift des Widders, der Frühling hat begonnen, die Sonne strahlt aus dem Lamm! Die Tageshelligkeit überwiegt jetzt im Jahresbogen, doch kann die Erde auch bei Nacht erschimmern. Es wächst die Mondschale, sie wird zum Sonnenlichtträger. Im Westen sinkt in Rot und Gold das Tagesgestirn: Zur selben Stunde flammt der Vollmond am Osthimmel empor. Lichtbespült ist die Erde nun im ganzen Umkreis. Es ist Ostern.

Der Streit um den Ostertermin zwischen den irischen Mönchen und der römisch-katholischen Kirche dauerte Jahrhunderte, doch mit der Zeit setzten sich Rom und Päpste autoritär durch, ohne auf das eigentliche Thema einzugehen.

Die christliche Kalenderrechnung ist in erster Linie ein Sonnenkalender, die Stellung des Mondes wird nur noch zur Bestimmung des Osterfests berücksichtigt. Dadurch sind auch Fastnacht und Pfingsten mondabhängig. Die Wochentage sind nicht mehr im Einklang mit dem Lauf des Mondes: So ist der Montag (Mondtag) nicht mehr der Indikator für eine neue Mondphase und der Vollmond fällt nicht mehr auf einen Sonntag, an dem man feiern kann, wie das in Ländern mit mondorientierten Kalendern noch der Fall ist (z.B. jüdischer und muslimischer Kalender).

Der Mond in der indischen Kultur

Nach der christlichen Kalenderrechnung feiern die Inder ihre Feste jedes Jahr an einem anderen Datum, doch nach dem indischen Mondjahr werden die Feste stets am gleichen Kalendertag gefeiert. So wird, wie bereits erläutert, das Holifest (ekstatisches Frühlingsfest) stets am Frühlingsvollmond gefeiert, wobei nach indischer Kalenderrechnung der Frühlingsvollmond der letzte Vollmond vor Frühlingsanfang oder der erste Vollmond nach Frühlingsanfang sein kann. Auch das Fest *Guru Purnima* wird in Indien stets bei Vollmond gefeiert. Guru Purnima ist der Tag, an dem die Jünger ihren Meister feiern und dies zum Zeitpunkt, wo die Sonne im Hochsommer im Zeichen des Krebses steht und der Mond im Steinbock. Die Sonne, der Lichtbringer, steht hoch am Himmel und entspricht der Position des Meisters. Der Mond, der das Sonnenlicht widerspiegelt, steht niedrig am Himmel und repräsentiert die Schüler oder auch das Volk, das zum Meister hochschaut.

DER MOND UND BHAGWAN SHREE RAJNEESH (1931–1990)

Bhagwan war Ende des letzten Jahrhunderts eine der bekanntesten Persönlichkeiten des religiösen Lebens. Er nannte sich selbst *„Lord of the Full Moon"* (Meister des Vollmondes). Von 1974 bis 1981 wirkte er in einem Ashram (klosterähnliches Meditationszentrum) in Poona in Indien. Dann wanderte Bhagwan mit einem Großteil seiner Gefolgschaft in die USA aus und gründete dort mit vielen seiner Anhänger, Sannyasins genannt, eine neue Stadt im US-Staat Oregon. Diese Stadt hieß Rajneeshpuram, was so viel bedeutet wie *„Stadt des Königs des Vollmondes"*.

Am 6. Juli 1982 (Vollmond) fand am klassischen indischen Feiertag Guru Purnima im Rahmen der *„First Annual World Celebration"* der Master's Day Darshan statt. Es war das erste Guru-Purnima-Fest, das nach der Übersiedlung von Bhagwan in die USA von und mit den Sannyasins gefeiert wurde. Ein Jahr später, 1983, war die kosmische Beziehung bereits verloren gegangen, Master's Day wurde wiederum am 6. Juli gefeiert, diesmal war jedoch nicht Vollmond, sondern vier Tage vor Neumond. Ist es nicht befremdlich, wenn der „Herr des Vollmondes" in der „Stadt des Königs des Vollmondes" seinen Meistertag nicht am Vollmond feiert?

In der Folge ging es mit Rajneeshpuram nur noch bergab, zahlreiche kriminelle Handlungen und Rechtsstreitigkeiten machten von sich reden. Im Herbst 1985 musste Bhagwan auf Weisung der Behörden die USA verlassen. Nach längeren Aufenthalten in Nepal, Kreta und Uruguay und verschiedenen Irrflügen um den Globus, während derer ihm fast überall auf massives Betreiben der entsprechenden Stellen der Vereinigten Staaten die Einreise verweigert wurde, kehrte Bhagwan Anfang 1987 schließlich in den Ashram in Poona zurück. Ende 1988 erklärte er, dass er nicht mehr Bhagwan genannt werden wolle – der Scherz sei nun vorbei: „I don't want to be called Bhagwan again. Enough is enough! The joke is over!" Nach einigen Wochen ohne Namen akzeptierte er auf den Vorschlag seiner Schüler hin den Namen Osho, der als respektvolle Anrede in einigen Zen-Geschichten, die er in seinen Vorträgen besprochen hatte, aufgetaucht war. Bhagwan, respektive Osho, starb am 19. Januar 1990 im Alter von 58 Jahren.

In der indischen beziehungsweise vedischen Astrologie wird dem Lauf des Mondes eine weit größere Bedeutung beigemessen als in der westlichen Astrologie. Deshalb wird die vedische Astrologie als Mondastrologie bezeichnet, im Gegensatz zur westlichen, die als Sonnenastrologie bezeichnet wird. Die vedische Astrologie verwendet den siderischen Tierkreis als Maßstab, wobei der Nullpunkt auf der Position des Fixsternes Spica basiert, während der im Westen benutzte, tropische Tierkreis sich an der Tagundnachtgleiche orientiert, mit welcher der Beginn des Frühjahrs im Sternzeichen Widder markiert wird.

Da der siderische Monat etwas mehr als 27 Tage dauert, unterteilt man in der vedischen Astrologie die 360 Grad der Ekliptik in 27 Mondhäuser, auch *Töchter des Mondes* oder Nakshatras genannt. Jedes dieser Mondhäuser umfasst 13° 20‘ und soll, wenn der Mond sie durchläuft, die spezifische Wirkung der dahinter stehenden Sternbilder zur Geltung bringen. Es gibt somit für jeden Tag eines siderischen Mondumlaufs ein eigenes Mondhaus. Jedes dieser Mondhäuser wird dann noch in vier Padas unterteilt, sodass die Ekliptik insgesamt 108 Mondstationen umfasst. Es sei hier daran erinnert, dass die Zahl 108 in vielerlei Beziehungen zum Mond gebracht wird. Die hinduistische Gebetskette – Mala genannt – hat 108 Perlen, das heißt, für jede Mondstation hat die Mala eine Perle. So kann man mit der Mala die Mondstationen abzählen.

FAZIT

Früher in alten Zeiten, da es noch mehr Hirten als Handwerker oder gar Schriftgelehrte gab, richtete sich der Kalender nach dem himmlischen Wechselspiel von Sonne und Mond. Die Wochentage waren auf das Erscheinungsbild des Mondes abgestimmt.

Bei Neumond, zunehmendem Halbmond, Vollmond und abnehmendem Halbmond war immer ein besonderer Tag, ein freier Sonntag. Sonntag war also immer dann, wenn Sonne und Mond in Konjunktion, Quadrat oder Opposition zueinander standen. Ein- bis zweimal im Monat gab es dann, meist in der Vollmondzeit, noch zusätzliche Feiertage, um den Lauf der Woche in Einklang mit dem Lauf des Mondes zu bringen. Immer wenn der Mond in eine neue Phase trat, war Montag (Mond-Tag). In der alten Zeit waren die Feiertage, die freien Tage, im Einklang mit dem Mondlauf – auch die Erfahrungen von Empfänglichkeit und Zeugung waren ausschlaggebend für die zeitliche Festlegung der Feiertage. Wenn man seine Feiertage jedoch nicht mehr in Einklang mit dem Lauf der Dinge zelebriert, dann läuft man Gefahr, dass man mit seinen Riten nicht die erhofften Ziele erreicht, sondern grandios scheitert.

Kosmisches Bewusstsein contra Religionswahn

Bewusst-Sein ist eine Tätigkeit, eine Art, zu sein. Das Wort *bewusst* stammt von dem nicht mehr gebräuchlichen Verb *bewissen* ab, das so viel bedeutet wie: sich zurechtfinden, auf etwas sinnen, um etwas wissen. Erwähnenswert ist hier noch, dass *Bewusstsein* grammatikalisch zwar ein Hauptwort ist, dem Sinn nach jedoch eine Tätigkeit. *Bewusstsein* kann man eigentlich nicht erlangen – entweder man ist *bewusst,* oder man ist es eben nicht. Da kann man noch so viele Workshops und Kurse belegen, um ein *erweitertes Bewusstsein* zu erlangen, doch helfen die einem wenig im nächsten Moment, wenn man voller Stolz über das neu erworbene *Bewusstsein* träumerisch sinnierend durch das Tor des Kursraumes wandelnd über die Schwelle stolpert und auf die Schnauze fällt.

Unter Bewusstsein versteht man einerseits den Zustand geistiger Klarheit, anderseits die Gesamtheit der psychischen Vorgänge, durch die sich der Mensch der Außenwelt und seiner selbst gewahr wird.

> *„All-Ein-Sein heißt eins sein mit dem All. Die Schwingungen des Alls wahrzunehmen und sich auf diese Schwingungen einzustimmen heißt, sein Leben – oder einfach sich selbst – mit dem All in Einklang zu bringen. Ist die Person (von lat. per-sonare = zum Erklingen bringen, hindurchtönen) im Einklang mit dem Kosmos, so resoniert der Kosmos in ihr, der Kosmos findet seinen Widerhall in der Person. Wird man sich dessen bewusst, hat das Bewusstsein eine kosmische Dimension erreicht."*

Dies ist der am häufigsten zitierte Absatz in der Literatur zum Thema *Kosmische Oktave.* Er wurde erstmalig auf der *Astro-Tafel* von Bernhard Kleefeld und Hans Cousto publiziert.

Und wahrlich, wer das Einssein mit dem All selbst erlebt hat, der weiß, dass er ein Teil dieses Universums ist. Er braucht keine Religion mit dogmatischen Glaubenssätzen, um seinen Seelenfrieden zu erlangen. In der Psychonautik (Praxis der Fahrten in den Weltraum der Seele) nennt man dieses Erleben des Einsseins auch *Ozeanische Selbstentgrenzung.* Es ist das Sich-Bewusstwerden, dass einen nichts vom Universum trennt.

Für Psychonautiker ist der Himmel das Original aller astrologischen Bücher und aller astrologischen Weisheiten. Das Betrachten und Beobachten des Himmels führt einen näher hin zum kosmischen Bewusstsein als das Studium aller Bücher, die je zu diesem Thema geschrieben wurden. Die direkte Wahrnehmung und der Einfluss der strahlenden, leuchtenden Lichter des Himmels fördern das Heitere in der Seele und das Klare im Geiste, denn dann ist nichts zwischen einem und dem Universum. Man erlebt sich so als Teil des Ganzen.

Religionen leben vom Glauben der Menschen. Religionen schreiben den Menschen oft vor, was sie zu glauben haben, und bekämpfen nicht selten Menschen, die etwas anderes glauben, als die entsprechende Religion ihnen vorschreibt. Man denke nur an das Sakrament des heiligen Abendmahls und seine Interpretation.

Die römisch-katholische Kirche lehrt die Realpräsenz Jesu Christi in den Gestalten von Brot und Wein in der Eucharistie. Indem der Priester, der damit in persona Christi handelt, während des Hochgebetes die Einsetzungsworte *„Das ist mein Leib“* und *„Das ist mein Blut“* ausspricht (Konsekration), geschehe die geheimnisvolle Wandlung (Transsubstantiation) der Substanz von Brot und Wein in den wahren Leib und das wahre Blut Christi. In der konsekrierten Hostie sei Christus wahrhaft gegenwärtig und bleibe es auch nach der eigentlichen Opferfeier.

Nach lutherischer Auffassung ist das Abendmahl ein Sakrament und somit *Zeichen und Zeugnis* des göttlichen Willens, durch die der Glaube einerseits geweckt, andererseits auch gestärkt wird. Gleichzeitig fordern die Sakramente auch den Glauben, da nur der Glaube das Heil im Sakrament ergreifen kann. Die Bekenntnisschriften der Evangelisch-Lutherischen Kirche üben am römisch-katholischen Eucharistieverständnis unter Berufung auf die neutestamentlichen Bibelstellen zum Altarsakrament Kritik. Abgelehnt wird die Transsubstantiationslehre, weil sie ein rein philosophisches Erklärungsmodell sei und diese keine biblische Grundlage habe. Ebenso wird das Messopfer, das der Priester auf unblutige Weise dem Vater darbringt, unter dem Hinweis abgelehnt, dass Christi Opfer am Kreuz ein für alle Mal erfolgt sei und nicht der Wiederholung oder der Ergänzung bedürfe.

Kirchen, die der Lehre von Ulrich Zwingli (1484–1531) und Johannes Calvin (1509–1564) folgen, vertreten die Auffassung, Brot und Wein seien Zeichen für Christi Leib und Blut. Wenn Jesus sagt: *„Das ist mein Leib“*, dann sei dieses *„ist“* als *„bedeutet“* zu verstehen, so Zwingli. Das Abendmahl gilt als reines Gedächtnismahl zum Gedenken an den Opfertod Christi. Die Vorstellung der Transsubstantiation ist für ihn daher ein Wahn. Auch für Calvin sind Brot und Wein

„Wie im Himmel, so auf Erden"

beim Abendmahl lediglich *„Zeichen und Zeugnisse"* der Gegenwart Christi. Zum Abendmahl gehört nach reformierten Ritus, dass das Abendmahl *unter beiderlei Gestalt* (Brot und Wein) von allen empfangen wird, was in der römisch-katholischen Kirche nicht der Fall ist.

Wegen solch unterschiedlicher Auffassungen bezüglich des Einswerdens mit dem Leib Christi – magisch oder symbolisch – feindeten sich die unterschiedlichen Konfessionen so stark an, dass es unter anderem aus diesem Grund zu einem der längsten und schlimmsten Kriege in Europa kam, dem Dreißigjährigen Krieg von 1618 bis 1648.

Heute bekriegen sich auf ähnlich brutale Weise verschiedene Strömungen des Islam: Schiiten versus Sunniten, und hier treten insbesondere konservative Salafisten und Wahhabiten als fanatische Krieger in Erscheinung.

Sonne, Mond und Sterne scheinen für alle Menschen, sie strahlen nicht heller für gläubige Menschen. Sie ziehen ihre Bahnen am Himmel nach den Gesetzen der Natur und völlig unabhängig davon, ob die Kalender der Menschen in Einklang mit dem Lauf der Dinge sind oder nicht. Und die Transposition ihrer Rotations- und Umlaufperioden in den Hörbereich erfolgt völlig unabhängig von irgendwelchen Glaubenssätzen. Sie dient lediglich der Hörbarmachung ihrer Schwingungsperioden. Hier gibt es keine Unterscheidung zwischen guten Tönen und schlechten Tönen. Es sind einfach oktavanaloge Töne unseres Planeten und seiner nächsten Umgebung im All – eben eine akustische Landkarte unserer kosmischen Nachbarschaft.

Die Erforschung der (medizinischen) Wirkung bestimmter Töne ist ein schwieriges Unterfangen, da es keine *Placebo-Töne* gibt. Bei Medikamenten kann recht gut geprüft werden, ob ein Arzneistoff tatsächlich die ihm zugeschriebene Wirkung entfaltet oder nicht – das heißt, ob es sich tatsächlich um ein wirksames Arzneimittel handelt oder nicht. Um dies festzustellen, wird einigen Patienten der Arzneistoff verabreicht, anderen hingegen ein Placebo. Bei Tönen funktioniert so ein Verfahren nicht, da es keine Töne gibt, von denen man weiß, dass sie keine Wirkung haben. Es gibt keine Placebo-Töne. Deshalb ist die Erforschung der Wirkung von Tönen weitaus komplizierter als die Erforschung der Wirkung von Substanzen.

Generell gilt für die Forschung: Nachvollziehbare Versuchsanordnungen, basierend auf klar definierten Gegebenheiten, können wertvolle Erkenntnisse bringen. Je häufiger diese Versuche wiederholt werden respektive, je mehr praktiziert (und idealerweise auch dokumentiert) wird, desto Erfolg versprechender kann eine gezielte Anwendung der Frequenzen getätigt werden. Meditativ haben schon viele Menschen mit Planetentönen experimentiert und es gibt hierzu – zumindest bei einigen Tönen – weitgehend übereinstimmende Erfahrungswerte.

Hierbei wird oft das Erleben von kosmischem Bewusstsein und Momenten vom Gefühl des Einsseins berichtet, dies vor allem nach der Nutzung des Jahrestones mit 136,10 Hz. Bei der Nutzung von Planetentönen kommt es vor allem auf die eigene Erfahrung an, nicht auf den Glauben, was der Ton bewirken könnte. In Büchern stehen immer nur die Erfahrung und die Weltanschauung anderer, doch *„Weltanschauung“* kommt von *„Welt anschauen“* oder hier von *„Welt anhören“*. Das muss man selbst tun.

Bei der Beschäftigung mit der „Oktave“ geht es nicht um Glaubenssätze, sondern um ein Verfahren, das – gemäß einer geheimnisvollen Inschrift an den Kapitellen der Abteikirche zu Cluny – „alle Heiligen lehrt, glückselig zu sein.“

Dass es bei der Beschäftigung mit der *Kosmischen Oktave* nicht um Glaubenssätze geht, bekräftigt auch Fritz Dobretzberger (*1952). Fritz Dobretzberger war von Anbeginn dabei, als die ersten Stimmgabeln mit den Tönen der Erde, des Mondes und der Planeten für experimentelle Zwecke zur Verfügung standen. Er gehört zu den Menschen auf diesem Planeten, die am längsten mit diesen Tönen Erfahrungen gesammelt haben und leitet seit Jahrzehnten den Infopool der *Kosmischen Oktave* und veröffentlicht hierzu auf dem Internetportal www.planetware.de vielfältige Informationen zum Thema wie auch eigene Texte. Im folgenden Text hebt er die Bedeutung der eigenen Praxis hervor:

THEORIE UND PRAXIS

„Eine Überschrift in vorliegendem Buch lautet: ‚Zeitmessung – Am Anfang war der Schatten'. In der Bibel heißt es: ‚Am Anfang war das Wort'. Aber was ist vor dem Anfang und nach dem Ende? Das, was auch dazwischen ist, das, was immer ist: Das ewige Jetzt? Zeit ist, wie jedes andere Wort, eine Idee, ein erfundenes, menschliches Konstrukt. An Zeit zu denken kann hilfreich sein, zum Beispiel um ein Treffen zu vereinbaren oder eine Frequenz zu ermitteln. Worte können aber auch vom wirklichen Sein ablenken oder gar in die Irre führen. Lassen wir uns jedoch von Theorien nicht zu sehr vereinnahmen, können wir der Realität der Situation nahekommen.

Am 2. Oktober 1978 berechnete Hans Cousto mit der Oktavformel die planetaren Töne. Um die Frequenzzahlen praktisch zu erleben, ließen wir uns Stimmgabeln anfertigen. Musiker wurden darauf aufmerksam und Therapeuten begannen, damit praktisch zu forschen und den planetaren Tönen bestimmte Wirkungen zuzuschreiben.

Fehlen in einer Publikation Hinweise auf die Herkunft der Informationen, kann angenommen werden, dass diese bloß aus theoretischen Überlegungen hergeleitet sind. Nicht nur deshalb ist davon abzuraten, solche Aussagen ungeprüft als wahr zu übernehmen. Werden Informationen über die Effekte der Stimmtöne hingegen kritisch betrachtet, können sie vielleicht als Anregung für eigene Forschungen dienen, denn wesentlich ist wie immer die Praxis. Die praktische Nutzung der Kosmischen Oktave kann uns potenziell die Nicht-Getrenntheit von uns Allen und überhaupt von Allem gewahren lassen.

Ein Lebewesen zwischen Geburt und Tod ist holonisch (ein Ganzes als Teil eines Ganzen) in das einzige, sich fortpflanzende Leben eingebettet. Das uns bekannte Leben evolviert auf dem Planeten Erde und dessen Rhythmen bestimmen grundlegend den Takt unseres Daseins. Beobachten wir die Rotation der Erde im Vergleich zu ihrem Sonnenumlauf, erhalten wir einen Hinweis auf den Effekt der entsprechenden Oktavtöne: Der rotationsbedingte, stete Tag- und Nachtwechsel gibt den körperlichen Wach- und Schlafrhythmus vor. Das seelische Gemüt hingegen wird eher durch die Jahreszeiten, mit viel Licht im Sommer und wenig im Winter, beeinflusst. Der Tageston wirkt oft vitalisierend und der Jahreston beruhigend.

Aber glauben Sie nicht, was Sie hier lesen. Die Wahrheit erweist sich allein in der Praxis; oder wie im Fußballsport gerne bekundet: Die Wahrheit ist auf dem Platz."

Fritz Dobretzberger (Infopool der Kosmischen Oktave)

Das einzig Beständige ist der Wandel

In diesem Kapitel möchten wir Ihnen eine weitere Korrelation zwischen „oben und unten“, zwischen Makrokosmos Universum und Mikrokosmos Mensch veranschaulichen. Wenn „oben“ alles in ständiger Bewegung ist, dann kann es hier „unten“ nicht anders sein.

Diese Erkenntnis ist uralt, wie folgende Zitate belegen:

> *„Auf der Welt gibt es nichts, was sich nicht verändert, nichts bleibt ewig so, wie es einst war.“* Dschuang Dsi (350–etwa 275 v. Chr.), taoistischer Philosoph

> *„Nichts ist so beständig wie der Wandel.“*
> Heraklit von Ephesus (etwa 540–480 v. Chr.), vorsokratischer Philosoph

Kein Mensch wird bezweifeln, dass sich unterschiedliche Generationen auch mit unterschiedlichen Themen und Lebensinhalten auseinandersetzen (müssen). Schon die Welt unserer Eltern ist oder war eine andere als unsere derzeitige. Geschweige denn die unserer Großeltern oder Urgroßeltern, die wir häufig niemals persönlich kennengelernt haben. Wir kennen eventuell ihr Aussehen und ihre Gestalt von Fotos in alten Familienalben.

Hinter dieser *sichtbaren* Welt der äußeren Form (z.B. Kriegszeit, Wirtschaftswachstum, erstes Auto, Schulanfang, Hochzeit, 68er-Revolution, Haartracht etc.) gibt es die *unsichtbare* Welt des Formlosen.

Nichts anderes besagt das Gesetz der Polarität:

Wenn es Form gibt, dann gibt es auch Formlosigkeit und umgekehrt.

Und: Die Materie gewordene Formlosigkeit offenbart sich zu jeder Zeit in der Außenwelt. Wie es im Mikrokosmos unseres Menschenlebens diverse Phasen gibt, so gibt es diese ebenfalls im Makrokosmos des Universums. Im Zyklus eines Erdenjahres „dauert“ ein Tierkreiszeichen etwa einen Monat, im großen Kosmos entsprechend länger:

Wie wir bereits erläutert haben, dauert das *Platonische Jahr,* in dem Mutter Erde einmal durch alle zwölf Tierkreiszeichen wandert, 25.920 Jahre. Es wird in zwölf einzelne *Platonische Monate* unterteilt (analog zum Tierkreis oder zur Messung mittels Uhr in Abschnitten = Stunden). In Bezug auf die Zwölfteilung gilt demnach ebenfalls „wie oben, so unten“.

Das Sternbild des entsprechenden Tierkreiszeichens, in dem sich der jeweilige Frühlingspunkt befindet, gibt dem Platonischen Monat seinen Namen. Rein rechnerisch beträgt die Dauer eines Platonischen Monats also den 12. Anteil eines Platonischen Jahres.

Über den exakten Beginn und das Ende eines Zeitalters gibt es zum Teil unterschiedliche Angaben, auch abhängig vom Weltbild und vom (astronomischen) Standpunkt des Betrachters. In der symbolischen Betrachtung, in der es keine Zeit im quantitativen Sinne gibt, sondern nur im qualitativen, stellt sich diese Frage ohnehin nicht.

Schauen wir kurz und bündig auf einige hinter uns liegende Zeitalter. Dieser Blick schärft unsere Wahrnehmung für unsere „Jetzt-Zeit“ des Wassermann-Zeitalters und unterstreicht Heraklits (535–475 v. Chr.) Erkenntnis: *„Nichts ist so beständig wie der Wandel. Je früher wir uns mit dieser Notwendigkeit anfreunden, um so einfacher wird es.“*

Das Zwillinge-Zeitalter (ca. 6000–4000 v. Chr.)

Es beginnt die Abkehr von der natürlichen Vorstellung, dass alles, wirklich alles eins ist. Der in dieser Zwillings-Zeit lebende Mensch ist hin- und hergerissen zwischen „oben“ und „unten“, aus heutiger Sicht können wir feststellen, dass in dieser Zeit langsam aber sicher der Verfall der „kosmischen Weltsicht“ beginnt.

Symbolisch betrachtet, mischt sich das Licht der *geistigen Welt* mit den ersten Schatten der *irdischen Welt.* Zwiegespalten wie in Goethes berühmten Versen aus dem Faust (*„Zwei Seelen wohnen ach! in meiner Brust“*), beginnt, das kristallklare geistige Schöpferprinzip langsam zu verblassen, die Menschheit beginnt, in die nahenden materialistischen Schatten einzutauchen. Noch ahnt der Mensch den Geist aller Schöpfung, ein anderer Teil seiner (Zwillings-Seele) ist vom Reiz des Stoffes bereits erfasst. Die Spaltung beginnt und nimmt ihren Lauf.

Das ganzheitliche Empfinden der Schöpferkraft, angesiedelt in jedem Lebewesen, dem Bach, der Blume, den Jahreszeiten, den Steinen und Mineralien usw. weicht langsam aber sicher zurück. Damit einhergehend verliert der Mensch seine Anbindung an das Göttliche in sich und um sich herum, er wird zum kosmischen Analphabeten und irrt in der stofflichen Welt umher. Die Folgen und Spätschaden sehen wir (bis) heute.

Der unstete *Zwillings*geist dieser Vorzeit entspricht dem Nomadentum und dem rastlosen Umherziehen des Menschen. Doch der Boden selbst ist heilig in dieser Zeit, und kein Mensch käme je auf den Gedanken, sich Besitzrechte an Mutter Erde anzumaßen.

Das Stier-Zeitalter (ca. 4000–2000 v. Chr.)

Der Stier hat seinen Kopf ständig zur Erde gerichtet und schaut nur selten in den Himmel. Dieses (symbolische) Tier hilft dem Menschen beim Pflügen, beim Transport, beim Aussäen des Samens und bei der Ernte. Der Archetyp des *Bauern* kann sich entwickeln, der Mensch wird sesshaft. Ackerbau und Viehzucht werden ebenso kultiviert wie der Gartenbau. Typische Stier-Qualitäten entwickeln sich: das Bestreben, Erreichtes abzusichern und auch zu verteidigen. Es entsteht der Städtebau oder auch das Errichten von Schutzvorrichtungen, deren bis heute größte Manifestation in der Chinesischen Mauer zu finden ist. Mauern werden im Stierzeitalter vor allem erbaut, um den sesshaften Völkern Schutz vor den Angriffen der Nomaden zu gewähren.

Die Menschheit huldigt in dieser Epoche vorwiegend „Mutter Erde“, die als Himmelskönigin unter zahlreichen Namen wie Kybele, Diana, Artemis, Astarte, Hathor, Ischtar und Inanna verehrt wird. Das Sternzeichen Stier mit seinem dazugehörigen Urprinzip Venus zeugt von der weiblichen Dominanz dieser Zeit.

Auf der Erde selbst herrschten rituelle Stier-Kulte. Der bekannteste ist wohl der berühmte *Tanz um das goldene Kalb,* von dem das Alte Testament berichtet. In Indien wird die Kuh auch heute noch als „heilig“ verehrt.

Gegen Ende dieses Zeitalters gilt der Stier-Kult als verpönt. Es ist die Zeit im Übergang zur nächsten Epoche, als Moses auf dem Berg Sinai die göttlichen Gesetze der neuen Religion in Empfang nimmt.

Das Widder-Zeitalter (ca. 2000 v. Chr. bis zu Christi Geburt)

Der Widder entspricht dem Archetyp Mars, dem Typus des Kämpfers und Kriegers. (In der Astrologie gilt der Widder als erstes Zeichen des körperlichen, ersten Quadranten als rein diesseitsbezogen, egoistisch und eher aggressiv.)

Dem entspricht die vermenschlichte Gottesvorstellung bei den Griechen und Römern: Götter sind wie Menschen, bis auf den Unterschied, dass sie ewig jung und zudem unsterblich sind. Wie der Mensch auf Erden neigen sie zu unberechenbaren Wutanfällen. Dies ist ein typisches Merkmal der Gottheiten jener Zeit, die vom Menschen Gehorsam, Rauch- und Trankopfer fordern (das Opferlamm, das „Lamm Gottes“). Ansonsten kümmern sie sich kaum um ihn.

Ab sofort regieren nur noch *männliche* Götter, während die großen Göttinnen dämonisiert und früher oder später in die Unterwelt abgeschoben werden. Ab hier nimmt die „Männergesellschaft“ ihren Lauf. Und bis heute ist das natürliche Yin-Yang-Verhältnis zwischen Mann und Frau massiv verschoben.

Künstlerische Darstellung des Stierkultes

Auch Eva, die Urmutter der Menschen, deren Name „Mutter alles Lebendigen" bedeutet, wird dämonisiert. In einer älteren Version der bekannten Bibelgeschichte ist sie die Herrin des Paradiesgartens – und die Schlange ihr Gefährte. Mit ihrer Verfluchung wird Eva zur Trägerin der *Ur-Schuld* des Menschen schlechthin.

Das Fische-Zeitalter (ca. 0–2000 n. Chr.)

Kurz vor der Zeitrechnung des Menschen, die in unserem Kulturkreis mit Christi Geburt bei null anfängt, entsteht die menschliche Religion. Die Fische-Symbolik im Christentum ist deutlich zu spüren, für Jesus Christus verwendet man bei den ältesten Katakombenmalereien das Fischsymbol. Es ist zugleich geheimes Erkennungszeichen der (ersten) Christen, die Angst vor Verfolgung hatten. Die Bischofsmütze hat die Form eines Fischkopfes, die ersten Jünger sind Fischer – manche meinen, später seien sie dann *Menschenfischer* geworden.

Die zwei Pole des Fische-Zeitalters sind:

- auf der Lichtseite Ehrfurcht und Opferbereitschaft, Glaube, Hoffnung und Liebe, wie auch Bescheidenheit, Demut und Sanftmut
- auf der Schattenseite schwarze Stunden, die Hölle auf Erden, verursacht durch Unduldsamkeit und Materialismus in der Wissenschaft bis hinein in die Philosophie, Menschenverfolgung (Inquisition) und Massenvernichtung (Drittes Reich), Weltkriege, wie sie die Welt noch nicht gesehen hat.

Beide Pole sind wichtig in der Entwicklung des Lebens und der Menschheit. Wie zum menschlichen Individuum Licht und Schatten gehören (Mikrokosmos), so ist dies auch beim Lebewesen Erde (Makrokosmos): Symbolisch betrachtet verkörpern die Schattenseiten zum Teil deren Krankheit und Blockaden.

Das Wassermann-Zeitalter (ca. 2000–4000 n. Chr.)

Mit der Französischen Revolution 1789 entsteht ein allererstes zartes Pflänzlein einer neuen Geisteshaltung, ein Vorbote für die Menschenrechte von „Freiheit, Gleichheit und Brüderlichkeit“. Das dogmatische materielle Weltbild zersetzt sich langsam, aber sicher in allen Bereichen, die sozialen Haltegriffe und Hängematten werden abgeschraubt, die Sozialleistungen unseres Wohlfahrtsstaates unterliegen einer harten Prüfung. Der Mensch darf sich der Zeit stellen, es ist sein Weg zu Eigenverantwortung und Eigenliebe, zu kollektivem Teamgeist.
In der Wissenschaft bröckelt das mechanistische Weltbild von Mensch und Universum langsam zugunsten einer Betrachtungsweise der Energien, nicht zuletzt ausgelöst durch die Kernspaltung und die Feststellung, dass auch Atome nicht unteilbar sind. Es ist die Auflösung von Grenzen zwischen Energie und Materie, Körper und Geist, Raum und Zeit. Das ist die Welt und das Zeitalter des Wassermanns (Uranus), der im archetypischen Entwicklungskreis die zweithöchste Stufe darstellt!

Aber davor müssen alle anderen Stufen bewältigt sein, wenn man sich auf dieser Höhe uneingeschränkt und auf gesunde Weise erfreuen will. So liegt etwa das Prinzip des Saturns, bei dem es um Selbstdisziplin, weise Beschränkung auf das Wesentliche und Reduktion der Ego-Ansprüche zugunsten des großen Uhrwerks der Schöpfung geht, noch davor. Um ein alter Weiser zu werden, ist Reifung notwendig, und sie kann nur im Reich des Saturns geschehen. Saturn ist sozusagen der kosmische Kontrolleur (früher: der Hüter der Schwelle).

Schauen wir mit diesem Wissen um vergangene Epochen auf unsere heutige Zeit, so können wir eindeutig feststellen:

Wir sind Zeitzeugen eines globalen Wandlungsprozesses in Politik, Religion(en), Machtansprüchen, territorialen Notwendigkeiten oder auch in den Weltbildern einzelner wissenschaftlichen Disziplinen. Daran besteht kein Zweifel.

Blicken wir gezielt auf die Wissenschaft unserer Tage, so sehen wir auch hier (mit unterschiedlicher Geschwindigkeit, die Physik stürmt voran) einen kontinuierlichen Wandel. Dabei besteht über eine Wahrheit unter den Wissenschaftlern aller Fachrichtungen eigentlich kein Zweifel mehr, dass die alten Weisen recht haben: *„Alles in diesem Universum ist Schwingung“* und *„Alles schwingt“*.

Heutige Atomphysiker formulieren dies vielleicht sinngemäß so:

Aufgrund unserer wissenschaftlichen Erkenntnisse und Beweisführung müssen wir heutzutage davon ausgehen, dass alle Strukturen der materiellen Welt als schwingende Systeme angesehen werden müssen.

Was ist geschehen, dass plötzlich die Weisheit der Alten und das Wissen von heute dieselbe Sprache sprechen? – Nun, die Wissenschaft hat immer nach *Teilchen* gesucht. Das Atom hat man sich wie ein winzig kleines Sandkorn vorgestellt. Je tiefer man jedoch in den letzten circa siebzig Jahren in diese Welt mit immer unglaublicheren und atemberaubenderen technischen Möglichkeiten hineinblicken konnte, umso mehr löste sich das so lange Zeit propagierte Teilchenmodell in Wohlgefallen und Luft auf. Denn es wurden keine Teilchen gefunden. Auch das Atom seinerseits besteht aus Schwingungen und die Materie aus schwingenden Energiesystemen.

Diese Erkenntnis hatte im Weltbild der Physik gravierende Folgen: War man in der klassischen Vorstellung von einer aus vor-relationalen (d.h. vor aller Bezogenheit zueinander) materiellen Teilchen aufgebauten Welt ausgegangen, so war man plötzlich gezwungen umzudenken.

Die Physik, die sich zum erklärten Ziel macht, Welt zu verstehen und auch zu erklären, musste sich gedanklich auf das einlassen, was viele Schöpfungsmythen seit Urzeiten sagen:

Es gibt einen schwingenden Welthintergrund, und dieser ist unstofflich.

Hierzu ein stimmiges Zitat des Quantenphysikers Hans-Peter Dürr (1929–2014):

> *„Vom Standpunkt der neuen Physik aus entsteht eine Beziehungsstruktur nicht durch vielfältige und komplizierte Wechselbeziehungen der vorgestellten Bausteine (Atome und Moleküle), sondern existiert darüber hinaus aufgrund der wesentlich innigeren und, für die Quantenphysik typischen, holistischen Beziehungsstruktur. Materie ist nicht aus Materie zusammengesetzt! Es gilt nicht mehr die Vorstellung, dass der Stoff, die Materie das Primäre und die Beziehung zwischen dieser, ihre Relationen, Form und Gestalt, das Sekundäre ist. Die moderne Physik dreht diese Rangordnung um: Form vor Stoff, Relationalität vor Materialität."*
>
> (aus: Dürr, Hans-Peter: *Unbelebte und belebte Materie: Ordnungsstrukturen immaterieller Beziehungen. Physikalische Wurzeln des Lebens*)

Übrigens: Auch die universellen Maßsysteme von Max Planck sind Ableitungen von Naturkonstanten (und zwar auch jenseits alles Beobachtbaren). Wir können sie (noch) nicht messen, „nur“ herleiten. Es gilt: Wir können getrost von einem Paradigmenwechsel im Weltbild sprechen, in allen Bereichen. Oder von einer Weiterentwicklung, weg von starren Ansichten, hin zu schwingenden Systemen. Welche Auswirkungen diese Erkenntnis auf die (westliche) Medizin hat, wird die Zukunft zeigen. Grund zu Optimismus besteht allemal, eine Zukunft liegt sicherlich in der Schwingungsmedizin.

Lassen wir am Ende dieses Kapitels stellvertretend den Chemiker Albert Hofmann (1906–2008) zu Wort kommen, welcher über 100 Jahre alt und sehr weise geworden ist:

> *„Es könnte wohl sein, dass der Wert und die Bedeutung der Naturwissenschaften nicht in erster Linie darin liegen, dass sie uns die moderne Technik und den durch sie ermöglichten Komfort und materiellen Wohlstand brachten, sondern dass ihr eigentlicher, evolutionärer Sinn in der Erweiterung des menschlichen Bewusstseins vom Wunder der Schöpfung besteht. [...] Die naturwissenschaftliche Forschung hat sichtbar werden lassen, wie der Mensch in das Ganze der Natur eingebettet ist und wie er einen unablösbaren Teil von ihr darstellt. Dieses Wissen steht in Übereinstimmung mit der emotionalen Erfahrung des Mystikers von der Einheit alles Lebendigen.“*
>
> (aus: Hofmann, Albert: *Einsichten – Ausblicke*)

Im Grunde orientieren sich die in diesem Buch vermittelten Erkenntnisse ohnehin nicht am Zeitgeist oder an aktuellen Strömungen der vorherrschenden Systeme. Denn in ihrem Wesen sind sie zeitlos. Von Ewigkeit zu Ewigkeit. Durch unser Bewusstsein erwecken wir sie in uns zum Leben und können sie ganzheitlich erfahren und genießen. Mit wachsendem Bewusstsein steigen zudem unsere Wahrnehmungsfähigkeit, unsere Neugier und unser Respekt für die unendlichen Facetten der Schöpfung.

FAZIT

Alles ist ständig und veränderlich in Bewegung und Schwingung, die einzig beständige Sicherheit ist, dass es keine gibt. Insofern ist Schwingung die letzte uns noch verbleibende Sicherheit.

Der kosmische Mensch, das „unbekannte“ Wesen

Nähern wir uns gemeinsam dem „kosmischen“ Menschen an, erlernen wir hierzu miteinander die Sprache des Universums und nehmen teil an der ganzheitlichen Kommunikation zwischen „oben und unten“, zwischen „Mikrokosmos Mensch“ und „Makrokosmos Universum“. Was zeichnet ihn also aus, diesen „kosmischen Menschen“? Hier der Versuch einer Definition:

Der *kosmische Mensch* nimmt die Schwingungen des Alls nicht nur bewusst wahr, sondern stimmt sich auch auf diese ein, um seine inneren Selbstheilungskräfte zu aktivieren. Der *kosmische Mensch* ist keine „Rasse“ des homo sapiens, sondern ein individueller Bewusstseinszustand. Er weiß und fühlt in jeder Zelle seines Körpers: Die ganzheitliche Sichtweise endet nicht an der Körpergrenze des Einzelnen oder am Verstand von vielen. Auch ist nicht Schluss an der Ozonschicht von Mutter Erde! Vielmehr gilt das Credo von Paracelsus:

MIKROKOSMOS (Mensch) = MAKROKOSMOS (Universum),

ebenso wie die Erkenntnis von Hermes Trismegistos:

„Wie oben, so unten – wie innen, so außen.“

Der *kosmische Mensch* bringt sich bewusst in Resonanz und in Ein-Klang mit der heilenden Kraft der Planetenschwingungen, denn er weiß:

> *„Alles ist in allem, und alles ist in mir, denn ich bin Sternenstaub, der sich in der Zeit meines (irdischen) Lebens als menschliches Wesen offenbart. Ich wohne im Universum und das Universum wohnt in mir. Wir sind eins!“*

Hieraus folgt: Sind wir als Person (lat. *personare = zum Erklingen bringen, hindurchtönen*) im Ein-Klang mit dem Schwingungsfeld Kosmos, so resoniert der Kosmos in uns, er tönt sozusagen durch uns hindurch.

Die Folge: Der Kosmos findet seinen Widerhall in uns als Person, wir schwingen im kosmischen Schwingungsfeld. Und: In dem Moment, in welchem uns dies bewusst wird, erlangt unser Bewusstsein kosmische Dimensionen, weder begrenzt durch die Enge unseres Verstandes, noch durch restriktive Glaubenssätze, Religionen oder (er-)drückende äußere Verhältnisse.

Wir erkennen: Nichts ist zwischen uns und dem Universum, wir sind ein Teil des Universums.

Kosmos ist übrigens der griechische Begriff für Universum und (Welt-)Ordnung. Das Gegenteil nennt sich Chaos und bezeichnet einen Zustand vollkommener Unordnung und Verwirrung.

Als Ergänzung hier drei „kosmische“ Zitate zum näheren Verständnis des Credos „wie oben, so unten“ von Hermes Trismegistos:

> *„All-Ein-Sein heißt eins sein mit dem All. Die Schwingungen des Alls wahrzunehmen und sich auf diese Schwingungen einzustimmen, heißt, sein Leben – oder einfach sich selbst – mit dem All in Einklang zu bringen.“* (aus: Cousto, Hans: *Die Kosmische Oktave*)

> *„Der Mensch ist ein Teil des Ganzen, das von uns Universum genannt wird, ein Teil, das in Raum und Zeit begrenzt ist. Seine Gedanken und Gefühle scheinen ihm getrennt vom restlichen Universum – eine Art optische Täuschung seines Seins.“* Albert Einstein (1879–1955)

> *„Wir wissen heute sehr genau, dass im Universum ständig und ununterbrochen energetische Schwingungen zu verzeichnen sind. In einer Sphäre und Umgebung, die durch Energieschwingung ‚erschaffen‘ wurde, kann kein Lebewesen existieren, das nicht dieselben Eigenschaften und ‚Energiekanäle‘ wie die Außenwelt hat. Ähnlich wie das Universum besitzen deshalb auch andere Lebewesen sowie der menschliche Körper einen ‚Energiefluss‘, der ununterbrochen schwingt und die Frequenzen der Energie zum Leben braucht wie das täglich‘ Brot.“*
>
> (aus: Virtue, Doreen: *Wie oben, so unten: Die sieben Gesetze des Lebens*)

FAZIT

Heute lebende Menschen neigen zum kosmischen Analphabetismus und tun sich deshalb häufig schwer, sich selbst und das Leben in seiner Ganzheit zu verstehen.
Wenn wir uns als „kosmische Wesen“ begreifen, erweitern wir unseren Horizont und machen uns „offen“. Dieses Wissen kann auch unseren Horizont in allen Bereichen „unendlich“ erweitern und uns von einschränkenden Glaubenssätzen befreien. Das nächste Kapitel wird Wege zu dieser Erkenntnis aufzeigen.

Mikrokosmos Mensch = Makrokosmos Universum

Die Überlieferung des spirituellen Gedankengutes von Hermes Trismegistos verweist darauf, was er, die leibhaftige Verschmelzung des griechischen Gottes *Hermes* mit dem ägyptischen Gott *Thot,* auf einer Smaragd-Tafel (der *Tabula Smaragdina*) in 15 Thesen als Quintessenz aller Weisheit dieses Universums verewigt hat.

Die zweite dieser 15 Thesen ist zugleich der Schlüssel zum Kern aller hermetischen Philosophie, sie führt uns direkt zum *Gesetz der Analogie,* zusammengefasst in der Kurzformel:

„Wie oben, so unten."

Die wörtliche und ausführliche Übersetzung seiner zweiten These lautet:

„Dasjenige, welches unten ist, ist gleich demjenigen, welches oben ist. Und dasjenige, welches oben ist, ist gleich demjenigen, welches unten ist, um zu vollbringen die Wunderwerke eines einzigen Dinges."

Nach dem Gesetz der Analogie behauptet Hermes Trismegistos:

Überall in diesem Universum gelten dieselben Gesetze, also „im Himmel, wie auf Erden", im Mikrokosmos ebenso wie im Makrokosmos, unten wie oben und umgekehrt.

Nun, das kann auch gar nicht anders sein, denn: Wenn wir ganz an den von uns vermuteten Anfang (vor ca. 14,5 Milliarden Jahren) zurückgehen, so stellen wir fest, dass durch den sogenannten Urknall aus einer Einheit unzählbar viele Teile ins All hinausgeschleudert wurden.

Logische Folge ist: Alle Teilchen hängen für alle Ewigkeit zusammen, sie sind phasenverriegelt und in Wechselwirkung. Das heißt konkret: Drehe ich die eine Hälfte eines solchen (phasenverriegelten) Teilchens hier „unten", dreht sich da „oben" (auch wenn es viele Lichtjahre entfernt ist), die andere Hälfte mit (und zwar in der Gegenrichtung, im selben Augenblick und ohne Zeitverzögerung trotz der gigantischen Entfernung).

So sagt es zumindest das neue Weltbild der heutigen Quantenphysik. Es entspricht damit zugleich einem sehr alten Weltbild, dem östlicher Philosophien wie Hinduismus oder Buddhismus. Wir sind also gar nicht so weit auseinander, wie wir manchmal noch meinen: Zeitgenössische Physiker sprechen wie die alten Weisen von einem schwingenden Teilchenmeer, in dem jeder Tropfen das ganze Meer enthält und umgekehrt.

Wir kennen dieses Phänomen übrigens auch aus der Holografie, der Fotografie durch Laserlicht. Sie lässt Hologramme entstehen, bei denen jedes einzelne Teil auch gleichzeitig das Ganze enthält. Diese Sichtweise entspricht damit dem kosmischen *„Pars pro Toto“*-Gesetz, ihre praktische Anwendung kennen wir unter anderem aus der Iris-Diagnostik oder der Fußreflexzonen-Therapie.

Das heißt konkret: Genau genommen gibt es keine Trennung zwischen oben und unten, zwischen innen und außen. Vielmehr können heutige Wissenschaftler mit ihren modernen Messmethoden nur bestätigen, was die Weisen schon seit Tausenden von Jahren wussten:

Alles ist in allem und alles ist in mir.

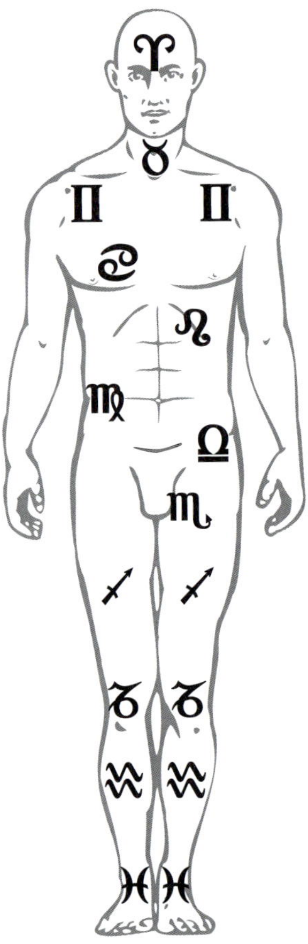

Und: Seit dem Urknall sind die Puzzle-Teile des ursprünglich Ganzen auf der Suche nach Einheit, jedes an seinem Platz und unendlich weit verstreut. Oder wie es Hermes Trismegistos ausdrückt:

„... um zu vollbringen die Wunderwerke eines einzigen Dinges.“

Doch zurück zum „Kosmischen Menschen“ und zu seiner Historie: Wenn der gesamte Kosmos eigentlich eine *Einheit* bildet (oben wie unten, innen wie außen, „wie im Himmel, so auf Erden“), dann ist es nur noch ein kleiner Schritt zu den Anschauungen des Paracelsus.

Dieser „entdeckte“ die Analogie, den Menschen als Mikrokosmos dem Makrokosmos Universum gleichzustellen. Seine Kurzformel lautet folglich:

Mikrokosmos Mensch = Makrokosmos Universum

Hieraus resultiert, dass auch einzelne Körperregionen und Organe des Menschen ihr Pendant im großen Körper Universum haben *müssen.* Und schon ergibt sich das Bild des „Kosmischen Menschen“:

Dies war den Weisen immer bekannt und ist es auch heute noch. So deutet die „Archetypische Medizin“ ganz im Sinne dieser jahrtausendealten Tradition menschliche Blockaden und Krankheitsbilder. Historische Dokumente zeigen uns diese Zuordnung der Organe zum entsprechenden Tierkreiszeichen in (sogenannten iatromedizinischen) Tabellen oder Zeichnungen.

In alten Kalendern wurden für den einfachen, eher ungebildeten Menschen diese Beziehungen zwischen Mensch und Himmel, also Mikrokosmos und Makrokosmos, bildlich dargestellt, wie in dieser Abbildung am Tierkreismenschen. Es gilt: Ein Bild sagt mehr als tausend Worte.

Hier ein sehr schön ausgeschmücktes Beispiel eines „Tierkreismenschen“ aus dem 15. Jahrhundert von Jean Limburg: „Der anatomische Mensch“ (enthalten im *Stundenbuch des Jean Duc de Berry*)

Im Praxisteil dieses Buches (ab Seite 151) verwenden wir diese Analogien, um unsere Selbstheilungskräfte und unseren Inneren Heiler zu aktivieren, damit sie in eine wohltuende und harmonisierende Resonanz gebracht werden können.

FAZIT

Ein Blick in die Überlieferungen der Vergangenheit zeigt, wie schon damals die Menschheit dieses Wissen um die Verbindung zwischen „oben“ und „unten“ nutzte, um mittels Analogien zum menschlichen Körper „Hilfestellungen“ zur Gesundwerdung aufzuzeigen.

Der Mensch als energetisches kosmisches Wesen

„Alles schwingt" und „Alles ist Schwingung", „Alles fließt", „Was oben schwingt, schwingt unten mit", „Mikrokosmos Mensch = Makrokosmos Universum" oder auch „Alles ist in allem und alles ist in mir": Das gesamte Universum, alle Lebewesen und damit auch der Mensch funktionieren nach bestimmten kosmischen Prinzipien, Rhythmen und Schwingungen, denen wir uns nicht entziehen können, selbst wenn wir es wollten.

Fakt ist: Alles in diesem Universum besteht und existiert aus demselben Urstoff, aus demselben Urelement, auch wenn es im ersten Moment nicht so aussieht. Und: Dieser Urstoff schwingt miteinander.

Aus diesem Urteilchen, dem Samenkorn aller Welt, ist offensichtlich alles entstanden: das Universum, die Elemente, die Planeten, die Lebewesen, die Tiere, die Vögel, die Fische, die Pflanzen, die Sträucher, die Bäume, auch der Mensch, alles Lebendige und Unlebendige, alle Form und sämtliches Formlose.

Im Wachstumsprozess dieses *Weltensamens,* in seiner Verwandlung bildeten sich unzählige Manifestationen mit demselben Ursprung. Dabei gilt sinngemäß: Die Moleküle aller Elemente lassen sich in Atome und diese ihrerseits in Elektronen, Protonen und weitere Teilchen aufspalten; und auch diese lassen sich weiter teilen, nicht jedoch das dahinter liegende Uratom-Urteilchen, denn dieses ist unspaltbar.

Verdichten sich gleichartig schwingende Uratome, so entstehen daraus die Elemente, die sich in der Folge zu zusammengesetzten Stoffen verbinden. Somit sind die Urteilchen, ganz egal in welcher Form oder Erscheinung, diese Existenz, die *alles* durchdringt und aus der *alles* existiert.

Hierzu schreiben Dr. Gary Schwartz und Dr. Linda Russek vom Laboratorium für Humane Energiesysteme der Universität Arizona, dass es möglich sei, das gesamte Universum als ein verschachteltes System zu betrachten, vom Mikro- zum Makroskopischen. „Verschachtelt" bedeutet, dass sich ein System innerhalb eines höher angeordneten befindet.

Das Konzept eines solchen (logischen) Systems erfordert natürlich, dass alle Komponenten auf energetische Weise miteinander gekoppelt sind. Jedes System kann die Kraft aufbauen oder erhalten, die es ihm auch ermöglicht, in *höhere Stufen* der energetischen Verschachtelung vorzustoßen. Auch wenn wir das System (noch) nicht verstehen, so können wir ihm doch Namen geben. Das

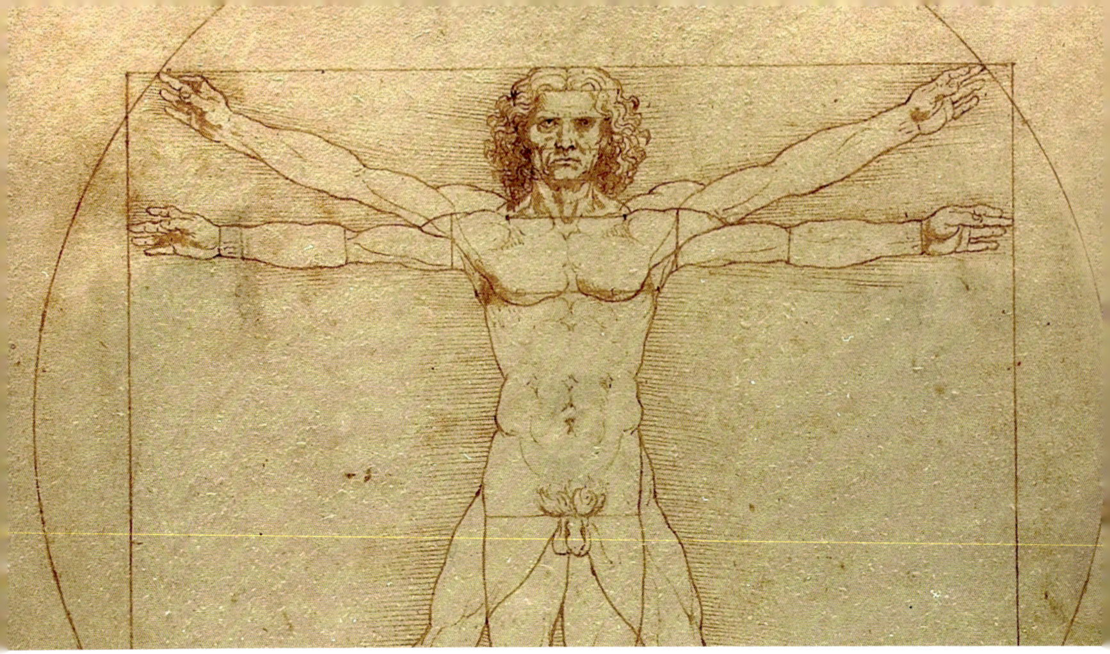

Vitruvianischer Mensch von Leonardo Da Vinci

machen Menschen seit Urzeiten. Hier einige davon: *Schöpfergeist, Göttliches Bewusstsein, Energie des All-Einen, Göttlicher Geist* und viele mehr. Und alle meinen doch dasselbe.

Max Planck, der Vater der Quantentheorie, verweist auf den gigantischen Kosmos um uns herum, dieses universelle Energiefeld, welches alle Bestandteile der Schöpfung miteinander verbindet:

> *„Alle Materie entsteht und besteht nur durch eine Kraft (...) So müssen wir hinter dieser Kraft einen bewussten, intelligenten Geist annehmen. Dieser Geist ist der Urgrund aller Materie."*
>
> (aus: Archiv zur Geschichte der Max-Planck-Gesellschaft, Abt. Va, Rep. 11 Planck, Nr. 1797)

Der Körper des Menschen, sein Denken, seine Psyche wie auch seine Seele, all dies ist eine Zusammensetzung der allerfeinsten Urteilchen, die im *System Mensch* mit dem *System Universum* verkoppelt sind.

Vom Eins-Sein mit der *allumfassenden Schwingung* und dem Einhalten des *Gesetzes der Resonanz* hängt unsere Gesundheit ganz entscheidend ab. Seit Urzeiten nehmen Menschen diese (unsichtbar) schwingende „Lebenskraft" wahr. Die Chinesen nennen sie *Chi,* die Inder *Prana,* bei Paracelsus heißt sie *Archaeus,* bei Wilhelm Reich (1897–1957) *Orgon.*

Sinngemäß formulieren alle dasselbe: Je mehr ein Mensch von Lebenskraft durchströmt ist, desto besser geht es ihm, desto lebendiger ist er. Oder: Leben ist Bewegung und Stillstand ist der Tod. In einem toten Körper findet keine Resonanz auf lebendige Schwingungen mehr statt, er reagiert nicht mehr. Die Seele und das Bewusstsein haben sich aus dem Körperhaus zurückgezogen. Bewusstsein scheint hierbei eine übergeordnete Informationsebene zu sein, welche das Leben in seinem Innersten zusammenhält und damit verhindert, dass Formen zerfallen. Dieses Bewusstsein führt uns in ein bewusstes Sein, steigert unsere Wahrnehmung und regt jede Zelle unseres Körperlandes zu einer sinnerfüllten Funktionsweise an.

FAZIT

In-Resonanz-Sein mit den kosmischen Gesetzen und Schwingungen bildet folglich sowohl eine existenzielle Grundbedingung für Harmonie, Gesundheit und Wohlbefinden als auch für das Reaktivieren unserer inneren Heilungsprozesse. Das Verbindende ist immer die gemeinsame Schwingung in Resonanz zueinander. Re-sonare heißt bekanntlich „mittönen".

Resonanz bezeichnet immer ein gegenseitiges Geben und Nehmen: Einerseits erfordert In-Resonanz-Sein Offenheit und Aufnahmebereitschaft bei uns selbst für die Schwingungen, die von außen kommen. Anderseits auch die Fähigkeit und sogar Notwendigkeit, mit einem eigenen inneren Lernprozess zu antworten. Lebendige Schwingungen in uns ermöglichen oder unterstützen in der Folge ein resonantes lebendiges Feld bei anderen Menschen und umgekehrt.

Nichts anderes geschieht zwischen Radio*empfänger* und Rundfunk*sender*. Bei gleicher „Wellenlänge" treten beide in Resonanz, sie sind zwar nicht identisch, verfügen aber über ein verbindendes inneres Programm oder Muster.

Wenn ein Organ bzw. Körperbereich gesund ist, erzeugt es die ihm eigene Resonanzfrequenz, die sich zum gesamten „Universum" des Körpers in Harmonie, in Ein-Klang befindet. Der gesamte Kosmos entspricht unserem Körperuniversum und umgekehrt.

Hören und Sehen sind für uns Menschen existenziell wichtige Sinneswahrnehmungen, die uns helfen, mit der „Welt" da draußen in Resonanz zu gehen, sie zu erkennen, verstehen und auch zu genießen. Vom Hören und Sehen möchte das nachfolgende Kapitel berichten, um die Grundlagen im Verständnis dafür zu schaffen, oktavierte Planetenschwingungen ganzheitlich zu „be-greifen".

Unsere Wahrnehmung: Vom Hören und Sehen

„Wenn die Farben nicht das Ohr erreichen können, wie könnten die Töne die Augen berühren?“

Fa-yen Wen I (885–958), berühmter chinesischer Zen-Meister

Der menschliche Hörbereich

Etwa zehn Oktaven umfasst der menschliche Hörbereich. Bei circa 16 Hertz fängt die Skala des Hörens im unteren Bereich an. Dieser Ton wird C genannt. Alle Frequenzen, die unter 16 Hertz liegen, werden von uns nicht mehr als Töne wahrgenommen, sondern eher als „Rhythmus“ (Ebbe und Flut, Tag und Nacht etc.). Je tiefer die Frequenz, desto langsamer ist also das Tempo, der Rhythmus.

Bezogen auf die klar messbare Zeiteinheit einer Sekunde können wir sagen:

Eine Schwingung pro Sekunde entspricht einem Hertz (Abkürzung Hz).

Jede *Verdopplung* oder *Halbierung* einer Frequenz entspricht im musikalischen Sinne einer *Oktavierung:* Die absteigende Oktave eines Grundtones hat eine halbe Frequenz, die aufsteigende die doppelte.

Oktavieren heißt also, eine Frequenz zu verdoppeln oder zu halbieren. Oktavieren wir den Ton C mit 16 Hertz zehnmal aufsteigend, so erhalten wir natürlich wiederum ein C und in diesem Falle ein sehr hohes mit 16 384 Hertz.

Bei älteren Menschen zeigt dieses *ultrahohe C* meist die obere Grenze unseres menschlichen Hörbereiches an. Jüngere können vereinzelt auch Frequenzen bis 21 000 Hertz wahrnehmen.

Als Faustregel können wir jedenfalls an dieser Stelle festhalten: Unser menschlicher Hörbereich umfasst im Mittelwert *zehn Oktaven*, vom ganz tiefen C mit 16 Hertz zum ganz hohen mit 16 384 Hertz.

Der Hörbereich von Tieren kann ein ganz anderer sein. Wer Haustiere sein eigen nennt, stellt häufig verdutzt fest, dass diese die „Ohren spitzen“ und wir absolut nichts hören. Die Hauskatze kann bis zu einer Frequenz von 47 000 Hertz hören, also mehr als doppelt so viel wie der Mensch, der Haushund sogar bis zu 135 000 Hz. Ein gerne angeführtes Beispiel ist auch die Fledermaus. Ihr Hörbereich reicht bis circa 400 000 Hertz.

Was geschieht nun eigentlich beim „Hören“? Wie können wir uns diese Sinneswahrnehmung vorstellen? Auch hier begegnen wir, wie so oft in diesem Universum, dem *Resonanzprinzip.* Wenn wir in einem Musikaliengeschäft, und hier am besten in der Gitarren- oder Streichinstrumente-Abteilung, eine Stimmgabel zum Schwingen bringen, so stellen wir schnell fest, dass die eine oder andere Saite der Instrumente wie von „Geisterhand“ mitschwingt – und das vollkommen *ohne* unsere Berührung.

Resonanz (lat. *resonare = widerhallen, mitschwingen*) bezeichnet das gemeinsame Schwingen im Einklang. Dies gilt für alles Lebendige wie auch für alles Unlebendige, die sogenannte „tote“ Materie.

Was bedeutet diese Erkenntnis nun für unser Hören? Unser menschliches Trommelfell im Ohr schwingt in unserem hörbaren Frequenzbereich mit, es geht in Resonanz mit den Tönen der Außenwelt, und diese Resonanz wird uns bewusst: Wir *„hören“*.

Der menschliche Sehbereich

Mit diesem Verständnis des Hörvorgangs fällt es spielend leicht zu verstehen, was beim „Sehen“ passiert. Im Grunde genommen ist es genau das Gleiche, nur mit anderen (weitaus höheren) Schwingungsfrequenzen und mit anderen Sinnesorganen (Augen statt Ohren).

Beim Hören schwingt im Hörbereich unser Trommelfell mit, geht also in Resonanz. Beim Sehen sind es die Zäpfchen (Farbe) und Stäbchen (schwarz-weiß) im Auge, die im Sehbereich mitschwingen (pro Netzhaut sind es beim gesunden Menschen circa 6 Millionen Zäpfchen und 120 Millionen Stäbchen).

Das Spektrum unseres menschlichen Sehvermögens umfasst ungefähr *eine Oktave,* und zwar beginnend mit circa 380 Billionen Hertz am unteren und mit circa 760 Billionen am oberen Ende der Skala. In diesem Sehbereich wird uns das Wahrgenommene *bewusst,* wir können es *bewusst* sehen.

Die tieferen Frequenzen des Sehbereiches beginnen mit Rot und enden am Ende der Skala mit Blauviolett. Dazwischen liegt das gesamte Spektrum aller Regenbogenfarben, also von Rot zu Orange, Gelb, Grün, bis zu Blau und Blauviolett.

Im Physikunterricht lernen wir, dass Licht sowohl Welle als auch Teilchen ist, also aus Energie und Masse besteht. Das bedeutet zugleich, dass Licht als Masse-Teilchen in und an allen erscheinenden Formen ursächlich beteiligt ist. Flapsig ausgedrückt: Das Licht ergießt sich in die Materie.

Die Frequenzen der Farben werden in den meisten wissenschaftlichen Publikationen in Nanometer angeben. Ein Nanometer entspricht dem millionsten Teil eines Millimeters. Auch finden wir die Bezeichnung *Angström.* Diese bezeichnet einen zehnmillionstel Millimeter, also den zehnten Teil eines Nanometers.

Das Hören von Tönen bezeichnet die entsprechende Wissenschaft als einen Vorgang „auditiver Wahrnehmung“. Farben gehören demnach zur visuellen Welt. In Wahrheit handelt es sich in beiden Fällen (beim Hören und Sehen) um Schwingungen, die wir mit unterschiedlichen Organen „wahr-nehmen“: Wir haben uns im Laufe der Evolution in dieser Form entwickelt.

Unsere Wahrnehmungsorgane Ohren (Hören) und Augen (Sehen) haben sich auf Frequenzbereiche und Wellenformen spezialisiert, die Koordination, Verarbeitung und Kategorisierung dieser Informationen erfolgt im Gehirn. Fällt ein Wahrnehmungsorgan aus oder wird immer schwächer, können die anderen übernehmen und den Verlust verringern oder sogar kompensieren. So wissen wir von Blinden, die quasi mit ihren Ohren diese Welt „sehen“ – bisweilen sogar besser und intensiver als Menschen mit Sehkraft.

Auch kennen wir das Phänomen der Synästhesie, der Verknüpfung von wahrgenommenen Sinnesreizen im Gehirn. Flapsig formuliert könnte man hier sagen: *„Wer Augen hat zum Hören, der rieche (und fühle)!“*

Ein Beispiel für eine Form der Synästhesie ist die sogenannte *Musik-Farben-Synästhesie.* Hierbei werden durch Töne zugleich Farbschwingungen wahrgenommen oder Tonschwingungen durch Farben.

„Emotionales Erleben von Musik wird durch die visuelle Reaktion verstärkt. Die Synästhesie ist also zusätzlich, stört dabei aber keinesfalls das musikalische Empfinden.“ (aus: Wikipedia)

Halten wir an dieser Stelle fest: Es gibt offensichtlich eine Verbindung zwischen Ton- und Farbschwingungen. Ein weitreichendes Phänomen, wie wir noch sehen werden – und eine heilsame und geniale „Erfindung“ von Mutter Natur. Dies gilt nicht nur für Töne, sondern auch für Klänge, sprechen wir doch von Klangfarben und Farbklängen.

Übrigens: Die Urausgabe der *Kosmischen Oktave* von Hans Cousto erschien unter dem Titel *FARBTON-TONFARBE und die Kosmische Oktave.*

FAZIT

Hörbereich: ca. von 16 bis 16 400 Hz (entspricht ca. *zehn Oktaven* des Tones C). *Eine Schwingung pro Sekunde* entspricht einem *Hertz* (Abkürzung Hz). *Oktavieren* heißt eine Frequenz *verdoppeln* oder *halbieren.*

Sehbereich: ca. von 380 Billionen bis 760 Billionen Hz (entspricht einer Oktave). Das Farbspektrum wird in Nanometer oder Angström gemessen.

Synästhesie: Dies bezeichnet die Verknüpfung wahrgenommener Sinnesreize (Musik sehen, Farben hören).

Archetypische Medizin: Krankheit als Aufschrei einer beleidigten Seele

Krankheitsbilder stellen Aufgaben auf unserem Erkenntnisweg dar und keine Strafen. Der französische Philosoph Blaise Pascal (1623–1662) sagte dies treffend in einem einzigen Satz:

„Krankheit ist der Ort, an dem man lernt."

Und wenn das gesamte Leben eine Schule ist, in der man weiterkommen oder sitzen bleiben kann, dann gehören Krankheitsbilder zum Lehrplan dazu.

Ruediger Dahlke (*1951) nennt sein erfolgreiches Initial-Buch (zur Archetypischen Medizin) folgerichtig *Krankheit als Weg*. Der Schweizer Psychiater Dieter Beck (1935–1980) nennt seinen Ansatz *Krankheit als Selbstheilung – Wie körperliche Krankheiten ein Versuch zur seelischen Heilung sein können.*

Unser Körper ist der ehrlichste Lehrer: Was uns fehlt, können wir direkt an ihm ablesen. Wenn unser Verstand Anteile von uns verdrängt oder in den Schatten abschiebt, dann haben diese geradezu die Pflicht, sich aus diesem Schatten zu melden. Warum? Sie sind genauso ein Teil von uns wie diejenigen, die dem Verstand offensichtlich besser in den Kram passen.

Jedes Krankheitsbild verkörpert ein in den unbewussten Schatten gesunkenes Urprinzip (= Archetyp). Im Anwendungsbereich dieses Buches (ab Seite 151) werden wir uns zu jedem Archetyp diese Krankheitsdispositionen nicht nur anschauen. Nein, wir wollen auch be-schwingte Wege anbieten, wie wir mithilfe der stimmigen Planetenschwingung diesem „beleidigten" Anteil unserer Seele helfen können, sich zu regenerieren oder (wieder) selbst zu „reparieren".

Kranksein heißt, dass wir aus unserer Mitte gefallen sind. Die Krankheit selbst verweist auf dieses Ungleichgewicht und ist zugleich der (zaghafte bis verzweifelte) Versuch unseres Körpers, diese Mitte wiederherzustellen.

Schauen wir an dieser Stelle gemeinsam auf die Körperanalogien beim „Kosmischen Menschen", die Schattenbildung und daraus resultierende Krankheitsdispositionen aus Sicht der Archetypischen Medizin.

In unserer vom männlichen Pol beherrschten Welt, wird das Weibliche („das Mondhafte") häufig unterdrückt und muss zwangsläufig in den Schatten wandern. Dies ist gut sichtbar bei Frauen, die im harten Business „ihren Mann" stehen müssen, sich kleiden und verhalten wie ein Mann. Da ist es wahrlich

DER MOND AUS ARCHETYPISCHER SICHT

Im Kapitel „Das Atmen des Mondes: Einfluss und Bedeutung des Mondknotens“ (siehe Seite 87ff.) konnten wir uns dem Mond(-knoten) auf wundervolle Weise annähern. Lassen wir den Mond (Tierkreiszeichen Krebs) einmal selbst zu Wort kommen:

Ich bin der weibliche Gegenpol (Yin) zum männlichen Archetyp Sonne (Yang).
Wie deutlich sich Eure Männergesellschaft hierzulande den Zugang zu meinem urweiblichen Yin-Prinzip verschüttet hat, zeigt sich schon im Artikel „der“ Mond. Zudem wurde in der Arbeitswelt der Mond-Tag (= Montag) zum unattraktivsten Tag der Woche abgestempelt, während der Sonnen-Tag (= Sonntag) allseits eher beliebt ist. Dabei sorgt erst ein harmonisches Miteinander der Polaritäten für Balance und Harmonie im Mikro- und Makrokosmos: Tag und Nacht, Ebbe und Flut, Einatmen und Ausatmen und auch Yin und Yang.
Mir geht es nicht um einen Ersatz des männlichen Prinzips durch das weibliche, denn das führt in die Einseitigkeit und Isolation. Vielmehr suche ich den Ausgleich in der Mitte, in der gegenseitigen Befruchtung.
Als urweibliches Yin nehme ich in meinem widerspiegelnden und mondhaften Schoß das urweiblich Sonnenhafte auf und gebäre dort neues Leben. Aufnehmen und Ausstoßen wie auch Werden und Vergehen liegen in meinem Archetyp sehr dicht beieinander. So entspricht mein Neumond der Empfängnis, gefolgt von der Phase des Wachstums im zunehmenden Mond. Ich bestimme große Anteile des Kreislaufes der Natur bis hin zum Zyklus des weiblichen Geschlechtes.
Mein siderischer Monat (Wortstamm = Mond) von 27,321 Tagen (Frequenz 227,43 Hertz) entspricht exakt der Zeitspanne eines Mondumlaufes, gemessen am Fixsternhimmel. So lange benötige ich übrigens auch für eine komplette Drehung um meine eigene Achse. Mein synodischer Monat entspricht dagegen mit 29,530 Tagen der mittleren Zeit zwischen zwei Neumonden, wenn Sonne (Yang) und Mond (Yin) in unmittelbarer Konjunktion stehen. So bilden ursprünglich zwölf synodische Monate (Kalender) das Mondjahr.
Während mein männlicher Gegenpol (= die Sonne) pro Monat lediglich ein Sternzeichen durchläuft, so muss ich analog zum siderischen Monat tatsächlich dreizehn Tierkreiszeichen pro Monat durchwandern, um im Gleichklang mit der Ekliptik der Sonne zu bleiben. Ich sage ja: Als weibliches Wesen hat man es nicht immer leicht.Das Einschwingen mit Mond-Frequenzen führt die Menschen direkt und ohne Umwege mit ihrer Seele in Kontakt und Berührung. Sie lässt diesen von uns zu oft vernachlässigten Anteil spüren, erleben und genießen.

kein Wunder, wenn das Weibliche zu kurz kommt, oft genug mit fatalen Folgen für Wohlbefinden und Gesundheit. Selbiges gilt natürlich auch für Männer, die ihre sanfte, sensible und weiblich-weiche Seite rigoros unterdrücken.

Im Kapitel „Mikrokosmos Mensch = Makrokosmos Universum“ (siehe Seite 111ff.) konnten wir ersehen, dass es in der Tat eine jahrhundertealte Tradition der Analogie zwischen Tierkreiszeichen (Archetypen) und Körperentsprechungen gibt. Wenden wir diese auf das „Mondhafte“ an, so erhalten wir hier auch einen ersten „Verdacht“ im Hinblick auf mögliche Erkrankungen:

- Körperbereiche: Magen, Brustdrüse, Eierstöcke, Gebärmutter, Hoden, Schleimhäute, Gehirnsubstanz
- Biologische Entsprechungen des Mond-Prinzips beim Menschen: Säftewechsel, Fruchtbarkeit, Menstruation, Flüssigkeitshaushalt des gesamten Körpers
- Mögliche Krankheitsdispositionen: Störungen im Ablauf des Säftewechsels und Auswertung durch den Magen, alle Störungen des Flüssigkeitshaushaltes, Menstruationsbeschwerden, Störungen und Erkrankungen im Bereich der Sexualorgane, Störungen des Lymphsystems.

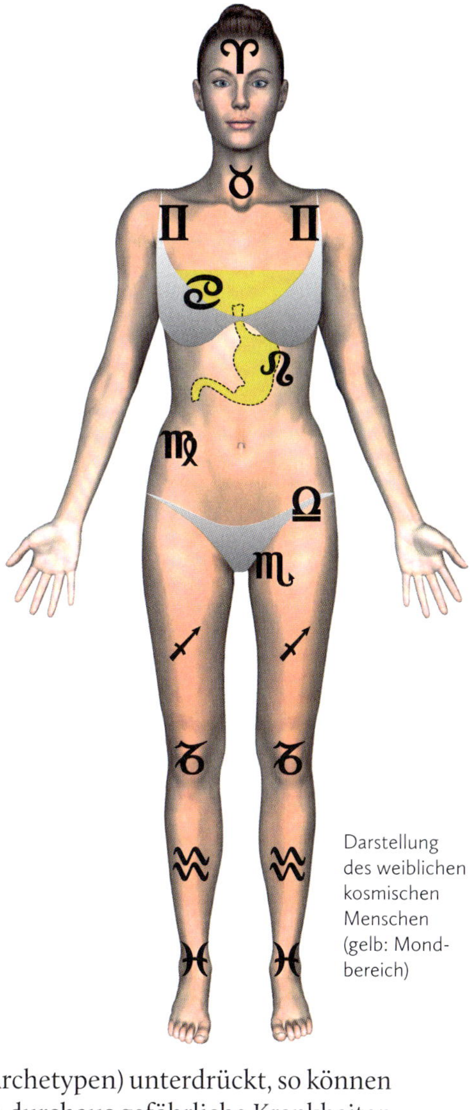

Darstellung des weiblichen kosmischen Menschen (gelb: Mondbereich)

Werden von uns zusätzlich andere Anteile (Archetypen) unterdrückt, so können (gemäß hermetischer Tradition) im Schatten durchaus gefährliche Krankheiten entstehen, hier zwei Beispiele:

- **Magendurchbruch:** Mond (in Kombination mit Mars)
  Symbolische Erklärung gemäß Archetypischer Medizin: Hier wendet sich die Mars-Energie gegen den Menschen selbst, die Aggression wird förmlich

„hinuntergeschluckt“ und wandelt sich im Magen des Betroffenen zur Auto-Aggression.

- **Brust- oder Hodenkrebs:** Mond (in Kombination mit Pluto)
  Symbolische Erklärung gemäß Archetypischer Medizin: Anstatt im positiven und fruchtbaren Sinne im wahren Leben zu erblühen und zu „wuchern“, werden diese natürlichen Impulse unterdrückt und in den Schatten gedrängt. Das steigert die Gefahr, dass Zellen anfangen, im Inneren des Menschen krankhaft zu „wuchern“ (Krebs).

Die erlösten und unerlösten Anteile von Archetypen werden wir in diesem Buch im Kapitel „Schwingung und Gesundheit: Die Archetypen der Planeten und ihre Analogie beim Menschen“ (ab Seite 151) von verschiedenen Seiten kennenlernen. Und natürlich auch die be-schwingten Hinweise und Tipps, wie wir mittels stimmiger Planetenschwingung unser Wohlbefinden steigern und unsere Selbstheilungskräfte aktivieren können.

Die stimmigen Zitate mögen uns das Mondhafte in seiner lichten und auch dunklen Seite näherbringen:

> *„Jeder Mensch ist wie ein Mond, er hat eine dunkle Seite, die er niemandem zeigt.“*
> Marc Twain (1835-1910)

> *„Was nützt es uns, zum Mond reisen zu können, wenn es uns nicht gelingt, den Abgrund zu überwinden, der uns von uns selbst trennt? Dies ist die wichtigste aller Entdeckungsreisen; ohne sie sind alle anderen nicht nur nutzlos, sondern zerstörerisch.“*
> (aus: Rinpoche, Sogyal (*1947): *Funken der Erleuchtung*)

> *„Wenn ich das Wunder eines Sonnenuntergangs oder die Schönheit des Mondes bewundere, weitet sich meine Seele.“*
> (Mahatma Gandhi (1869–1948), nach Groh, Joachim (Hrsg.): *Momente der Ruhe*)

FAZIT

Lehnen wir das „Mondige“ in uns ab, verdrängen wir einen Anteil von uns in den Schatten. Um sich bemerkbar zu machen, meldet sich dieser Anteil als Ver-Stimmung, Blockade oder Krankheit. Dann wird Krankheit zum Weg der Bewusstwerdung und heilsamen Integration unseres Schattenanteils.

Schwingung als Weg – Die praktische Anwendung der „Kosmischen Oktave"

Es ist ein menschlicher Wesenszug, nach Harmonie zu suchen und zu streben. Dabei vergessen wir meist, dass ein harmonisches Gleichgewicht erst das Resultat eines Prozesses darstellt, der im Verlauf überaus „unharmonisch" erscheinen mag.

Harmonie als Vereinigung der Gegensätze

Bekannte Beispiele klassischer Spannungsfelder/Polaritäten sind Sonne und Mond, Yang und Yin, Vater und Mutter, männlich und weiblich, Flut und Ebbe sowie Tag und Nacht. Vater (männlich/Yang) und Mutter (weiblich/Yin) sind die prägendsten Bestandteile unserer Entwicklung und Persönlichkeit. Das Urprinzip „Sonne" steht für das Leben spendende Prinzip, das jegliche Lebendigkeit in diesem Universum und auf unserem Heimatplaneten erst ermöglicht. Ohne Sonnenlicht ist kein Wachstum, keine Expansion und keinerlei Vitalität denkbar.

In unserer westlichen Welt verkörpert „Yang" unsere Männergesellschaft, die das Weibliche (Yin) an den Rand drängt. Dabei ist es der Mond (das Weibliche), der uns mit unserer Seele, unserer Intuition, dem Mütterlichen und mit unserem Urvertrauen in Verbindung bringt. Yang braucht Yin und Yin braucht Yang. Das Weibliche empfängt das Männliche, trägt seinen Samen aus und bringt diesen zum Blühen.

Die Umkehr der Symbolik drückt sich nicht zuletzt in der Vertauschung der Artikel aus: DER Mond (ital. *LA luna, weiblich*) und DIE Sonne (ital. *IL sole, männlich*). Verkehrte Welt! Das Mondhafte symbolisiert das widerspiegelnde Urprinzip. Es empfängt und spiegelt das männliche Sonnenprinzip und spendet Licht in der Dunkelheit.

Wo immer Energie fließt, muss eine Polarität, ein Spannungsfeld, zugrunde liegen. Es gilt: Der Energiefluss bedarf immer der Spannung zwischen zwei Polen. Sonst fließt keinerlei Energie, statt Fließen und Leben herrschen Stillstand und Blockade.

Stillstand ist der Tod des Lebendigen

Wir leben in einer polaren Welt der Gegensätze: arm und reich, Krieg und Frieden, satt und hungrig. Das Thema an sich ist eigentlich nicht schwierig zu verstehen. Seine Auswirkungen auf unser Leben zu akzeptieren, ist dagegen umso schwieriger. Schon die Feststellung, dass es weibliche (Yin-) und männliche (Yang-) Menschen gibt, ist natürlich eine Banalität, und doch ist sie die Grundlage unserer Existenz. Denn praktisch alles menschliche Leben entwickelt sich im Spannungsfeld dieser beiden Pole Yin und Yang (Vereinigung der Polaritäten im Akt der Zeugung neuen Lebens).

Auch auf Mutter Erde spielt sich unser gesamtes Leben im Spannungsfeld ihrer beiden Pole ab, nämlich im Polarisationsfeld von Nord- und Südpol. Aus dem Weltraum betrachtet, kann man die Erde als einen riesengroßen Magneten sehen, bei dem die (imaginären) Feldlinien am Nordpol austreten, sich um den gesamten Erdkörper schlingen, um am Südpol wieder einzutreten. Auf unserer Erde fließen unzählige Flüsse, und sie können nur fließen, wenn es ein Gegensatzpaar gibt. Dieses heißt „oben und unten“ und erzeugt ein Gefälle, welches Fließen erst ermöglicht.

Die „Flüsse“ im menschlichen Körperland sind die *Meridiane.* Sie sind ein wichtiger Ausgangspunkt, um Spannungsfelder in uns zum Fließen zu bringen und zu harmonisieren. Die Grundlage beim Bearbeiten von Spannungsfeldern ist folgende Überlegung:

> *„Das Entscheidende an einer Schwingungsbewegung ist aber, dass diese zwei unterschiedlichen Vorgänge nicht einfach nebeneinander herlaufen und sich schließlich in ihrem jeweiligen Extrem verlieren – Erstarrung hier, Auflösung dort – sondern dass sie von einem übergeordneten Prozess durchdrungen werden, der beide Gesten so miteinander verbindet, dass sie zu Momenten eines ganzheitlichen Geschehens werden (...).*
> *Dieses Prinzip, aus zwei polaren oder gar antagonistischen Vorgängen einen Gesamtprozess hervorzubringen, in dem beide Gesten voll zum Zuge kommen und doch auch wieder in ihrer Einseitigkeit überwunden und aufgehoben werden und auf diese Weise schließlich in einem einheitlichen Tun zusammenfinden, das ist das innerste Prinzip einer Schwingung.“*
>
> Alexander Lauterwasser (*1951), deutscher Wasserforscher, Medienkünstler und Autor (aus: *Resonanz und Schöpfung – Schwingung und Gestaltung*)

Alles Irdische schwingt im kosmischen Gesetz der Polarität.

Das klingt schwierig, ist aber ganz einfach:

Es geht nicht darum, die beiden Pole abzugrenzen, sondern es geht vielmehr darum, durch eine fließende Schwingung zwischen beiden Spannungsfeldern ein heilsames und gesundes Miteinander zu ermöglichen.

Kurz ausgedrückt: Wir brauchen ein verbindendes SOWOHL-ALS-AUCH statt eines trennenden ENTWEDER-ODER. Die zwei Seiten derselben Medaille können nur gemeinsam existieren – jede als Gegenseite des anderen und doch eigenständig.

Erweisen wir an dieser Stelle dem Phänomen *Harmonie* die Ehre. Eine Spur führt dabei zunächst in die griechische Mythologie, hin zu Venus/Aphrodite, also der Göttin der Liebe, der Schönheit wie auch der sinnlichen Begierde. Verheiratet war sie offiziell mit Hephaistos, dem Gott des Feuers und der Schmiedekunst, den sie aber ständig mit allerlei Sterblichen wie auch Unsterblichen hinterging. Vor allem von Kriegsgott Mars konnte sie nicht ihre Finger lassen. Aus der leidenschaftlichen Beziehung gingen Kinder hervor, deren Namen uns direkt zum Thema dieses Kapitels geleiten.

In ruhigen Zeiten dieser Liebesbeziehung entstanden *Eros* (die Erotik/Liebe) und *Harmonia* (also die Ausgeglichenheit/Harmonie). In stürmischen Zeiten wurden *Phobos* (die Angst) und *Deimos* (der Schrecken/das Grauen) gezeugt.

Wörtlich übersetzt bedeutet Harmonie (griech./lat. *harmonia,* mit der indogermanischen Vorsilbe *har = Vereinigung von Entgegengesetztem zu einem Ganzen*): Übereinstimmung, Einklang, Ausgleich, Ausgewogenheit.

Ursprünglich, in der Antike, bezog sich der Begriff Harmonie auf Erscheinungen der Symmetrie. Bereits in der Gruppe um Pythagoras wurde die Harmonie auch in den Mittelpunkt philosophischer Betrachtungen gestellt. In ihrer schönen Proportion sah man dabei die Harmonie als Einheit von Maß und Wert.

In der antiken Medizin galt Gesundheit als Folge eines harmonischen Mischungsverhältnisses aller Körpersäfte des Menschen. Ein Ungleichgewicht dieses gesunden und harmonischen Verhältnisses bedeutete Blockade und Krankheit. Die Hauptaufgabe der östlichen Medizin bestand nicht primär darin, zu heilen und Krankheiten auszumerzen, sondern durch *Harmonisierung* von Körper, Geist und Seele dafür zu sorgen, dass Menschen erst gar nicht krank wurden.

Heraklit (um 544–483 v. Chr.) sah in der Harmonie *die Einheit der Gegensätze:* Das Widerstrebende vereinigt sich aus seinem Gegensatz zur schönsten Harmonie. Auch aus „menschlicher“ Sicht können wir Beobachtungen zum Phänomen *„In Harmonie sein“* anstellen: So befindet sich zwischen zwei gegensätzlichen Polen die Mitte. Wir kennen den Ausdruck „In seiner Mitte sein“; allerdings ist dieser Zustand für den Einzelnen schwer zu beschreiben. Die meisten wissen eher, wie es sich anfühlt, *nicht* in ihrer Mitte zu sein.

Harmonie und „In der eigenen Mitte sein“ beschreiben dasselbe Phänomen, und mithilfe der Planetenschwingungen können wir uns selbst und andere harmonisieren. Sie machen diese himmlische Harmonie in uns erfahrbar und fühlbar. Das heißt, wir harmonisieren unseren Mikrokosmos mit der himmlischen Sphärenharmonie des Makrokosmos.

Denn Harmonie ist offensichtlich ein ehernes Grundgesetz in diesem Universum. So wissen wir, dass Menschen seit Jahrtausenden vom sogenannten *Goldenen Schnitt* mit seinen bemerkenswerten Eigenschaften in Bezug auf Harmonie, Gleichgewicht und Regeneration fasziniert sind. Seiner harmonischen Aufteilung bedient sich gerade auch die Natur in Pflanzen, Muscheln, Wind oder auch Sternengebilden, von der Spirale des menschlichen Innenohres bis hin zur Form des eingerollten menschlichen Embryos.

Die Schöpfung ist ein wundervolles Mysterium, wohin wir auch schauen, es erfüllt uns mit Demut!

FAZIT

Harmonie und Balance entstehen durch den Zusammenfluss zweier (polarer) Spannungen in deren Mitte, und zwar als heilsames und gesundes MITEINANDER statt GEGENEINANDER.

Die sichtbare Welt und die Welt dahinter

Schon die alten Ägypter sprachen im Zusammenhang mit der Frage nach „Wirklichkeit" vom *Schleier der Isis,* die Inder bezeichnen diese Welt als *Maja,* als Welt der Täuschung.

Nach Ansicht der bekannten und geschätzten zeitgenössischen Astrophysikerin Giuliana Conforto bildet das bis jetzt beschriebene Universum lediglich das Bühnenbild für ein Theaterszenario, das wir als Realität empfinden; sie schreibt in ihrem Buch *Das Sonnenkind – Von der Geburt der inneren Sonne:*

„Die Biosphäre, in der wir eingebettet sind, ist eine virtuelle Realität, eine Matrix."

Für sie ist klar: Das äußere Universum ist lediglich eine Projektion des inneren Universums von Mutter Erde, es existiert nicht wirklich, sondern lediglich als Projektion: Das Universum ist lediglich eine Art „Leinwand", der Mittelpunkt unserer Erde ist der „Projektor". Soll heißen: Das Universum gibt es in Wirklichkeit nicht real, sondern nur als „Vorstellung".

Ganz offensichtlich wurden schon in früheren Zeiten (und auch heute) die Phänomene, die uns umgeben, als (be-)trügerisch und nebulös eingestuft. Das bringt uns natürlich zu der Frage (aller Fragen):

Gibt es nichts, an dem wir uns festhalten könnten? „Urphänomene" sozusagen, die von Ewigkeit zu Ewigkeit existieren, ohne sich zu verändern?

Doch, die gibt es. Wir sprechen von *Archetypen.* Das altgriechische Wurzelwort des Wortes Archetyp lautet *arch* und steht für *urtümlich* oder *uranfänglich,* griechisch *typein* steht für *prägen, einschlagen.*

Fügen wir beide Teile zusammen, so ergibt sich: *Archetyp = uranfängliche Prägung.*

Philo von Alexandrien (um 15 vor Chr. bis ca. 40 nach Chr.), der bekannteste Denker des hellenistischen Judentums wie auch Irenäus von Lyon (ca.135–200 nach Chr.), bedeutendster Theologe des 2. Jahrhunderts, verwenden im Altertum den Begriff „Archetypen". Johann Wolfgang von Goethe spricht von „Urbildern", der Schweizer Historiker Jacob Burckhardt (1818–1897) von den „urtümlichen Bildern". Für die Ethnologie bezeichnet sie der französische Philosoph und Ethnologe Lévy-Bruhl (1857–1939) als „représentations collectives", in der Biologie verwendet sie der deutsche Zoologe und Psychologe Alverdes (1889–1952), und die Mythen und Märchen schließlich sprechen von „Motiven". Der Schweizer Psychiater und Begründer der Analytischen Psychologie C. G. Jung (1875–1961) ist in unserem Bewusstsein der Name und das

Goethe: Die greifbare Welt ist ein Gleichnis für das Dahinterliegende.

Synonym für die Persönlichkeit, deren Lebenswerk wir mit dem Begriff „Archetypen" verbinden.

Alle genannten Denker sehen das archetypische Gedankengut als wirkungsvolle und sinnhafte Strukturen an, die zwar aller Erscheinungsform zugrunde liegen, aber sich zunächst noch nicht in gestalthaft ausgeformten und anordnenden Erscheinungsformen manifestieren. Flapsig formuliert: Diese existieren feinstofflich, sind aber (noch) nicht grobstofflich greifbar.

Diese Strukturen sind *a priori* vorhanden, existieren bereits vor jeder Formwerdung. Jung hat deutlich darauf hingewiesen, dass es sich bei den archetypischen Mustern um universell gültige und überpersönliche Erscheinungsformen handelt, deshalb hat er diese Schicht als das „kollektive Unbewusste" bezeichnet.

Der rote Faden dieses Buches möchte einzelne Mosaiksteinchen der Schöpfung logisch aneinanderreihen, um ein möglichst umfangreiches und ganzheitliches Spektrum für das Verständnis der uns umgebenden Phänomene zu schaffen. Die Archetypen bilden hierbei einen wesentlichen Bestandteil.

Wie können wir nun die (uns umgebende) archetypische Wirklichkeit nutzen, um einen wahrhaftigen Blick hinter die Kulissen zu werfen?

Der griechische Philosoph Platon (ca. 428/427–348/347 v. Chr.) versuchte durch sein Höhlengleichnis (siehe Seite 136) den Menschen bildhaft zu erläutern, dass sie in ihrer Welt nichts Wirkliches sehen, sondern lediglich Schatten. Aber: Solange sie diese Schatten für die Wirklichkeit halten, so lange sind sie

Opfer dieser Täuschung. Hinter dieser Welt der täuschenden Wirklichkeit gibt es für Platon jedoch die Welt der Ideen. Was meint er damit?

Als *Platonische Ideen* werden Ideen bezeichnet, die nicht nur Vorstellungen im menschlichen Geist darstellen, sondern über eine objektive metaphysische Realität verfügen. Sie sind laut Platon als Urbilder vollkommen unveränderlich, von Ewigkeit zu Ewigkeit. Beispiele hierfür sind: „das Schöne, Harmonische, Gerechte an sich", oder auch der „Mensch an sich". Wir wollen ergänzen: die objektive Farbe der Planeten im Sonnensystem an sich, frei von irdisch-subjektiver und individuell und kulturell geprägter Wahrnehmung.

Johann Wolfgang von Goethe betrachtet alles Irdische und Greifbare lediglich als *Gleichnis für das Dahinterliegende,* wir Menschen sind somit für ihn Wesen zweier Welten, mit einem animalischen und einem geistigem Anteil.

Der deutsche Diplompsychologe und Esoteriker Thorwald Dethlefsen (1946–2010) formuliert es so: „Alles Sichtbare ist nur ein Gleichnis und jede Form drückt einen Inhalt aus. So werden alle Bilder Brücken zur Wirklichkeit, sie werden zum Symbol" (aus: Dethlefsen, Thorwald: *Schicksal als Chance*).

Beginnen wir nun unsere farbenfrohe Reise zur Wahrnehmung der Wirklichkeit bei der Farbschwingung, werfen wir gemeinsam einen Blick auf den subjektiv-irdischen Farbkreis. Wir wissen bereits aus vorigen Kapiteln, dass Tonschwingung und Farbschwingung die zwei Seiten derselben Medaille sind. Gleichzeitig wissen wir auch, dass die archetypische Farbschwingung bisher in der Literatur kaum oder zu wenig beachtet wird. Das möchten wir mit dem nachfolgenden Kapitel ändern.

Dabei werden wir an uns feststellen: Der Umgang mit irdischen Farben ist eine sehr persönliche und individuelle Angelegenheit. Ja, sie wirken auf verschiedene Menschen unterschiedlich, sogar auf denselben Menschen können dieselben Farben in diversen Lebensphasen durchaus konträre Wirkungen entfalten.

FAZIT

Die Archetypen in uns verkörpern unsere Wesensanteile, die sich im Laufe unseres Lebens zeigen und gelebt werden wollen. Verdrängte Anteile führen im wahrsten Sinne des Wortes ein Schattendasein und können sich dann meist nur durch Blockade, Verstimmung oder Krankheit zu Wort melden. Die Archetypen bilden das Kollektiv-Unbewusste, das in allem Lebendigen wie Unlebendigen existiert. Das irdisch Greifbare bildet dabei lediglich den Schlüssel zur Wirklichkeit, sozusagen als symbolisches Gleichnis für das Dahinterliegende.

Der subjektiv-irdische Farbkreis

Im Verlauf der Menschheitsgeschichte wurden unzählige Anläufe genommen, Farben zu erfassen, zu klassifizieren oder auch Ergebnisse von Farbmischungen vorauszusagen. Wir wissen von Beschreibungssystemen der „alten“ Griechen (ca. 350 v. Chr.), die überwiegend den Zweck hatten, Farben in einem Licht zu erkennen, welches entweder heller als schwarz oder dunkler als die Sonne war. Sie gingen demnach davon aus, dass Farben durch die jeweils vorhandene Menge an Dunkelheit bzw. Licht definiert werden.

Dieser Theorie widersprach Sir Isaac Newton (1642–1726) mit seinem bahnbrechenden Werk *Opticks:* Für ihn war klar, dass Farbe nichts anderes als ein Bestandteil des Lichtes sei. Er stellte die Farben des sichtbaren Spektrums in einem Kreis dar, in dem das rote und blaue Ende dieses Spektrums zusammentraten. Die Zusammenmischung sämtlicher Farben ergibt laut Newton „weißes“ Licht.

Seit Newton gibt es endlose Variationen unzähliger Farbtheoretiker, die sich primär in zwei Gruppen aufspalten:

- zum einen in jene, die Farbkreise als Mischungsergebnis von realen, physischen Farben wiedergeben,
- zum anderen in jene, die sämtliche Farben im Farbkreis als Mischung von Licht darstellen.

Erwähnt sei an dieser Stelle besonders Johann Wolfgang von Goethe, der seine Farbtheorie selbst höher einschätzte als seine Dichtkunst: Eines der zentralen Elemente seiner Farbtheorie erkennen wir in seinem Farbkreis aus den Grundfarben Gelb, Blau und Rot mit deren Mischfarben Grün, Orange und Violett. Goethes Farbtheorie beruht auf dem polaren Gegensatz

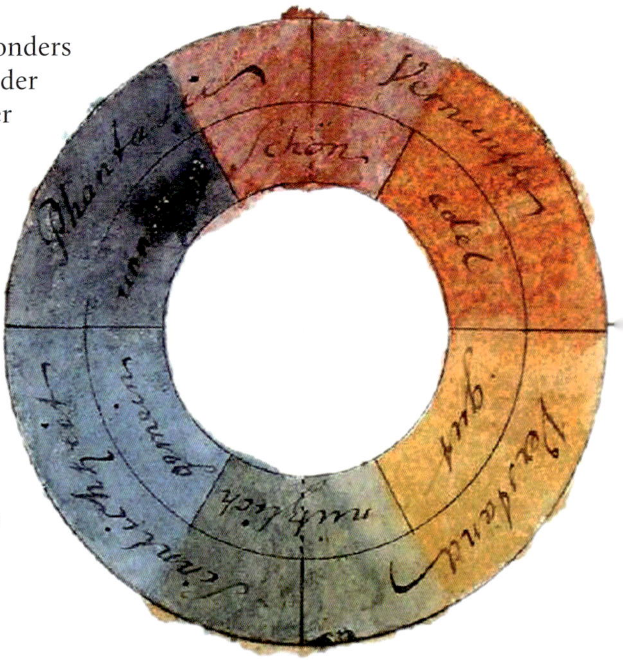

Goethes Farbkreis

zwischen Hell und Dunkel, zwischen Licht und Finsternis – zwischen Gelb und Blau. Gelb liegt demnach an der Grenze zur Helligkeit und Blau an der Grenze zur Dunkelheit. Alle anderen Farben entstehen aus einer Mischung dieser beiden Pole beziehungsweise einer Steigerung der beiden Pole durch die Beimischung von Rot bis zum reinen Rot im Scheitelpunkt des Kreises. Den linken, von Blau nach Rot verlaufenden Teil des Farbkreises bezeichnete er als die *Minus*seite, den rechten, von Gelb nach Rot verlaufenden Teil als die *Plus*seite. Grün im unteren Teil des Farbkreises ist schlicht die Mischung aus Gelb und Blau.

In unserer Gegenwart werden in den Farbenlehren von Goethe und Newton primär zwei Theorien gesehen, die aus völlig unterschiedlichen Ansätzen hervorgehen und sich eher ergänzen als widersprechen: Hier treffen die Sichtweise der lebendigen Naturerkenntnis (Goethe) und die nüchterne Mathematik bzw.

Mundaner Tierkreis nach Thomas Künne

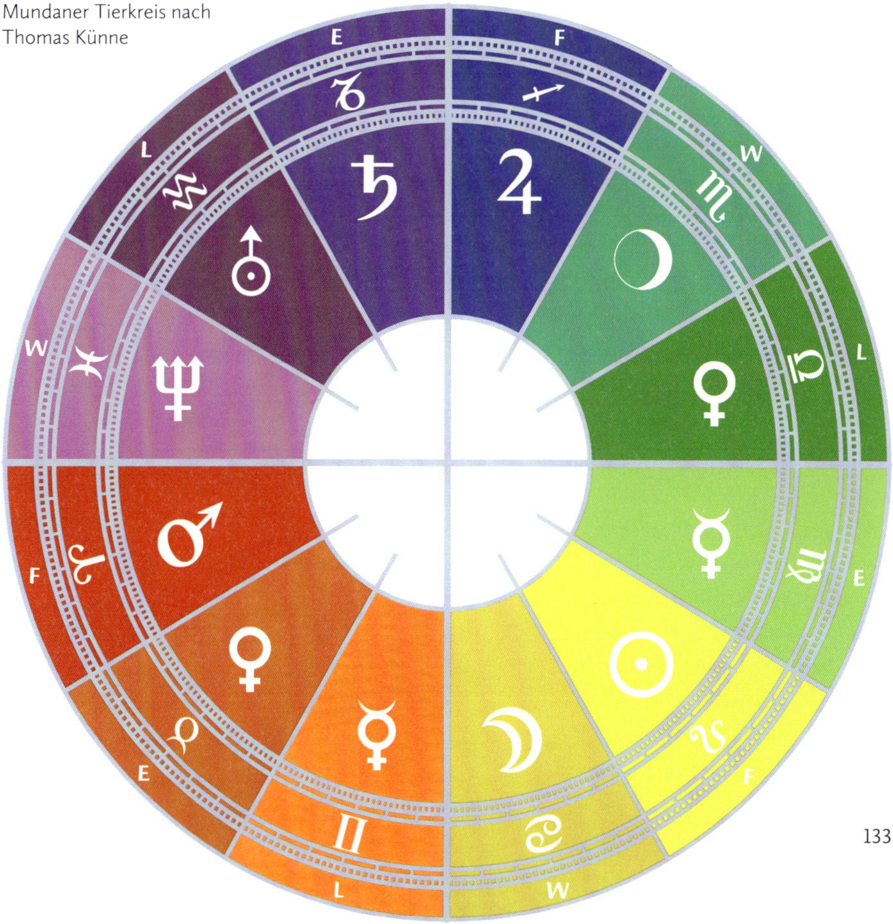

Physik (Newton) aufeinander. Wir wissen: Ganz offensichtlich reicht die Physik allein nicht aus zur „menschlichen" Beschreibung eines Farbeindrucks. Dies hat Goethe erkannt und ein „emotionales" Gegenmodell zu Newtons Farblehre entwickelt.

Es bietet sich geradezu an, auch den *Mundanen Tierkreis* mit seinen zwölf Zeichen als Farbkreis zu gestalten. Dieser symbolisiert den Tierkreis in absoluter Harmonie. Hier nehmen alle Tierkreiszeichen, alle Elemente, alle Häuser sowie alle Urprinzipien (= Planeten) ihre ursprüngliche Position ein.

Der *Mundane Tierkreis* (lat. *mundus = Welt*) verkörpert somit den Weltentierkreis, dessen Prinzipien sich in der vorgegebenen kosmischen Anordnung befinden; aus ihm lassen sich alle Gesetzmäßigkeiten und alle Zusammenhänge von Kosmos, Natur und Mensch ableiten.

Diese werden wir sehr anschaulich im Praxisteil darstellen, um daraus für unser persönliches Wohlbefinden den größtmöglichen Nutzen zu ziehen.

Dabei sollten wir bedenken: Unsere (meist unbewussten) Reaktionen auf Farben werden stark beeinflusst von kulturellen Aspekten, die wir, flapsig formuliert, sozusagen mit der Muttermilch in uns aufgesogen haben. Gemeint sind unter anderem die kulturellen, historischen oder auch religiösen Einflüsse, die innerhalb verschiedener Kulturkreise zu zum Teil diametral entgegengesetzten Auffassungen im Farbempfinden führen.

Hierzu ein augenfälliges Beispiel: Betrachten wir an dieser Stelle die Farben, die in unterschiedlichen Kulturen mit „Tod" in Zusammenhang gebracht werden. In der westlichen Welt ist Schwarz seit jeher die Farbe der Trauer, in östlichen Kulturen ist dies Weiß, in Ägypten Gelb.

Ein extremes Beispiel subjektiver Farbzuordnungen zeigt der deutsche Forscher und Autor Andreas Beutel vom Dresdner Pythagoras Institut zu den Tönen unserer Tonleiter: Bei der Abbildung auf Seite 135 handelt es sich nicht um einen farbenfrohen Flickenteppich, sondern um zum Teil vollkommen kontroverse Farbton-Zuordnungen zu Tönen und Halbtönen diverser Autoren zur Farbtheorie.

Wir müssen uns darüber im Klaren sein, dass jeder Mensch eine spezifische und individuelle Wahrnehmung besitzt. Nicht wenige behaupten sogar: *„Es gibt so viele Wahrheiten, wie es Menschen gibt!"*

Die Folge: Auch Farben werden unterschiedlich interpretiert und auch bewertet. Eine Bestätigung für diese Aussage kann man täglich in den Gerichtsgebäuden dieser Republik erhalten, wenn es zum Beispiel um Zeugenaussagen zu einem Verkehrsunfall geht: *„Die Ampel war grün, nein gelb; papperlapapp, sie war rot!"*

	Ton oder Tonart		C	Cis/Des	D	Dis/Es	E	F	Fis/Ges	G	Gis/As	A	Ais/B	H	C
1	A. Skrjabin		Rot	Violett	Gelb	stählern mit Metallglanz	Blauweißlich	Dunkelrot	Blau, grell	Orange-Rosa	Purpur-Violett	Grün	Stählern mit Metallglanz	Weißlich	
2	Quintenzirkel*		Weiß	Violett	Gelb	Hellblau	Rot	Grün	Schwarz	Gelb-Weiß	Tiefblau	Sonnengold	Blaugrün	Dunkelbraun	
3	Carl Loef		Purpur	Violett	Blau, violett	Blau, rein	Blau	Grün	Gelbgrün	Gelb	Orange	Rot, orange	Rot	Purpurrot	Purpur
4	L.B. Castel		Blau		Grün		Gelb	Aurora (goldfarben)		Rot		Violett		Violant	Blau
5	J.L. Hoffmann		Dunkelblau		Violett, Ultramarinblau		Rot	Hochrot		Zitronengelb		Grasgrün		Meergrün	Himmelblau
6	H. Beau / B. Tallet		Violett		Indigo		Blau	Grün		Rot		Orange		Gelb	
7	H. Schröder		Gelb	Violettrot	Seegrün	Orangerot	Himmelblau	Gelb mit Orange	Ultramarinblau	Laubgrün	Rot	Eisblau	Orange	Dunkelblau	
8	H.B. Brand		Blauviolett	Ultramarinblau	Türkisblau	Blaugrün	Grün	Grüngelb	Gelb	Orange	Orangerot	Karminrot	Purpurrot	Purpurviolett	
9	A. Lazlo*	Dur	Gelb	Ultramarinblau	Hellgrün	Orangerot	Blau, grünlich	Gelborange	Grün	Hellgrau	Orange	Seegrün	Purpur	Blaugrün	
		Moll	Orange	Purpurviolett	Orangegelb	Blauviolett	Rot	Rotorange	Blau	Gelb	Ultramarinblau, etw. gedunkelt	Mittelgrau	Violettpurpur	Seegrün	
10	E. Petschnig*	Dur	Lichtgrau	Kaffeebraun	Ziegelrot	Mattgoldig	Goldstrahlend	Weiß		Grün	Sanftes Dunkelblau	sattes Hellblau		Opalisierend	
		Moll	Grauschwarz	Dunkelbraun		getrübtes Gelb	Gelb	glanzloses Weiß				Blaßblau		Flaschengrün	
11	H. Grahl		Lila	Blau		Dunkelgrün	Mittelgrün		Gelb		Orange		Purpur	Lila	
12	H.E.Benedikt		Rot	Rot-Orange	Orange	Orange-Gelb	Gelb	Gelb-Grün	Hellgrün	Grün	Hellblau	Blau	Indigo	Violett	
13	Oktav-System H.Cousto		c Grün	c# Grünblau	d Türkisblau	d# Hellblau	e Blau	f indigo	f# Violett	g Purpur	g# Rot	a Orangerot	a# Gelborange	h Gelb	c Grün

* Tonarten anstatt Töne

Farbton-Zuordnungen zu Tönen und Halbtönen diverser Autoren zur Farbtheorie (aus: Beutel, Andreas: Pythagoras Institut Dresden)

Wir wissen, dass auch Farben (wie Töne) Schwingungen sind. Wir selbst entscheiden, was uns guttut und was nicht. Dabei gilt: Man muss nicht erst krank werden, um ein gesundes Gespür für heilsame Farben zu entwickeln. Ähnlich wie bei der Wahl einer „stimmigen" ausgewogenen Ernährung (im grobstofflichen Bereich) hilft im feinstofflichen Bereich eine bewusste und harmonische Farbwahl.

Farbübertreibungen wie Farbmonotonie können unser Körpersystem ebenso belasten wie zu üppige oder einseitige Ernährung.

FAZIT

Die kosmisch-OBJEKTIV-archetypischen Farben entsprechen den *Farben unserer Seele*. In der Analogie zu unseren inneren Anteilen, den Archetypen, stehen sie stellvertretend für Wesensanteile, die wir in Fülle, im Mangel oder auch in einer ausgewogenen Balance (er)leben können. Auf Mutter Erde werden Farben SUBJEKTIV vom Menschen empfunden, je nach mythologischer, historischer, kultureller und auch individueller Wahrnehmung des Betrachters.

Sind wir in einer Scheinwelt gefangen?

Das bereits erwähnte *Höhlengleichnis* ist eines der bekanntesten Gleichnisse der antiken Philosophie. Es stammt von dem griechischen Philosophen Platon. Kurz zum Inhalt:

> *Platon beschreibt Menschen, die seit ihrer Geburt in einer dunklen Höhle so festgebunden sind, dass sie immer nur auf die ihnen gegenüberliegende Höhlenwand starren können. Diese Wand wird nur durch einen über ihnen angebrachten Schlitz beleuchtet. Hinter einer niedrigen Mauer befinden sich ihre Bewacher und hinter diesen ein Feuer, vor dem sie Gegenstände wie Krüge, Speere oder Körbe hin- und herbewegen. So entstehen flackernde, unscharfe Schatten, welche an die Höhlenwand der Gefangenen geworfen werden.*
> *Da sie nichts anderes wahrnehmen, halten die Gefangenen diese Schattenbilder für die wirklichen Dinge. Dies bleibt auch so, als einer von ihnen, der sich kurz befreien kann, von draußen in die Höhle zurückkehrt und den anderen über die wahren Verhältnisse Aufschluss geben möchte.* (siehe hierzu: Platons Schrift *Politeia VII*, 514a–517a)

Was kann und möchte Platons Höhlengleichnis uns heute lebenden Menschen in Bezug auf unsere Wahrnehmung der Wirklichkeit vermitteln?

Bleiben wir bei „unserer“ Wirklichkeit der (subjektiven) Farbwahrnehmung und stellen wir uns einmal eine Beerdigung in Hamburg und eine in Bangkok vor: Einer der Trauernden kommt in der Hansestadt in Weiß, einer in Thailands Metropole in Schwarz.

Wir müssen keine Propheten sein, um vorauszusehen, was geschehen dürfte: Die „anderen“ werden diese zwei „Farbsünder“ genauso schräg oder wütend anschauen, wie die Gefangenen aus Platons Höhlengleichnis ihren abtrünnigen Mithäftling. Beide Trauergemeinden sind kulturhistorisch geprägt und farblich fixiert, beide beanspruchen einen gewissen „Wahrheitscharakter“, denn das haben ja schon die Vorfahren so gemacht.

Einverstanden, dies ist ein erfundenes Beispiel, zeigt jedoch die Polarität von kontroversen Sichtweisen, die sich oft diametral (wie hier: Schwarz und Weiß) gegenüberstehen. Wechseln wir einmal die Analogie-Ebene in Richtung „Glaubenssätze“ von Kirche, Diktaturen oder auch kommerziellen Strukturen, so herrschen hier ebenso (meist unveränderliche) Dogmen. Und: Dogmatiker

Der antike griechische Philosoph Platon (428 – 348 v.Chr)

sind Anhänger der „Ewigkeit", sie lehnen Entwicklung in und durch die Zeit kategorisch ab.

Überspitzt formuliert: wie die Gefangenen in Platons Gleichnis. Unsere Höhle ist heute eine Wohlstandshöhle, die Schatten bewegen sich nun farbig auf TV-Geräten – und doch liegt der Verdacht nahe, in einer Matrix zu leben, oder besser: gelebt zu werden.

Worin sieht eigentlich Platon eine Wendung zum Sinn-Vollen und Positiven? Nun, das ist für ihn der Aufstieg und Ausstieg aus der rein sinnlich wahrnehmbaren Welt der vergänglichen Dinge, die er mit einer Höhle vergleicht, hinein in die rein geistige Welt des unwandelbaren Seins. Diesen Aufstieg vollzieht zwar jeder für sich allein; aber da man dabei Hilfe benötigt, ist es zugleich auch ein kollektives Bemühen.

AUSBLICK

Mit unserem objektiv-archetypisch-kosmischen Farbkreis, der auf den Archetypen beruht, möchten wir Ihnen den notwendigen Ariadne-Faden reichen, um die beengende Sichtweise des Subjektiv-Irdischen so zu erweitern, dass wir Wände unserer Matrix-Höhle nach und nach abbauen werden.

Bevor wir Ihnen diesen objektiv-kosmischen Farbkreis vorstellen möchten, schauen wir auf das *Phänomen Schwingung* unserer Planeten, auf das Hör- wie auch Sichtbare.

Vom Hören und Sehen der Planetenschwingungen

Wenn wir die Umlaufbahnen von Planeten in Sekunden umrechnen, davon den Kehrwert bilden und diesen in der Folge oktavieren (= verdoppeln), so erhalten wir – wie mehrfach geschildert – alsbald eine für uns Menschen hörbare Frequenz in Hertz. Das ist das Mysterium der „Kosmischen Oktave“.

Nachfolgende Übersicht zeigt sämtliche Planeten mit deren Frequenzen (inklusive Entsprechungen in der chromatischen Tonleiter). Diese Planeten entsprechen zugleich den Archetypen, wie wir im Praxisteil noch sehen werden. Für den Mond haben wir in nachfolgender Tabelle die drei in unserem Verständnis bedeutendsten Schwingungen aufgeführt.

Planetarische Entsprechung		**Frequenz Hz**	**Grundton**
Sonne	Sonnenton	126,22	H
Planeten	Merkur	141,27	cis
	Venus	221,23	A
	Mars	144,72	D
	Mond: Synodischer Monat	210,42	cis
	Mond: Siderischer Monat	227,43	ais
	Mond: Mondknoten-Umlauf	234,16	ais
	Jupiter	183,58	fis
	Saturn	147,85	D
	Uranus	207,36	gis
	Neptun	211,44	gis
	Pluto	140,25	cis

Wer jemals mit diesen Planetenfrequenzen in Resonanz gehen durfte (mittels Stimmgabeln, Klangschalen, Monochords, Klang- und Schwingungsliegen, Gongs etc.), der möchte diese schöne Erfahrung, die so tief auf unsere (innere) Wahrnehmung wirkt, nicht mehr missen, denn er fühlt in seinem gesamten Körperland die beschwingte Weite des Universums.

Im Anwendungsteil dieses Buches (ab Seite 151) finden Sie hierfür entsprechende Balancings, deren erklärtes Ziel immer die Aktivierung Ihrer Selbstheilungskräfte ist, hin zu mehr Wohlbefinden und Balance für ein gesundes Leben.

Wie wir im Kapitel „Unsere Wahrnehmung: Vom Hören und Sehen" (siehe Seite 118ff.) beschrieben haben, ermöglichen Hören und Sehen nur das Erleben eines klar umrissenen Teilgebietes der „Wirklichkeit". Oktavieren (verdoppeln) wir die Frequenz immer weiter, gelangen wir hingegen in den „stimmigen" Terahertzbereich und können sie mit unseren Augen erfassen.

Im Bereich der Synästhesie kennen wir dieses Phänomen ohnehin, die Mehrheit der Menschen wird jedoch einen Ton nicht sehen. Wissenschaftlich betrachtet, liegt dies daran, dass sich Schallwellen (Ton) und elektromagnetische Wellen (Farblicht) unterschiedlich verhalten: Schallwellen schwingen longitudinal (waagerecht), Farblicht dagegen traversal, also senkrecht zur Ausbreitungsrichtung. Auge und Ohr haben sich neben der frequenzspezifischen Ausbreitung zudem auf das Ausbreitungs*verhalten* (senkrecht/waagerecht) von Wellen spezialisiert.

Für den revolutionären Ansatz der Kosmischen Oktave ist die Frage nach der Ausbreitungsrichtung der Schwingung sekundär. Wir wissen heute eine ganze Menge über den Einfluss von Frequenzen auf Lebewesen und auf deren Wohlbefinden und Psyche. So hat sich unter anderem die Stimmgabeltherapie (Phonophorese) als sanfte „Schwester der Akupunktur" als Heilmethode etabliert, um Blockaden und Alltagsbeschwerden zu lindern und zu lösen. Die Schwingung wirkt hier sozusagen als „Souffleur" oder Starthilfekabel, um den Inneren Heiler und die Selbstheilungskräfte des Menschen zu aktivieren.

Alle Planetentöne lassen sich in den sichtbaren Bereich oktavieren. Wir erhalten dabei klare und prägnant leuchtende Farben, keine trüben Mischfarben. Sowohl über die Planetenfrequenzen als auch über die Planetenfarben können wir dadurch zutiefst mit der gesamten Schöpfung in Kontakt und Resonanz treten.

Und hierin liegt auch der logische therapeutische Ansatz:

- **Planetenfrequenzen:** Unzählige Laien, Klangarbeiter, Therapeuten oder Heilberufler verwenden weltweit die von Hans Cousto errechneten Frequenzen zum Wohle aller Beteiligten.
- **Planetarische Farbfrequenzen:** Hier liegt ein Schatz verborgen, der gelüftet werden will. Im beginnenden Wassermann-Zeitalter ist die Zeit nun reif dafür.

Das nächste Kapitel möchte diese Geburt des objektiv-archetypisch-kosmischen Farbkreises einleiten.

Der objektiv-archetypisch-kosmische Farbkreis

Um einen „objektiven“ Eindruck von der Farbigkeit der Planeten zu erhalten, erweitern wir unsere Sichtweise und verlassen die subjektive Wahrnehmung auf der Erde. Wir wollen gemeinsam an dieser Stelle die „Schatten“ der individuellen und subjektiven (Farb-)wahrnehmung hinter uns lassen, um einzutauchen in die objektive Farbwelt der Planeten unseres Sonnensystems. Und schon sind wir in der Welt der Archetypen, die den Planeten zugeordnet sind.

Das Wundervolle hierbei: Indem wir mit Archetypen in Resonanz gehen, schreiten wir über die Brücke zum *Unbewussten*, vom *Kollektiven* (wie es C. G. Jung nennt) bis hin zu unserem eigenen, dem *Individuellen.*

Der Praxisteil ab Seite 151 wird diese Verbindung ausführlich erläutern und uns zeigen, welche heilsamen Auswirkungen Planetenschwingungen auf unser Wohlbefinden und unser seelisches Gleichgewicht haben können.

Welcher Schatz liegt nun für uns Menschen hier verborgen? Durch Wahrnehmung der Planetenfrequenzen (Hören und Sehen) verbindet sich unser Zellbewusstsein sofort mit den Schwingungen der Schöpfung, wir erweitern unseren subjektiven Horizont um die objektive Weite und Klarheit des Universums. Wir hören und sehen die Sprache des Kosmos mit unseren inneren Ohren und Augen – der Weg zum universalen, kosmischen Mensch ist frei.

Doch nun gilt (frei nach Johann Wolfgang von Goethe):

„Der Worte sind genug gewechselt, lasst uns (kosmische) Farben sehen!“

Hierzu dient folgende Übersicht, aus der Sie sowohl die hörbare Frequenz in Hertz als auch die sichtbaren (objektiv-archetypisch-kosmischen) Farben entnehmen können:

Bitte beachten Sie: Für uns Menschen sind diese Farben aus der (subjektiven) Höhle NICHT sichtbar. Auch werden einige nun denken: „Ich hatte immer geglaubt, der MARS sei rot …!“ Ja, von unserem irdischen Standpunkt aus betrachtet mag dies stimmen, aber von diesem aus sehen wir lediglich einen farbigen Schatten auf der kosmischen Leinwand. Die objektiven Farben hingegen können wir mit unseren inneren Augen wahrnehmen, spüren und „sehen“, wenn wir mit der entsprechenden Planetenschwingung in Resonanz gehen.

PLANETEN		TÖNE					FARBEN	METREN		
Zyklus	Umlaufzeit	Frequenz	Oktave	Ton	a^1	*Diff 440 Hz*	Farbe	Tempo	Oktave	Pendel
Erde	Tage	Hertz			Hertz	cent		bpm		cm
Sonnentag	1	194,19	24	g	435,92	- 16,1	rotorange	91,0	17	10,8
Sterntag	0,99727	194,71	24	g	437,11	- 11,4	rotorange	91,3	17	10,7
Tropisches Jahr	365,2422	136,10	32	cis	432,10	- 31,4	blaugrün	63,8	25	22,0
Platonisches Jahr	25.920 Jahre	172,06	47	f	433,56	- 25,5	rotviolett	80,6	40	13,8
Mond	Tage									
Synodischer Monat	29,5306	210,42	29	gis	445,86	+ 22,9	orange	98,6	22	9,2
Siderischer Monat	27,3217	227,43	29	ais	429,33	- 42,5	gelb	106,6	22	7,9
Kulmination	1,0305	187,61	24	fis	446,21	+ 24,2	rot	87,9	17	11,6
Meton. Zyklus	6939,6882	229,22	37	ais	432,71	- 28,9	gelb	107,4	30	7,7
Sarosperiode	6585,3211	241,56	37	h	430,41	- 38,2	gelbgrün	113,2	30	7,0
Apsidenumlauf	3232,6854	246,04	36	h	438,39	- 6,3	gelbgrün	115,3	29	6,7
Knotenumlauf	6793,3951	234,16	37	ais	442,9	+ 8,0	gelb	109,8	30	7,4
Planeten	Jahre									
Merkur	0,2409	141,27	30	cis	448,51	+ 33,2	blaugrün	66,2	23	20,4
Venus	0,6152	221,23	32	a	442,46	+ 9,6	gelborange	103,7	25	8,3
Mars	1,8809	144,72	33	d	433,67	- 25,1	blau	67,8	26	19,4
Jupiter	11,8622	183,58	36	fis	433,67	- 13,3	rot	86,1	29	12,1
Saturn	29,4577	147,85	37	d	443,04	+ 11,9	blau	69,3	30	18,6
Uranus	84,0153	207,36	39	gis	439,37	- 2,5	orange	97,2	32	9,5
Neptun	164,7883	211,44	40	gis	448,02	+ 31,3	orange	99,1	33	9,1
Pluto	248,4301	140,25	40	cis	445,26	+ 20,4	blaugrün	65,7	33	20,7
Sonne	32312,5 Hz	126,22	- 8	h	449,80	+ 38,2	gelbgrün	118,3	- 14	6,4

Hörbare Planetenfrequenzen werden durch Oktavierung zu sichtbaren Farbschwingungen.

Der Autor Antoine de Saint-Exupéry (1900–1944) schreibt in *Der kleine Prinz*:

„Man sieht nur mit dem Herzen gut!“

Wir wollen an dieser Stelle ergänzen: „Man sieht nur die ganze Wahrheit, wenn wir hinter den Spiegel schauen!“ Das gelingt dann, wenn wir zu unseren Wurzeln zurückkehren, eins werden mit dem Schöpfergeist und den göttlichen Funken in uns wieder spüren, auch unabhängig von irgendeiner religiösen Prägung. Das höhere kosmische Wesen „sieht“ diese Farben immer.

Welche Farben Gott sieht, wenn er auf unser Planetensystem blickt, zeigt der unten stehende Tierkreis – hier dargestellt inklusive Nanometer-Angaben. Der

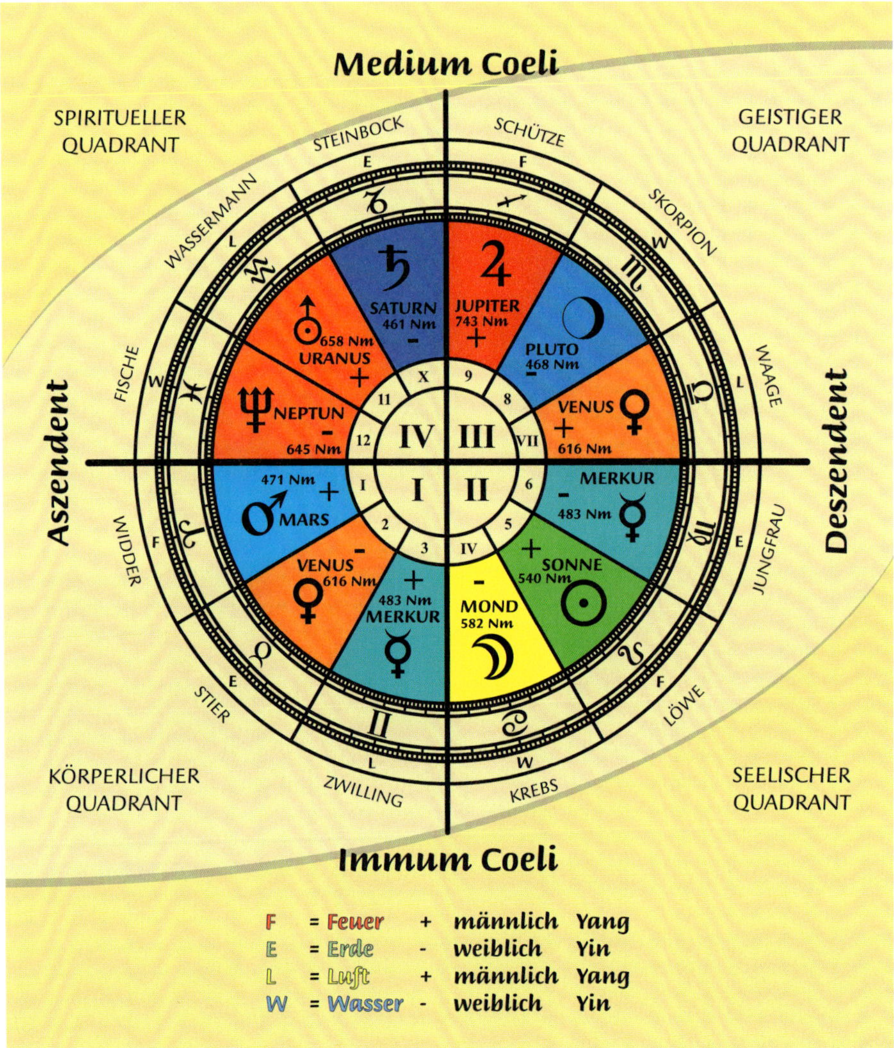

farbige innere Kreis zeigt hierbei die Farben der Planeten laut obiger Liste (und damit auch der Archetypen, denn diese werden ja von den Planeten symbolisch repräsentiert):

Fügen wir nun im nachfolgenden Schaubild des „Mundanen Tierkreises“ zwei weitere Farbkreise hinzu:

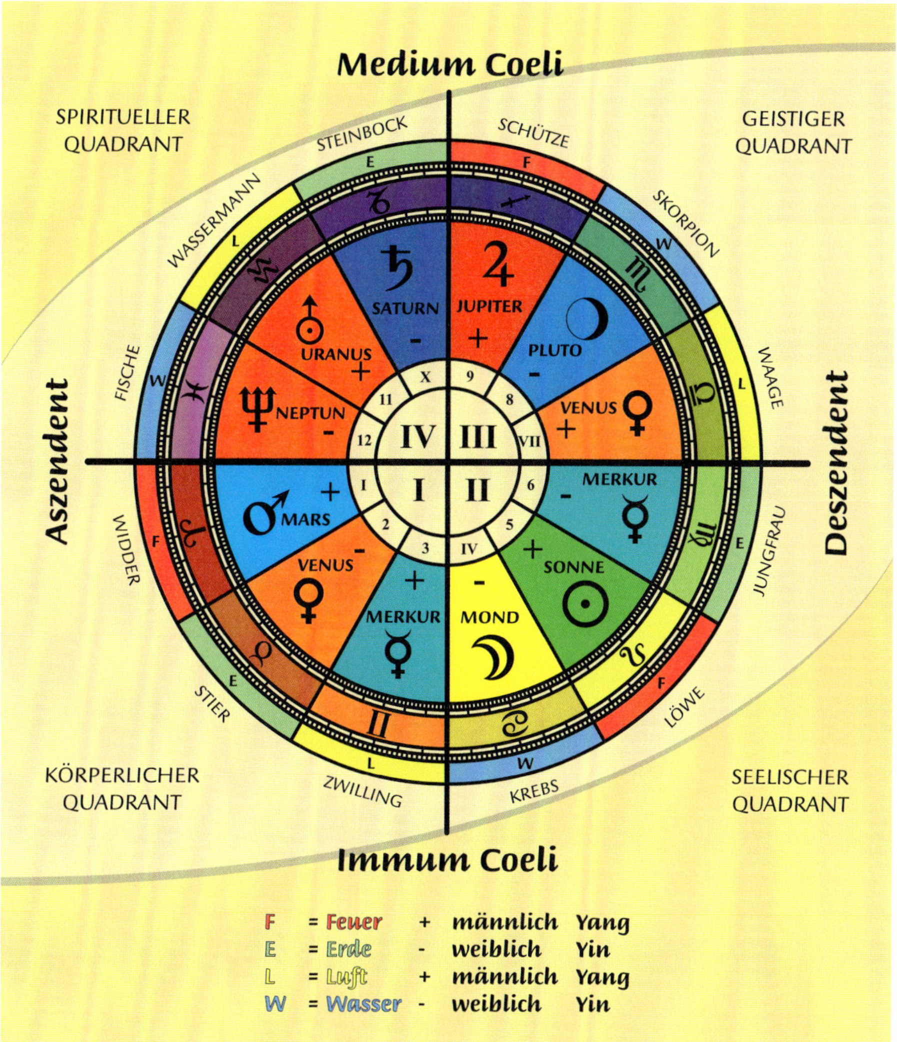

- Der mittlere Farbkreis verweist auf die Tierkreiszeichen und ihre subjektive, vom Menschen festgelegte Farbzuordnung.
- Der äußere Farbkreis verweist auf die vier Elemente der dazugehörigen Tierkreiszeichen (rot = Feuer, gelb = Luft, grün = Erde und blau = Wasser)

In diesem Schaubild vereinen sich folglich objektive Farbigkeit im inneren Farbkreis und subjektive (vom Menschen definierte) Farbigkeit im mittleren und äußeren Kreis.

Auch mit dieser Erkenntnis schließt sich (symbolisch) ein Kreis. Wir können getrost die auf Pythagoras zurückgehende Unterscheidung *esoterisch* (von griechisch „innerlich, dem inneren Bereich zugehörig“) und *exoterisch* (von „äußerlich“) übernehmen. Der antike griechische Philosoph war der erste leuchtende Meilenstein in der Erforschung von Planetenschwingungen, die Hans Cousto mit seiner „Kosmischen Oktave“ in die Neuzeit implantierte.

Mit dem Namen Pythagoras verbinden die meisten heute nur noch dessen Lehrsatz mit der bekannten Formel $a^2 + b^2 = c^2$. Geboren auf der Insel Samos als Sohn des Mnesarchos, eignete er sich durch ausgedehnte Reisen geistige Anregung und ein enormes Wissen an. Auch wird mit Bestimmtheit angenommen, dass er von den Babyloniern gute Kenntnisse mathematischer und astronomischer Methoden erlernt hat. Seine schnell wachsende Anhängerschaft sah in ihm einen Meister mit übermenschlichen Fähigkeiten, dem sie auch zutrauten, Planetentöne hören zu können.

Das Gerüst des Sphäreneinklangs sind die Zahlen und Proportionen. Die Vorstellung über die Zahlhaftigkeit der Welt bildet die Grundidee dieser Ganzheitsschau.

Bei ihren musikalischen Forschungen mithilfe von Monochord- und Flötenexperimenten wie auch Versuchen mit Metallplatten und Vasen entdecken die Pythagoreer die Zahlengesetze der Töne und Intervalle – und gewinnen den Zauberschlüssel zum Reich der Musik. Sie finden die Zahlen als Elemente der musikalischen Intervalle, als die Strukturglieder der Tonleiter.

> *„Die Zahlen und Proportionen erkennen die Pythagoreer als die Bildekräfte und Operatoren der Welt. Zahlengesetze wie die Relation der Saitenlängen des Monochords bestimmen den musikalischen Wohlklang auf Erden, aber auch die Abstände und Bewegungen der Himmelskörper. Durch sie und mithilfe der Analogie kann Irdisches mit Himmlischem verknüpft werden …“*
>
> (aus: Schavernoch, Hans: *Die Harmonie der Sphären*. S. 15/16)

Übrigens meinte Pythagoras dieses „Hören“ der Planetentöne wörtlich, da durch die Planetenbewegung Geräusche entstehen, die – der Überlieferung nach – für seine sensiblen Ohren wahrnehmbar waren. Und zwar als eine Art Himmelsmusik, die er mit seiner Stimme und mit antiken Musikinstrumenten nachzuahmen suchte.

Doch zurück zu seinem **esoterischen** und **exoterischen** Kreis. Wie kann uns diese Unterscheidung an dieser Stelle in Bezug auf den subjektiven und den objektiven Farbkreis helfen?

- **Exoterisch** bedeutete für Pythagoras und seine Schüler die quantitative Erklärung der mannigfaltigen Naturphänomene, also die Rückführung der Wirklichkeit auf mathematisch bestimmbare Elemente und Gesetze. Im Grunde sprechen wir hier vom waagerechten Weltbild („das ist so, weil ...“). In unserem Falle ist es der Kreis der vier Elemente (Feuer, Erde, Wasser und Luft) sowie die farbliche Zuordnung der Tierkreiszeichen zu den Elementen, geprägt durch Tradition und Konvention (Rot = Feuer, Gelb = Luft, Grün = Erde und Blau = Wasser).
- **Esoterisch** hingegen hieß für Pythagoras die Gestaltung der Qualität aus der Kenntnis der Quantität. Es geht hier um die Welt der Ideen, des Dahinterliegenden (inklusive der spirituellen Themen wie Astrologie, Kabbalistik oder auch Numerologie etc). Bezogen auf unseren Farbkreis sprechen wir nun von den Farbwerten „an sich“, die a priori von Ewigkeit zu Ewigkeit existieren, und zwar, bevor sie durch ein menschliches Raster aus Tradition, Kultur oder Subjektivität verändert oder verfremdet werden. Wir wissen sehr wohl, dass in unserem heutigen Sprachgebrauch *esoterisch* einen anderen (profitorientierten) Beigeschmack erhalten hat. Deswegen denken wir, die Autoren dieses Buches, radikal (lat. Wurzel) und gehen zurück zum Ursprung, zur Wurzel.

Mit dieser Vorgehensweise werden wir Schätze heben, die bereits existieren, aber ausgegraben werden müssen, um ans Tageslicht zu gelangen. So gesehen sind wir (Autoren wie auch Leser) tiefschürfende Brückenbauer zwischen innen und außen, subjektiv und objektiv, Mikrokosmos und Makrokosmos. Die Natur macht es uns vor. Wir müssen die Signaturen nur richtig deuten, um uns und die Schöpfung besser zu verstehen. Es erscheint bei näherem Betrachten so, dass die Addition von Irdisch-Subjektivem mit Objektiv-Kosmischem dieses archetypische Urprinzip in seiner Ganzheit beleuchtet und abbildet. Hierzu drei Beispiele:

Beispiel 1: Widder

Schwingungs-Mandala Mars

Im exoterischen Kreis steht das *Tierkreiszeichen Widder* auch für Krieg, der bekanntlich oft genug mit Schmerz und Verletzungen durch Gewalteinwirkung verbunden ist. Bereits in geringster Dosis, zum Beispiel beim Pieksen mit Akupunkturnadeln, entsteht eine winzige Verletzung, die Schmerz verursacht. Auch hier gilt das Pars-pro-Toto-Gesetz: Im Kleinen wie auch im Großen.

Die Farbe für Widder ist aus unserer subjektiv-irdischen Sichtweise ROT. Auf das sprichwörtliche „rote Tuch“ reagiert sogar der Stier in der Arena aggressiv! Auf objektiv-kosmischer Ebene, im esoterischen Kreis, ist der Archetyp Mars (= Tierkreiszeichen Widder) BLAU.

In dem abgebildeten Schwingungmandala erkennen wir das Mars-Symbol (zugleich Symbol des männlichen Prinzips in unserem Kulturkreis). Dieses Zeichen befindet sich auf dem Mundanen Tierkreis, welcher in der entsprechenden Farbe des Mars, also in der Farbschwingung von 471 Nanometern nach Hans Cousto, eingefärbt ist. Zugleich erkennen Sie in heller Tönung das sogenannte erste Haus des Mars (Widder) mit seinem Spannungsfeld Venus (Waage) im siebten Haus.

Und nun kommt das Wundervolle des Mars-Prinzips: Schmerzstillende Heilmittel aus der Pflanzenwelt wie das Schockmittel *Aconitum,* das Kopfschmerzmittel *Iris* oder das entzündungshemmende *Symphytum (Beinwell)* blühen BLAU! Mohnkapseln erscheinen zur Reifezeit *bläulich;* Morphin (gewonnen aus Opium, dem getrockneten Milchsaft des Schlafmohns) wird in der Medizin als effektives natürliches Schmerzmittel (Analgetikum) eingesetzt.

FAZIT

Fügen wir irdische und kosmische Faktoren zusammen, so erkennen wir die ganzheitliche Dimension dieses Mars-Prinzips von seiner Entstehung (z.B. Schmerz durch Aggression) bis hin zu seiner Heilung.

Die Sonne, das Leben spendende Prinzip

Beispiel 2: Sonne

Im esoterischen Kreis ist die Sonne, unser Leben spendender Planet, GRÜN. Und jetzt wird es spannend, denn GRÜN führt uns direkt zum Wunder der Fotosynthese:

„Das Chlorophyll (von altgriechisch ‚hellgrün, frisch' und ‚Blatt') oder Blattgrün bezeichnet eine Klasse natürlicher Farbstoffe, die von Organismen gebildet werden, die Photosynthese betreiben. Insbesondere Pflanzen erlangen ihre grüne Farbe durch Chlorophyll" (aus: Wikipedia). Hildegard von Bingen (1098–1179) formuliert es so: „Es gibt eine Kraft aus der Ewigkeit, und diese Kraft ist grün." Grün ist Leben und lebendige Natur, von Ewigkeit zu Ewigkeit. Und dieses Leben erneuert und regeneriert sich ständig im Ein-Klang mit dem Archetyp Sonne, ohne die es immer dunkel wäre und Leben überhaupt nicht denkbar wäre. Übrigens: Das Herz-Chakra ist grün, beim „Kosmischen Menschen" entspricht das Herz der Sonne.

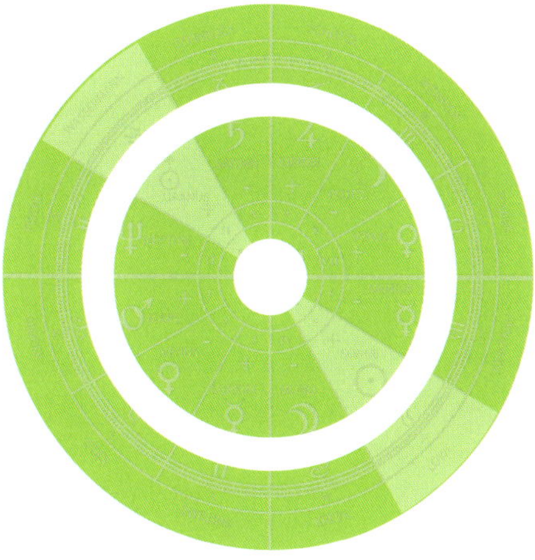

Schwingungs-Mandala Sonne

Beispiel 3: Mond

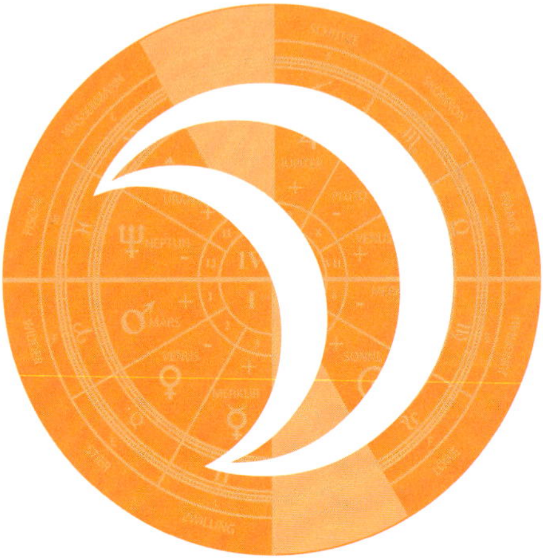

Schwingungs-Mandala Mond

Der Mond ist für viele assoziiert mit Begriffen wie Dunkelheit, Nacht oder Schlaf. Im archetypischen (esoterischen) Farbkreis ist der Mond GELB (trägt also „eigentlich“ die Sonnenfarbe).

Wenn der Mond für unser Empfinden und unsere Gefühle steht, dann muss er GELB sein. Warum? *Wie* wir empfinden und uns fühlen, das können wir nur im Wachzustand wahrnehmen. Wenn wir nachts schlafen, wissen wir aber nicht, *wie* wir uns fühlen. Halten wir an dieser Stelle fest: Wir wissen im Schlaf nicht wirklich, in welcher Realität wir uns gerade befinden.

Wenn der Arzt im Krankenhaus fragt: „Wie fühlen Sie sich heute?“ (und nicht: „Wie denken Sie heute?“), dann deutet das darauf hin, dass LEBEN verbunden ist mit unserem Empfinden und dem Fühlen. Aus unserem Fühlen schlussfolgern wir, dass wir leben. Dafür müssen wir bewusst sein, also wach.

Im archetypischen Farbkreis hat der Mond mit Gelb die hellste Farbe. Licht und hell assoziiert auch der Volksmund mit Bewusstsein in Ausdrücken wie: „Mir geht ein Licht auf!“ oder „Das ist aber ein helles Köpfchen!“. Helles und waches Bewusstsein oder Bewusstheit bestimmen unser Wahrnehmen/Fühlen/Empfinden der inneren und äußeren Welt.

Wir wissen, dass die Sonne immer existiert, auch wenn wir sie nicht sehen können. Der Mond ist tagsüber ebenfalls jederzeit da. Meist sehen wir ihn aber wegen der hellen Sonne nicht. Die Sterne sehen wir ebenfalls nur nachts, wenn es dunkel ist, obwohl sie tagsüber genauso existieren. Dagegen verschwindet die Sonne nachts aus unserem Gesichtsfeld. Symbolisch betrachtet könnte dies auch bedeuten: Wir sind von unseren äußeren Aktivitäten so gefordert, dass wir unser inneres Licht (also unsere Gefühle und Empfindungen) nur noch spärlich wahrnehmen oder es sogar zu erlöschen droht.

Mögen diese drei Beispiele illustrieren, wie oben und unten wahrhaftig zusammengehören und in kosmischem Ein-Klang stehen. Sie ergänzen sich gegenseitig wie Yin und Yang und erschaffen somit (neues) Leben.

Der Mond, Inbegriff des Yin-Prinzips

Die moderne Zellbiologie der Epigenetik beweist eindrucksvoll, welchen Einfluss unser „Milieu“ und unser bewusstes Sein auf unsere Zellen besitzt. Farben (wie auch Töne) spielen hierbei eine wichtige Rolle, denn:

- Unsere Wahrnehmungen steuern nicht nur unser Verhalten, sie steuern auch die Aktivität unserer Gene.
- Die Folge: Zu jeder (bewussten) Sekunde haben wir aktiven Einfluss auf unseren genetischen Ausdruck.
- Wir sind ein Leben lang lernende Organismen. Wir können auf dynamische Art unsere „Biologie“ beeinflussen.
- Wir sind nicht hilflose Opfer unserer „Erbmasse“, sondern Mitschöpfer eines gesunden Lebens und Miteinanders.

FAZIT

Erst das Zusammenwirken von *esoterischem* und *exoterischem* Kreislauf ergibt die *Ganzheit.* Planeten verhalten sich hierbei offensichtlich wie Genotypen („Das, was wirkt“) und zeigen sich als Phänotypen („Das, was in Erscheinung tritt“) in unserer Welt.

Oder, astrologisch ausgedrückt: Die planetarischen Archetypen (Genotypen) zeigen sich in ihrer unendlichen Vielfalt als Tierkreiszeichen (Phänotypen) im Mundanen Tierkreis.

Praxisteil

In diesem Kapitel wenden wir die „Geschenke des Himmels“ als kosmische Menschen konsequent an, um den Himmel auf Erden in uns zu erleben, zu genießen oder um unseren inneren Heiler zu aktivieren und unsere Selbstheilungskräfte anzuwenden.

Die Archetypen der Planeten und ihre Analogie beim Menschen

Im Jahre 1953 entschlüsseln die Molekularbiologen James Watson und Francis Crick den genetischen Code des Menschen mit der Erkenntnis des „Genetischen Determinismus“: Unser gesamtes Schicksal und auch das Verhalten unserer Zellen ist unveränderlich in unseren Erbanlagen, unseren Genen, festgeschrieben.

Die heutige Zellforschung der *Epigenetik* widerlegt diesen Determinismus und beweist: Unser Verhalten, unsere Lebensführung und auch unser „Milieu“ haben sehr wohl bedeutenden Einfluss auf unsere Zellen, ja, wir können sogar den genetischen Code „umschreiben“.

Schwingung und Gesundheit – praktische Anwendung

Wenn es Schwingungen gibt, die uns schaden, dann muss es auch solche geben, die unser Wohlbefinden und unsere Gesundheit fördern!

Kein vernünftiger Mensch wird bestreiten, dass der heute lebende (westliche) Mensch unzähligen Schwingungen ausgesetzt ist, deren Auswirkungen auf unser Immunsystem und unsere Gesundheit wir nur sehr unzureichend kennen. Das liegt zum einen daran, dass profunde Langzeitstudien fehlen oder Mangelware sind. Zum anderen scheint sich auch das Interesse an kritischen Publikationen in gewissen kommerziellen Kreisen in Grenzen zu halten. Allein der Bereich „Handy und Telekommunikation“ ist ein weltweiter Milliardenmarkt, der Elektrosmog nimmt leider ebenso zu wie die Zahl der Hirntumore.

Wir wollen uns an dieser Stelle aber nicht einreihen in den Club der Pessimisten und Schwarzseher! Nein, im Gegenteil: Wir möchten Ihnen im Praxisteil dieses Buches leicht verständliche und begehbare Wege aufzeigen, wie Sie Ihre Erkenntnisse zu den Archetypen der Planeten, den Planetenschwingungen und der „Kosmischen Oktave“ in Ihr tägliches Leben einfließen lassen können. Nicht als abgehobenes Konzept weltfremder Denker, sondern als Ergebnis unserer „Welt-Anschauung“, die Oben und Unten als Ganzes sieht. Wie kann dies geschehen?

Nun, wir zeigen Ihnen vielfältige Erscheinungsformen unseres Alltags, unseres Menschseins wie auch des menschlichen Körpers. Für viele werden diese Erkenntnisse sicherlich zum Aha-Erlebnis, sie verstehen augenblicklich den Begriff der „Ganzheitlichkeit“ in seiner wahren Dimension von „oben und unten, innen und außen“, kurz: „wie alles mit allem zusammenhängt“. Wir finden die Erscheinungen der „Kosmischen Oktave“ überall, sie lebt überall und allerorts. Das möchten wir Ihnen voller Freude und Ehrfurcht zeigen.

Wir wissen heute, dass alle Strukturen„zusammen-gesetzt“ sind. Im überholten Verständnis der Wissenschaften bestand diese „Zusammensetzung“ aus den Elementen und Unterstrukturen. Heute gehen wir davon aus, dass alle Systeme miteinander in Resonanz schwingen. Die gegenseitige Resonanz ist dabei der „Klebstoff“, der die Welt „in ihrem Innersten zusammenhält“ (frei nach *Johann Wolfgang von Goethe*).

Aber: Diese Resonanz, die den Zusammenhalt der einzelnen Strukturen gewährleistet und nachhaltig garantiert, kann gestört sein oder gestört werden. Je dramatischer diese Störung ausfällt, umso rasanter kann sie sich in einem Resonanzsystem ausbreiten; sie kann, um im sprachlichen Bild zu bleiben, „immer weitere Kreise“ ziehen, bis schlimmstenfalls eine sogenannte „Resonanzkatastrophe“ eintritt.

Denken wir dabei an plötzliche äußere Schocksituationen, die zu inneren werden: ein Unfall, ein gewaltiger Schreck, eine körperliche Überlastung, eine plötzliche Vergiftung (z.B. durch einen Schlangenbiss). Die Folge: Jedes einzelne (zyklische) Subsystem (wie z.B. Hirnströme, Pulsfrequenz, Blutdruck) der Gesamtorganisation arbeitet oder „rast“ schlagartig für sich alleine. Grund dafür ist, dass die Resonanz, die alles zusammenhält, gestört, unterbrochen oder sogar aufgehoben ist.

Um das lebensbedrohende Chaos in den Griff zu bekommen und somit den Gesamtorganismus zu retten, ist häufig medizinische Soforthilfe notwendig. Hier können wir uns auf die Schulmedizin mit ihren unglaublichen Errungenschaften verlassen. Für die Nachsorge und Begleitung zur Gesundung und Gesunderhaltung (Salutogenese) empfiehlt sich auch in diesem Fall ein sanftes In-Resonanz-Gehen mit der geeigneten Schwingung.

Und so liefert die „Kosmische Oktave“ den wissenschaftlich fundierten Hintergrund zu der „heilenden Kraft der Planetenschwingungen“.

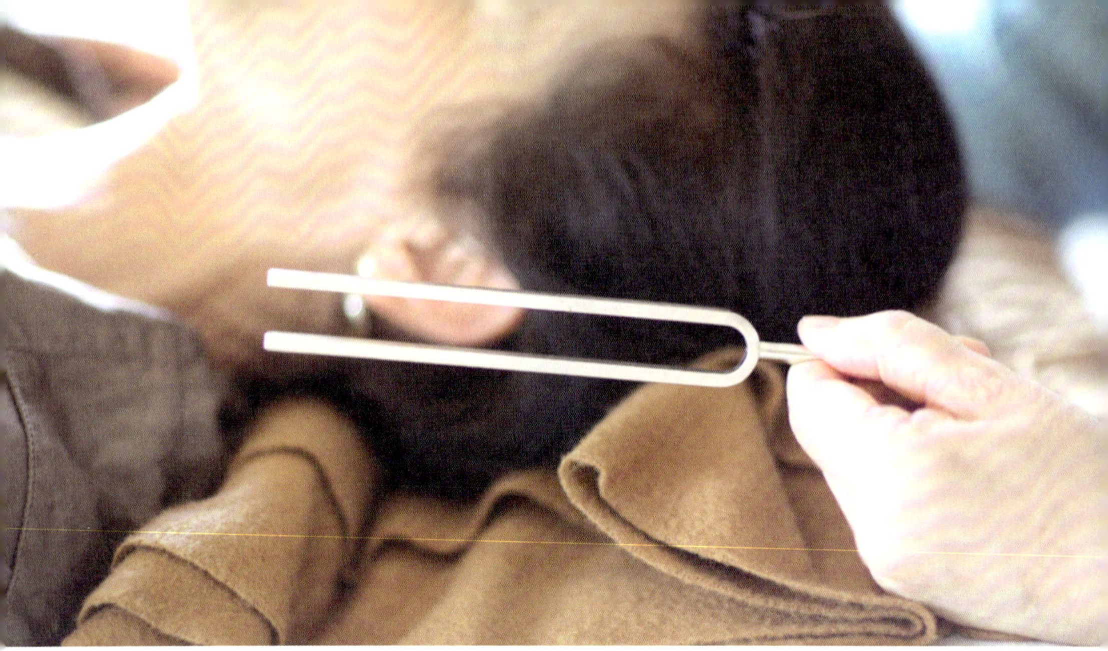

Die heilende Kraft der Planetenschwingungen

„Bedienungsanleitung" für diesen Praxisteil

Um den größtmöglichen Nutzen zur Aktivierung Ihrer Selbstheilungskräfte aus den folgenden Seiten zu ziehen, möchten wir Ihnen an dieser Stelle eine Art „Bedienungsanleitung für Archetypen" anbieten. Sie werden sehr schnell bemerken, wie Sie mit den einzelnen Archetypen in Resonanz gehen. Da kann sich durchaus ein Widerstand auftun oder auch ein Gefühl von Mangel entstehen. Nun können Sie aus der Fülle der angebotenen Möglichkeiten ein für Sie stimmiges Mosaiksteinchen herausgreifen (z.B. ein Gewürz, eine Farbe, ein Musikstück oder auch ein Balancing mittels Planetenstimmgabel), um in eine wohltuende Resonanz mit diesem Archetyp zu gelangen und die innere Harmonie zu stärken.

Der Aufbau der Kapitel zu den einzelnen Archetypen (= Planeten) ist immer identisch. Die Reihenfolge entspricht der planetaren Reihenfolge im Kosmos, von sonnennah (Sonne bildet den Mittelpunkt) hin zu sonnenfern (Pluto).

Am Beispiel des ersten Archetpys, des Leben spendenden Prinzips der Sonne, und des zugeordneten Tierkreiszeichens Löwe erläutern wir ausführlich alle Darstellungen, Zuordnungen und Informationen, die Ihnen den jeweiligen Archetyp vorstellen und begreiflich machen wollen. Diese Erläuterungen sind auf den folgenden Seiten in grauer Schrift gehalten und lassen sich analog auf alle Archetypen übertragen und anwenden.

SONNE

Tierkreiszeichen LÖWE (♌) 23. Juli bis 23. August

DAS PRINZIP DER SONNEN-ENERGIE

Die Schwingung des Archetyps SONNE (= Tierkreiszeichen LÖWE) führt uns in Resonanz mit unseren Herzensangelegenheiten, mit der Kraft des Lichtes und des prallen Lebens. Sie stärkt unsere Vitalität und unsere Lebensfreude.

Hier finden Sie auf einen Blick signifikante Merkmale, mit denen wir bei diesem Prinzip in eine heilsame Resonanz treten können. Sie verweisen auf mögliche Chancen und Potenziale, wie wir deren Wirkung positiv für uns nutzen können.

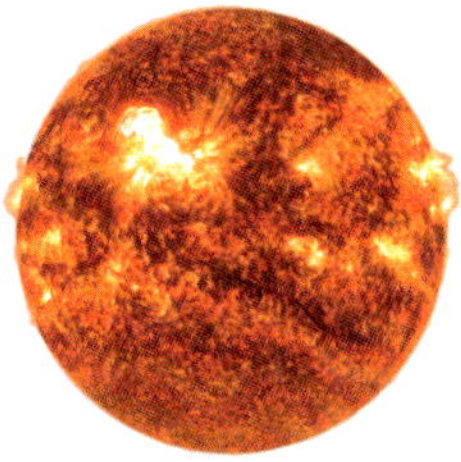

Objektiv-kosmisch:

SONNE = Mittelpunkt unseres Planetensystems
Planetenschwingung: 126,22 Hz
Farbe: Gelbgrün, 540 Nm
Ton: h

fis g gis a ais h c cis d dis e f

Links sehen Sie eine Abbildung der Sonne, rechts den Mundanen Tierkreis in der Farbschwingung der Sonne von 540 Nanometern nach Hans Cousto. Heller dargestellt ist das fünfte Haus (Sonne/Löwe) mit seinem Spannungfeld zum elften Haus (Uranus/Wassermann).

Auf dieser objektiv-kosmischen Ebene gibt es keinerlei subjektiv-menschliche Wahrnehmung (die ja von unterschiedlich bis kontrovers sein kann). Stattdessen werden die Planetenschwingungen durch exakte (objektive) Berechnungen der kosmischen Gesetzmäßigkeiten bestimmt, im hörbaren wie sichtbaren Bereich, d.h. 126,22 Hertz (= Hz) im hörbaren, 540 Nanometer (= nm) im sichtbaren Bereich. In unserer „irdischen Welt" entsprechen 126,22 Hz dem Ton D und 540 nm der Farbe Gelbgrün. Ausführliche Hintergrundinformationen hierzu finden Sie in diesem Buch ab Seite 50.

Subjektiv-irdisch:

Löwe-Farbe: Sonnengelb
Element-Farbe: Rot
Element: Feuer, Yang/männlich-aktiv
Astrologisches Haus: 5. Lebensbühne, 5. Haus (2. Quadrant = Seele), fix

Opposition (Spannungsfeld):
Sonne/Löwe – Uranus/Wassermann
- **Achse der Begegnung** von Herzenswärme und Idealismus

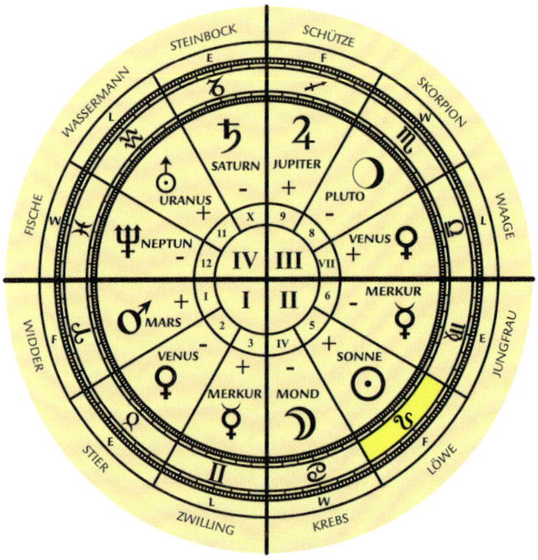

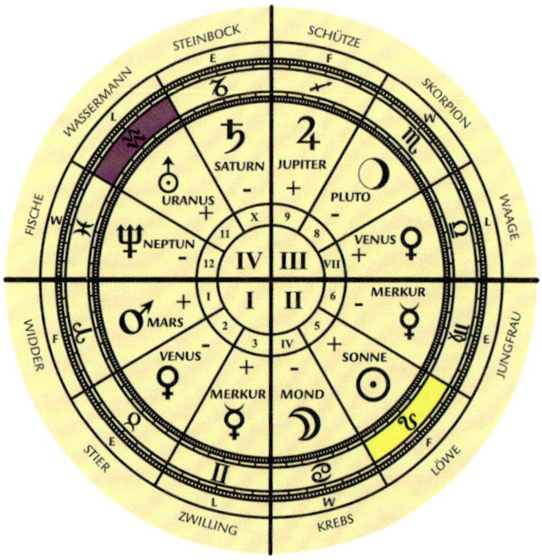

Das Tierkreiszeichen Löwe entspricht dem Archetyp Sonne, beide bilden die zwei Seiten derselben Medaille. Die Farbe des Tierkreiszeichens Löwe ist Sonnengelb, als männliches-aktives Zeichen (Yang) gehört es zum Element Feuer. Rot verkörpert die Elementfarbe für Feuer (Hinweis: Gelb verkörpert das Element Luft, Grün die Erde und Blau das Wasser).

Das Tierkreiszeichen Löwe befindet sich im 5. Haus, nähere Information zu dieser 5. Lebensbühne finden Sie unter „Die acht Stufen der Bewusstheit" (siehe Seite 160ff.) zum Löwe/Sonne-Prinzip. Dieses 5. Haus steht inmitten des zweiten Quadranten, des sogenannten *seelischen Quadranten* (Hinweis: Der erste Quadrant ist der *körperliche*, der dritte der *geistige* und schließlich der vierte der *spirituelle*). Das erste Tierkreiszeichen eines Quadranten wird immer mit *kardinal* bezeichnet, das mittlere *fix* (wie hier beim Löwen), das dritte *labil.*

Opposition (Spannungsfeld):
Umfasst der gesamte Tierkreis aller zwölf Tierkreiszeichen exakt 360 Grad, so bezeichnet die Opposition ein Spannungsfeld von zwei Tierkreiszeichen, die

sich direkt gegenüberliegen, also 180 Grad. Sie bilden sozusagen eine Polarität und sind oft nur schwer miteinander „unter einen Hut" zu bringen. Dabei ist es für ein harmonisches und ausbalanciertes Leben unabdingbar, dass wir aus dem „trennenden Entweder-Oder" ein „verbindendes Sowohl-Als-auch" machen. Im Falle des Löwen bildet der Wassermann (Archetyp Uranus) dieses Spannungsfeld. Sie können sich über alle vier Quadranten, Elemente und den gesamten sogenannten „Mundanen Tierkreis" ab Seite 133 einen Überblick verschaffen.

SONNEN-ENERGIE IM ALLTAG KURZ UND PRÄGNANT

Kraft, Vitalität, pralles Leben, Extrovertiertheit, Sexualität, Ausdruckskraft, Herzenswärme, Führungsqualität, strahlende Erscheinung, Charisma, Wegweiser im Dunkeln, Lebensspender, Dominanz

Auf der folgenden Seite können Sie exemplarisch sehen, in welchen Manifestationen unserer Wirklichkeit sich die Energie der Sonne zeigt. Im Kapitel „Mikrokosmos Mensch = Makrokosmos Universum" (siehe Seite 111ff.) finden Sie die Herleitung des Kosmischen Menschen ausführlich beschrieben (den entsprechenden Farbkreis zum Tierkreis finden Sie auf Seite 133).

Im Kapitel „Archetypische Medizin: Krankheit als Aufschrei einer beleidigten Seele" (siehe Seite 121ff.) beschreiben wir, wie eine Blockade, Ver-Stimmung oder auch Krankheit durch Verdrängen oder Ignorieren der jeweiligen Archetypen-Energie entstehen kann, d.h. sie verlässt ihr „Schattendasein", indem sie sich auf körperlicher Ebene zu erkennen gibt.

Sie finden daher umseitig Verweise auf die körperliche Zuordnung des Archetyps Sonne (inklusive Organe und Drüsen) sowie mögliche Krankheitsdispositionen.

Die linke obere Abbildung auf Seite 158 zeigt den Verlauf des Herzmeridians, der dem Archetyp Sonne zugeordnet wird; in der rechten Abbildung ist in Farbe die jeweils zugeordnete Körperzone des Menschen zu erkennen.

Auf der unteren Abbildung auf Seite 158 sehen Sie die sogenannte „Meridian-Uhr". Hier lassen sich die „Maximalzeiten" der Meridiane im Zweistundenrhythmus ablesen, das heißt die Zeitphase, in der die Aktivität des jeweiligen Organkreises und der Energiefluss des Meridians am stärksten sind.

Auch in der Meridian-Uhr ist der dem Archetyp entsprechende Meridian farbig gekennzeichnet. Wie Sie sehen können, hat der Herzmeridian seine maximale Aktivitätsphase um die Mittagszeit, zwischen 11 und 13 Uhr.

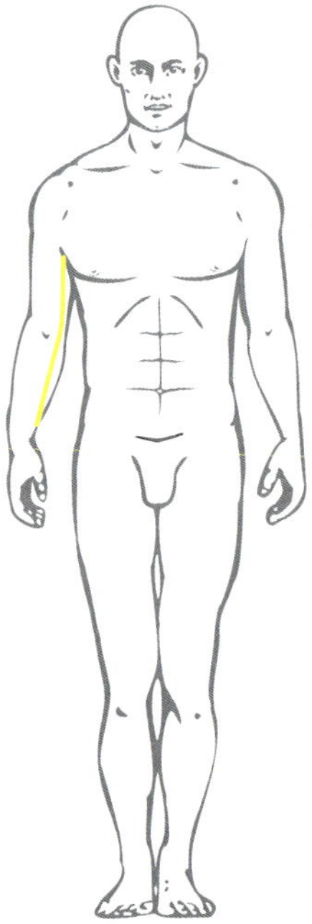

Herzmeridian

Körperliche Zuordnung:
Augen, Blutkreislauf, 5.–9. Rückenwirbel

Organe und Drüsen:
Herz

Krankheitsdispositionen:
Herz- und Kreislauf-Erkrankungen,
Angina pectoris,
Managerkrankheit (Burn-out),
allgemeine Schwächezustände,
Ohnmachtsgefühle,
Augenleiden, Blutkrankheiten

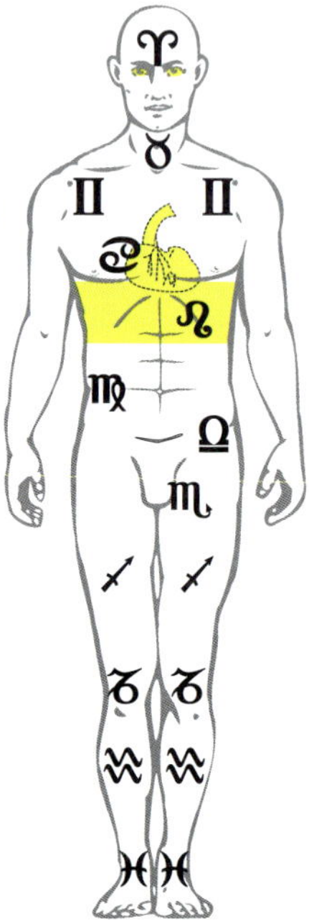

Zone Löwe

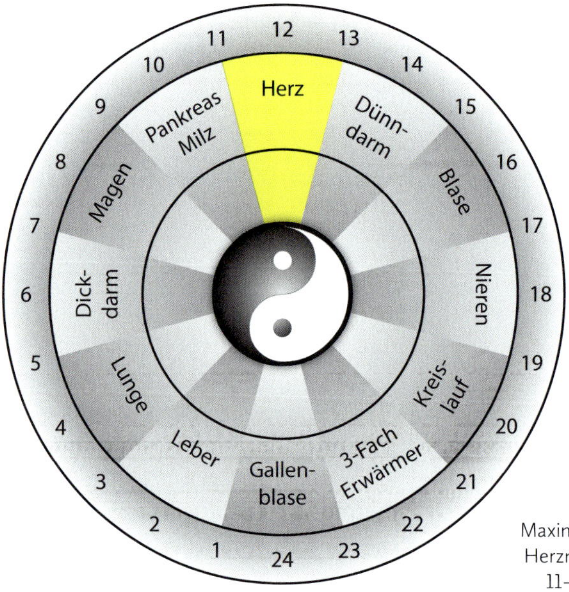

Maximalzeit des Herzmeridians: 11–13 Uhr

Das Konzept der Meridian-Uhr, auch Organ-Uhr genannt, spielt insbesondere in der Traditionellen Chinesischen Medizin eine wichtige Rolle. Hier werden die Maximal- und Minimalzeiten (die Ruhephase der Organe ist gegenüber dem Zeitpunkt der höchsten Aktivität um zwölf Stunden versetzt; im Falle des Herzmeridians liegt also die Minimalzeit zwischen 23 und 1 Uhr nachts) in den Heilbehandlungen und -empfehlungen berücksichtigt.

Im Nachfolgenden wird beschrieben, welche positiven Auswirkungen unsere bewusste Resonanz auf den jeweiligen Archetypen (hier: Sonne) hat.

KÖRPERLICHE EBENE

Die Resonanz mit der Sonnen-Energie führt direkt in die Lebendigkeit und das pralle Leben. Sie macht die Bewegungen leichter und unterstützt das Wachstum, in der Natur wie auch beim Menschen. Ihre stärkende „Power" unterstützt die Tätigkeit des Herzens und stärkt die körperliche Mitte. Sie lässt uns teilhaben an der hellen Seite des Lebens. Sie versorgt uns mit Vitalität in allen Bereichen, von der körperlichen Kraftanstrengung bis zur sinnlichen Sexualität und der Liebe.

SEELISCHE EBENE

Die Sonne ist der Lebensspender des Universums. Sie gibt Vitalität, sorgt für Expansion, Wachstum und Licht. Sie ist der Sieg über die Dunkelheit. Sie hilft uns, in unsere eigene Kraft (und Macht) zu kommen, unser Leben zu organisieren. Sonnen-Energie führt uns aus der Dunkelheit, aus der Depression, aus dem „Winterschlaf" in den aufkeimenden Frühling. Sie gibt uns die Kraft, zu neuen Ufern zu segeln (in der Realität wie in der Imagination). Sie eröffnet neue Dimensionen, neue Begriffe von Raum und Zeit. Sie macht unseren Horizont weiter, heller und leuchtender.

GEISTIGE EBENE

Die Sonnen-Energie entspricht einer höheren Dimension und steht darum auch für das Magische und das Transzendentale. Sonne ist Leben und viele große Kulturen setzen sie gleich mit der Kraft der Schöpfung.
Sie verbindet die göttliche Energie mit unserer eigenen Herzenswärme, so wie alle Organe im menschlichen Körper vom Herzen versorgt werden. Im Universum übernimmt die Sonne diese Funktion: Die Planeten umkreisen sie von Ewigkeit zu Ewigkeit.

Die acht Stufen der Bewusstheit

SONNE-LÖWE/5. Haus

Mit diesen (acht) Stufen der Bewusstheit erhalten Sie einen Überblick über die „Bandbreite" des Archetyps Sonne (Tierkreiszeichen Löwe) in seiner unerlösten wie auch erlösten Form. Die unteren Stufen werden uns nicht nur von Menschen im Lendenschurz gespiegelt. Nein, sie stecken genauso im Nadelstreifenanzug oder in der feinsten Robe. Was außen draufsteht, muss nicht zwingend innerlich drin sein. Häufig begegnen wir dem krassen Gegenteil. Dies gilt für alle Archetypen (Tierkreiszeichen). In ihrer Ganzheit spiegeln sie alle Lebensbühnen unseres Daseins. Somit ist sichergestellt, dass wir das gesamte Spektrum unserer erlebten und gelebten Wirklichkeit abbilden.

Mit zunehmender Bewusstheit verlassen wir die unteren Stufen deutlich. Es gibt aber keine Garantie dafür, dass wir nicht (wieder) abrutschen können. Im Grunde ist es wie beim Bergsteigen: Auf dem Weg nach oben kann und darf man schon einmal ins Straucheln kommen. Wichtig dabei ist die eigene Erkenntnis, was schiefgelaufen ist, um zukünftig diesen Fehler nicht zu wiederholen.

Noch was: Naturgemäß nimmt mit zunehmendem Alter die Reife, Weisheit und auch Bewusstheit des Menschen zu. Dennoch verläuft diese Entwicklung nicht auf „Autopilot", sondern hängt davon ab, wie viel Bewusstseins- und Schattenarbeit wir investieren. Soll heißen: Auch an Jahren „reife" Menschen können sich durchaus ein Leben lang auf unterer Bewusstheitsebene bewegen.

Resonanz verhindert Verdrängung nachhaltig. Sie verschafft uns mehr Bewusstheit, und dieses bewusste In-Resonanz-Gehen verhilft uns zu mehr Wohlbefinden, Harmonie und Lebensfreude.

Noch eine Anmerkung zum Spiegelgesetz und Resonanzprinzip: Die Menschen in unserem Umfeld spiegeln die Bewusstseinsstufe, auf der wir selbst stehen. Werden wir immer bewusster, dann ändert sich naturgemäß auch unser „Milieu" in Resonanz zu unserer inneren Entwicklungsstufe.

Was ist zu tun? Auf den nächsten Seiten möchten wir Ihnen Möglichkeiten aufzeigen, wie Sie mit dem jeweiligen Archetyp (hier: der Sonnen-Energie) in Resonanz gehen können – durch ein Gewürz, ein Lied, eine Farbe oder einen Geruch usw. Schauen wir uns diese acht Stufen zunächst einmal ganz allgemein an. Wie lassen sich einzelne Bewusstseinsstufen erkennen? Welche Verhaltensweisen sind hierbei zu erwarten und festzustellen?

Lebensfreude – Ausstrahlung: 5. Lebensbühne

- **Stufe 1:** Prahlsucht, Selbstgefälligkeit, Menschenverachtung, Tyrannei, Selbstüberschätzung, Großspurigkeit, Kotzbrocken, Aufschneidertum, Skrupellosigkeit, Egomanie. Der Mensch benimmt sich vollkommen unkontrolliert und unreflektiert, er folgt blindwütig seinen animalischen Trieben. Sein Verhalten ist unerlöst und fern von jeglicher Bewusstheit über sein Tun.

- **Stufe 2:** Überheblichkeit, Herrschsucht, Angeberei, Paschatum, Theatralik, Rücksichtslosigkeit, Dominanzgehabe, Machthunger. Erste noch verborgene Züge der Selbstreflektion, wobei der unüberlegte Wesensanteil noch alles andere überlagert. Der Mensch bleibt ein Sklave seiner Begierden, er handelt roboterähnlich und wie fremdgesteuert.

- **Stufe 3:** Motor, Talent, Vortänzertum, Ehrgeiz, Organisationsgenie, Selbstüberzeugung, Motivator. Die rein materielle Sichtweise bewegt sich ein wenig in Richtung geistiger Gefilde. Noch steht aber die Selbstbehauptung gegenüber der Welt im Mittelpunkt aller Bestrebungen und Taten des Menschen.

- **Stufe 4:** Führungsqualität, Selbstbewusstsein, Ausstrahlung, Autorität, Schöpfertum, Risikofreude. Eigene Begabungen werden bewusst erkannt und können kultiviert und weiterentwickelt werden. Flexibilität und Bewusstheit über Sozialstrukturen schärfen die Konturen der eigenen Gesamtpersönlichkeit.

- **Stufe 5:** Herzlichkeit, Charisma, Verantwortung, Stolz, Selbstsicherheit. Das Ringen mit sich selbst sowie der Umgang mit den eigenen Schattenanteilen ebnen den Weg hin zu einer bewussten Toleranz. Die Vorzüge des Charakters schälen sich deutlicher heraus, Verantwortungsgefühl entsteht.

- **Stufe 6:** Vitalität, Zentriertheit, Potenz, Kreativität. Wandlung des eigenen Tuns zur bewussten und zugleich disziplinierten Absichtslosigkeit, Hinwendung zum persönlichen Glauben und Spiritualität. Der Mensch erlangt innere Größe, Sein statt der äußerem Schein.

- **Stufe 7:** Herzensgüte, wahre Autorität, Väterlichkeit. Die wachsende Vorurteilsfreiheit schafft für den Menschen Freiräume zu den großen Ideen des Lebens und der Schöpfung. Das kleine Ego verschwindet zugunsten einer Ethik, die von Mitgefühl und Weisheit geprägt ist.

- **Stufe 8:** „Ich bin, der ich bin“, Aura. Der Mensch spiegelt die unverfälschte Wahrheit und erkennt sich in tiefem Gleichmut und innerem Frieden als bewussten Teil allen Seins. Er lebt erlöst und getreu der (Selbst-)Erkenntnis Alles ist in allem und alles ist in mir.

Diese acht Stufen finden sich in drei Ebenen wieder; Ebene I und II verkörpern sinngemäß das *Haben*, Ebene III das *Sein*:

- **Ebene I:** Stufen 1 und 2
  Im dunklen Keller der tiefen Bewusst-losigkeit
- **Ebene II:** Stufen 3 und 4
  Vom Schatten ins Licht: Im Geburtskanal der Bewusst-werdung
- **Ebene III:** ab Stufe 5
  Bewusstes Wachstum durch Integration der Schattenanteile

Die folgenden Hinweise können uns für die Beziehungen zu unseren Partnern sowie für die Hege und Pflege unserer Kinder hilfreiche Wege aufzeigen, wie wir in Resonanz zum jeweiligen Archetyp dessen Einfluss positiv für uns nutzen können.

Ein Tipp hierzu: Lassen Sie beim Durchlesen den jeweiligen Archetyp auf sich wirken. Werden Sie sich Ihrer Defizite bewusst. Schöpfen Sie aus dem Reichtum an aufgezeigten Möglichkeiten, um wieder in Harmonie zu schwingen. Nutzen Sie die Kraft der Planetenschwingungen für Ihr inneres Gleichgewicht und ganzheitliches Wohlbefinden.

SONNEN-ENERGIE IN DER PARTNERSCHAFT

Führt aus dem Dunkeln ins Licht, starke männliche Yang-Energie, Chance zur Integration der Herzenswärme, dominante Rolle in der Sexualität, Tatkraft zur Umsetzung gemeinsamer Ideen und Projekte. Über Gefühle wird offen gesprochen und liebevoll nach einer stimmigen und herzlichen Lösung (für beide) gesucht.

SONNEN-ENERGIE BEI KINDERN

Gibt Energie bei körperlicher Betätigung, Sport und Spiel; führt in Resonanz mit Spontaneität, Kreativität und Ausdruckskraft, bringt die inneren Werte ans Tageslicht, fördert das Selbstbewusstsein und die persönliche Ausstrahlung im sozialen Umfeld.

Merkmale und Signaturen der Sonnen-Energie

Die Auflistung der Merkmale und Signaturen macht den Archetyp für uns (be-)greifbar, wir erkennen dessen (materielle) Verkörperung und Ausprägung in unserer Lebenswirklichkeit. Scheinbar „Unsichtbares" wird vor unserern Augen sichtbar und mit allen Sinnen wahr-genommen. Der jeweilige Archetyp zeigt sich in seiner Vielfalt, alle Archetypen zusammen ergeben die Gesamtheit aller belebten und unbelebten Materie, kurz: der gesamten Schöpfung.

Wir möchten Ihnen hier eine Vielzahl an Möglichkeiten aufzeigen, wie Sie mit der archetypischen Energie (hier: der Sonnen-Energie) in Resonanz treten können. Sie geben damit Ihrem „Zellbewusstsein" die Chance, Defizite mit diesem Archetyp in Balance und in ein heilsames Gleichgewicht zu bringen. Finden Sie heraus, was Ihnen guttut; vertrauen Sie Ihren Selbstheilungskräften und entwickeln Sie Freude daran, „Neues" auszuprobieren.

- **Geschmack:** warm und herzhaft
- **Blüten:** Sonnenblume, Rose, Dahlie, Sonnenhut, Muskatblüte, Löwenzahn
- **Heilpflanzen:** Ringelblume, Lorbeer, Fingerhut, Blutwurz, Adonisröschen, Ölbaum
- **Kräuter und Gewürze:** Safran, Kurkuma, Basilikum, Lorbeerblätter, Safran, Muskatnuss
- **Gemüse und Salat:** Artischocke, Mais, Avocado
- **Getreide:** Gerste
- **Früchte und Obst:** Mandarine, Orange, Zitrone, Maracuja, Kokosnuss
- **Nüsse und Samen:** Sonnenblumenkerne
- **Fleisch:** Rinderfilet
- **Geflügel:** Fasan
- **Fische:** Zander, Hummer
- **Typische Speisen:** Medaillons, Chateaubriand
- **Getränke:** Rotwein, Orangensaft, Sangria
- **Typische Berufe:** Berufe in Führungsposition („Boss als Beruf"), Dirigent, Kardiologe, UnternehmerIn, Repräsentationsberufe, selbstständige(r) MacherIn
- **Typische Musik:** Broadway- und Hollywood-Musicals, Big Bands, Opern, Theatralische Rockmusik
- **Typische Musiktitel:** Gloria Gaynor: I am what I am; Tina Turner: Simply the best; Louis Armstrong: What a wonderful world; Beatles: Here comes the sun; Jon Lord: The sun will shine again; Laid Back: Sunshine Reggae

Balancings für den Archetyp SONNE

Zu jedem Archetypen möchten wir Ihnen eine Stimmgabel-Anwendung zur generellen Harmonisierung sowie eine zur Auflösung möglicher Blockaden anbieten. Der Begriff „Balancing" kommt vom englischen *balance* = Gleichgewicht, Ausgewogenheit; ein Stimmgabel-Balancing möchte dort Ausgleich schaffen, wo etwas ins Ungleichgewicht geraten ist oder zu geraten droht. Ein Balancing führt also (zurück) zu Harmonie, Ausgeglichenheit und Wohlbefinden, es unterstützt den Weg in die eigene Mitte.

Wenn wir unseren Körper mittels einer passenden Stimmgabel – Sie finden bei jedem Archetypen eine entsprechende Empfehlung – über die Stimulation der beschriebenen Akupunkturpunkte in Resonanz mit heilenden Schwingungen bringen, helfen wir unserem Körper, den Energiefluss zu harmonisieren, mögliche Blockaden oder Ver-Stimmungen aufzulösen und das stimmige Muster in sich selbst wiederherzustellen.

Resonanz bezeichnet in diesem Zusammenhang ein gegenseitiges Geben und Nehmen: Einerseits erfordert sie von uns Offenheit und Aufnahmebereitschaft für die heilsamen Schwingungen, andererseits wird auch die angeborene Fähigkeit in Anspruch genommen, mit dem inneren (Selbst-)Heilungsprozess zu antworten. Denn: Unser Zellbewusstsein erinnert sich daran, wie es richtig und harmonisch „klingt".

Eine Stimmgabel besteht aus einer Zunge (Gabelform) und einem Hals (Schaft). Zum Anschlagen wird die Stimmgabel ausschließlich am Schaft gehalten, am besten mittels Daumen, Zeigefinger und Mittelfinger. Berühren wir (aus Versehen) die Zunge der Stimmgabel, versiegt die Schwingung zusehends.

Zum Anschlagen an einem Körperteil verwenden Sie bitte am besten relativ unempfindliche Regionen wie Hand- oder Daumenballen, Unterarm, gebeugtes Knie oder auch die Ferse. Bewährt hat sich auch jede Tischkante oder Stuhllehne. Achten Sie außerdem bitte darauf, die schwingende Stimmgabel längs (= parallel) zur Körperachse zu setzen.

Bitte verzweifeln Sie nicht, wenn Sie einen beschriebenen Akupunkturpunkt nicht auf Anhieb finden. Das ist auch gar nicht notwendig, denn die sanfte Schwingung findet ihren Weg ohnehin selbstständig, wenn die entsprechende Zone eingeschwungen wird.

Wir empfehlen für die nachfolgenden Stimmgabel-Anwendungen die **Sonnengabel** (126,22 Hertz) oder die **Allroundgabel Om** (136,10 Hertz).

Harmonisierung der Sonnen-Energie

In Analogie zum „Kosmischen Menschen" (hier primär Körperzuordnung Kreislaufsystem und Herz) können Sie das Balancing sowohl zur Vorsorge als auch zur Linderung einsetzen. Probieren Sie aus, auf welche der nachfolgenden Punkte Ihr Organismus am besten anspricht.

Wachtor der Geisteskraft (Konzeptionsgefäß 8)

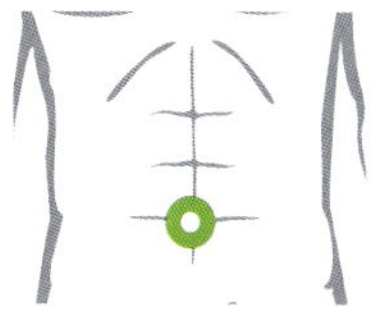

- **Zone:** im Bauchnabel
- **Wirkung:** sorgt für Energieausgleich und hilft, Erschöpfungen abzubauen

Großer Wirbel (Lenkergefäß 14)

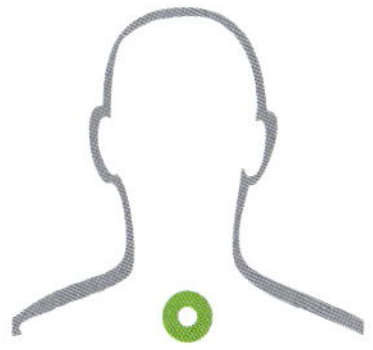

- **Zone:** in der Mitte der Wirbelsäule, unterhalb des siebten Halswirbels
- **Wirkung:** leitet krank machende Faktoren aus

Großer Kammzacken des Weberschiffchens (Blase 11)

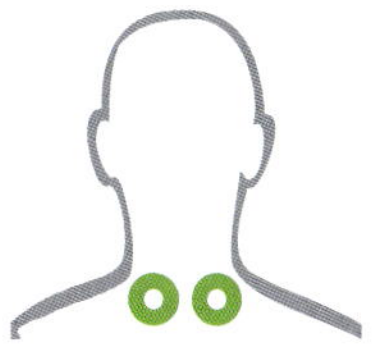

- **Zone:** zwei Fingerbreit rechts oder links der Wirbelsäule, ungefähr auf Schulterhöhe (neben dem ersten Brustwirbel)
- **Wirkung:** entspannt Muskeln und Sehnen

Türflügel der Körperseele (Blase 42)

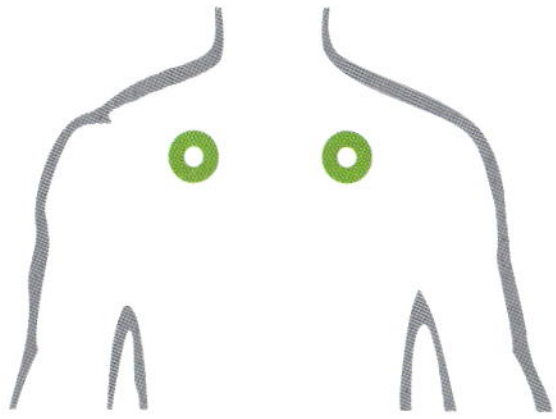

- **Zone:** vier Fingerbreit rechts oder links der Wirbelsäule, auf Höhe des dritten Brustwirbels (etwas höher, als die hintere Achselfalte beginnt)
- **Wirkung:** sorgt für spirituelle Öffnung

Halle der Geisteskraft (Blase 44)

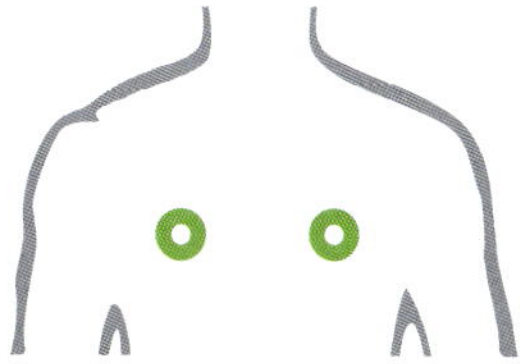

- **Zone:** vier Fingerbreit rechts oder links der Wirbelsäule, auf Höhe des fünften Brustwirbels
- **Wirkung:** stärkt den Geist, das rechte Ding zur rechten Zeit am rechten Ort zu tun

Transportpunkt der Leber (Blase 18)

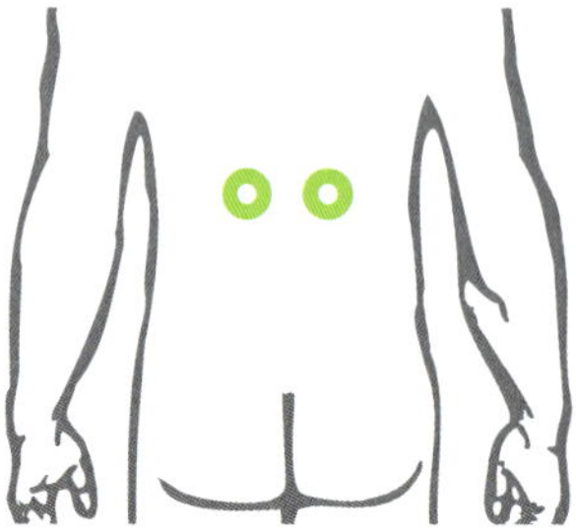

- **Zone:** zwei Fingerbreit rechts oder links der Wirbelsäule, auf Höhe des neunten Brustwirbels
- **Wirkung:** harmonisiert den Fluss der Gefühle, beseitigt engstirnige Starre

Pforte der Geistseele (Blase 47)

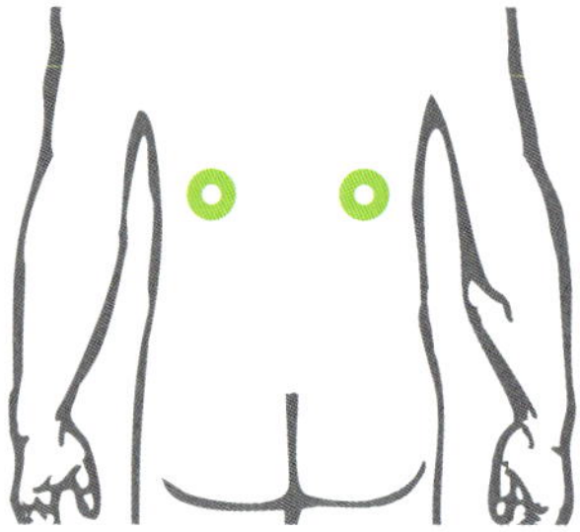

- **Zone:** vier Fingerbreit rechts oder links der Wirbelsäule, auf Höhe des neunten Brustwirbels (etwas unterhalb der Schulterblattspitze)
- **Wirkung:** für den respektvollen Umgang mit sich selbst und anderen

Pforte der Geisteskraft (Herz 7)

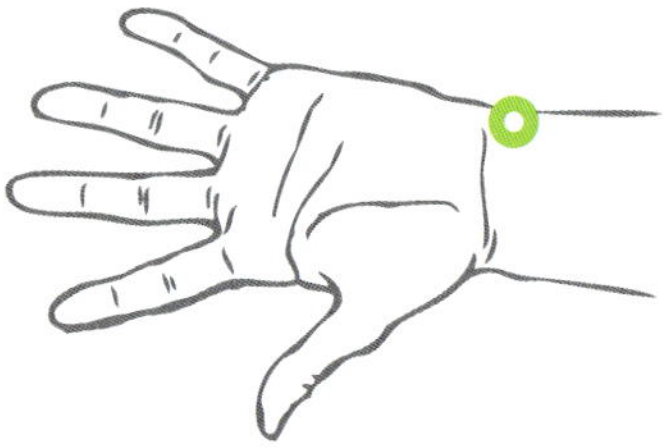

- **Zone:** am Ende der Handgelenksbeugefalte auf der Kleinfingerseite
- **Wirkung:** stärkt den Geist, reguliert und ordnet die Gedanken; hilft gegen Herzklopfen, Furcht, Nervosität, Prüfungsangst, Vergesslichkeit; sorgt für einen harmonischen Energiefluss; gut bei Schlafstörungen und Hyperaktivität

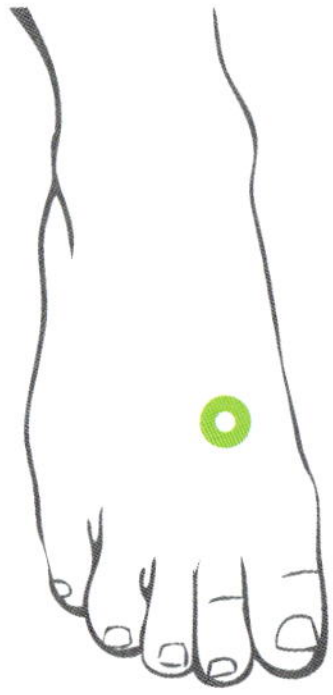

Mächtige große Straße (Leber 3)

- **Zone:** Auf dem Fußrücken zwischen dem großen und dem zweiten Zeh, in der Vertiefung zwischen den Knochen (etwa drei Fingerbreit vom äußeren Ende der Schwimmhaut entfernt)
- **Wirkung:** stärkt die Gefühle, Fantasie und Intuition; zeigt krampflösende Wirkung; hilft gegen Anspannungen und Unruhe; vitalisiert das Immunsystem; ordnet das Chi (Lebensenergie); wirkt lindernd bei Benommenheit und Schwindel

Blockade der Sonnen-Energie: Gefühlskälte

Die körperliche Entsprechung der Sonne ist bei uns Menschen das Herz; mit diesem Balancing kommen wir in Resonanz zu unserer Herzenswärme und der (Eigen-)Liebe.

KÖRPERLICHE UND SEELISCHE SYMPTOME DER BLOCKADE

Mangelndes oder übersteigertes Selbstwertgefühl abseits der eigenen Mitte, Verurteilen statt Beurteilen, Bewerten statt Verwerfen. Kältegefühle und Herzunregelmäßigkeiten, Emotionsarmut.

SYMBOLISCHE BEDEUTUNG DER BLOCKADE

Sehen, was man *nicht* bekommt, anstatt zu sehen, was man bekommt: Hieraus resultiert ein Zustand des Mangels und Defizits. Der Blick geht überwiegend nach „außen“: Die Bewertung der *Anderen* („die sind besser oder schlechter“) wird zur Messlatte der Eigenwahrnehmung.

HEILUNG DER BLOCKADE

Den Weg in die Eigenliebe und Eigenverantwortung über die Verbindung zum „Herzen“ finden. Stärkung des „Herzens“.

Schritt 1 bis 4 in Rückenlage:

Beginnen Sie mit Punkt 1 und setzen Sie die schwingende Stimmgabel in Schrägrichtung zu Punkt 2.
Punkt 2 in Querrichtung zu Punkt 3.
Punkt 3 in Schrägrichtung zu Punkt 1.
Punkt 4 in Längsrichtung zum Körper.

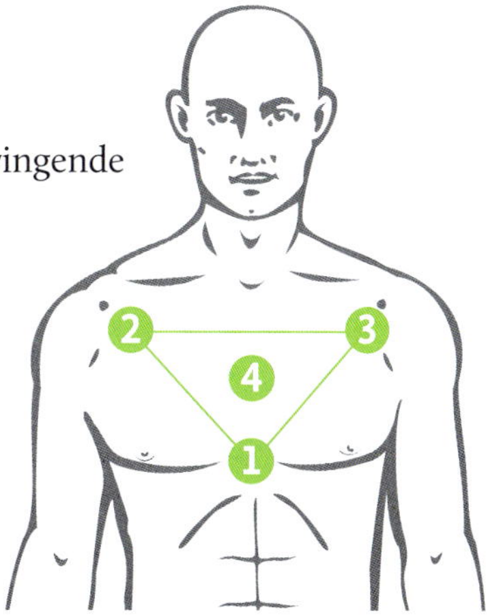

MERKUR

Tierkreiszeichen ZWILLINGE (♊) 21. Mai bis 21. Juni und JUNGFRAU (♍) 24. August bis 22. September

DAS PRINZIP DER MERKUR-ENERGIE

Die Schwingung des Archetyps MERKUR (= Tierkreiszeichen ZWILLING und JUNGFRAU) führt uns augenblicklich in Resonanz mit der Leichtigkeit des Seins, der Kommunikation und des Austausches. Sie stärkt unsere soziale Kompetenz und unser vernünftiges Handeln.

Objektiv-kosmisch:

Planet MERKUR
Umlaufzeit um Sonne
in 87,97 Tagen = 0,241 Jahre
Planetenschwingung: 141,27 Hz
Farbe: Blaugrün, 483 Nm
Ton: cis

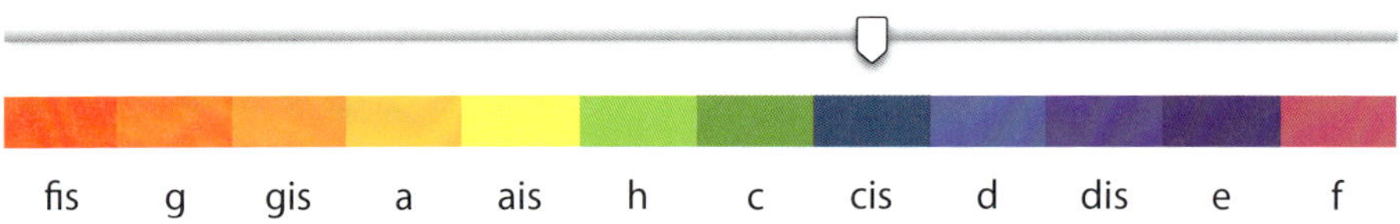

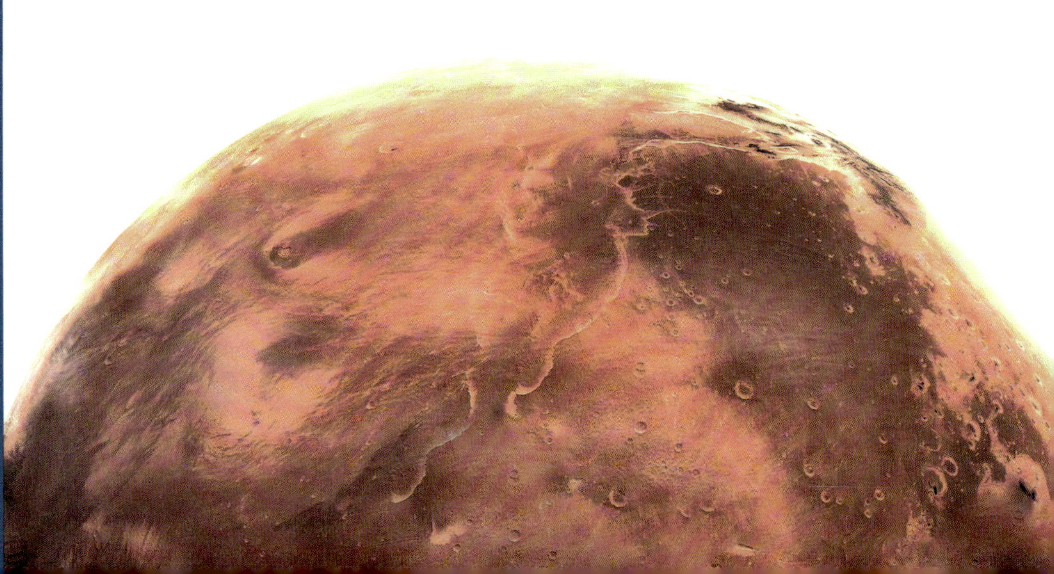

Subjektiv-irdisch:

Zwillinge-Farbe: Orange
Element-Farbe: Gelb
Element: Luft, Yang/männlich-aktiv
Astrologisches Haus: 3. Lebensbühne, 3. Haus (1. Quadrant = Körper), labil

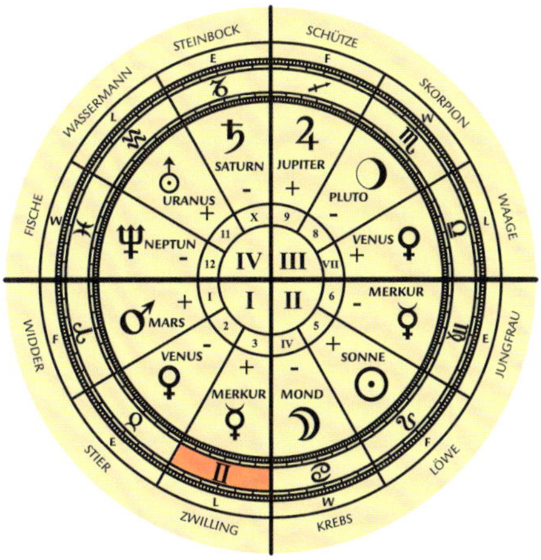

Jungfrau-Farbe: Olivgrün
Element-Farbe: Grün
Element: Erde, Yin/weiblich-passiv
Astrologisches Haus: 6. Lebensbühne, 6. Haus (2. Quadrant = Seele), labil

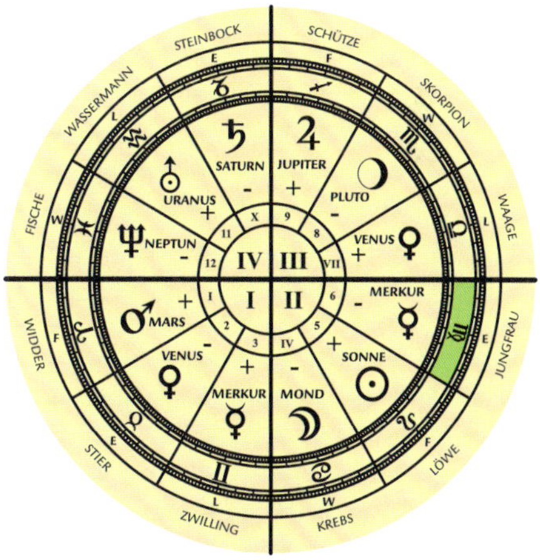

Opposition (Spannungsfeld):
Merkur/Zwillinge – Jupiter/Schütze

- **Achse der Begegnung** von Kommunikation und Weltanschauung

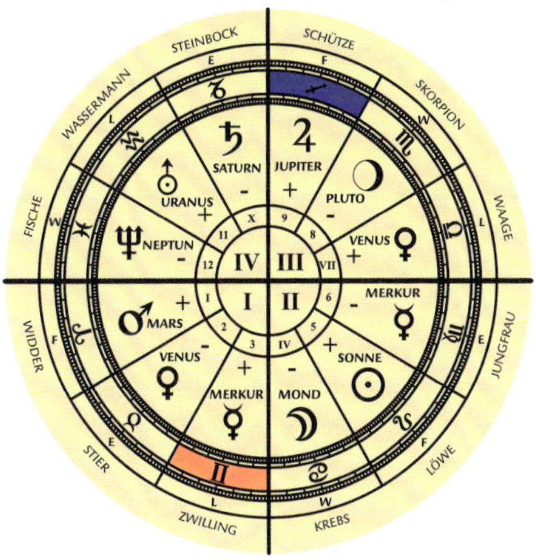

Opposition (Spannungsfeld):
Merkur/Jungfrau – Neptun/Fische

- **Achse der Begegnung** von Vernunft und Spiritualität

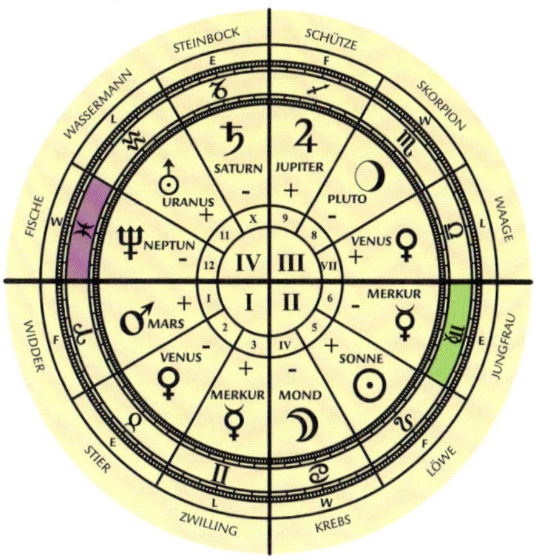

MERKUR-ENERGIE IM ALLTAG KURZ UND PRÄGNANT

Kommunikation, Austausch, Interaktion, Neugier, soziale Kompetenz, Lernfähigkeit, Leichtigkeit des Seins, Vernunft, Ordnung, Interesse, Offenheit, Freude am Dialog, Geselligkeit, Talent zur Darstellung und Selbstdarstellung, Analyse

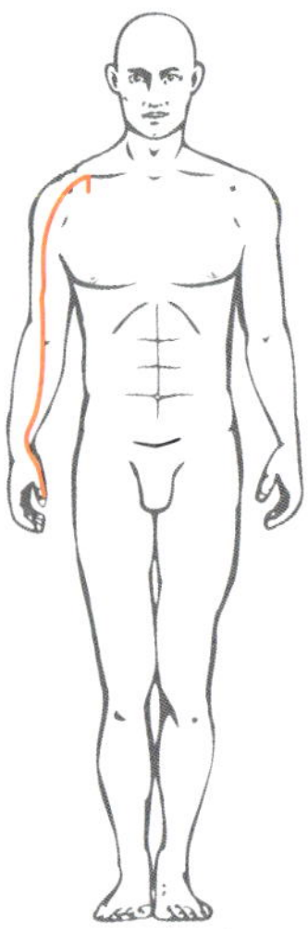

Lungenmeridian

ZWILLINGE

Körperliche Zuordnung:
Arme, Hände, Schultern, Rippen, Luftröhre, Zwerchfell, Sprachzentrum, peripheres Nervensystem (Nervenbahnen), Lymphsystem (zum „Transport")

Organe:
Lungen, Bronchien, gesamter Atmungsapparat

Krankheitsdispositionen:
nervöse Reizbarkeit, alle Erkrankungen der Atmungsorgane (Asthma, Bronchitis, Lungenentzündung), Störungen der Sprachorgane

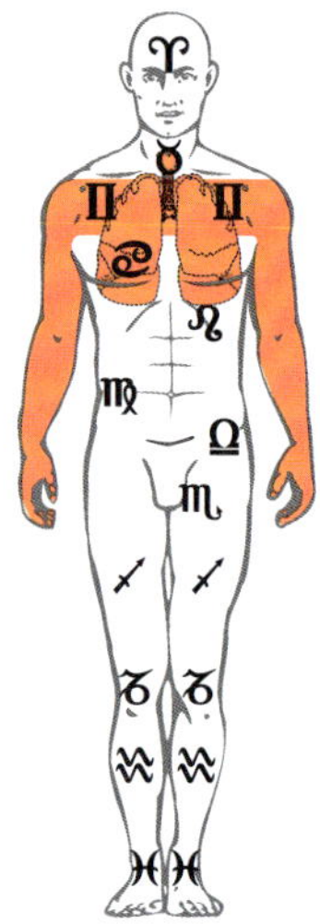

Zone Zwillinge

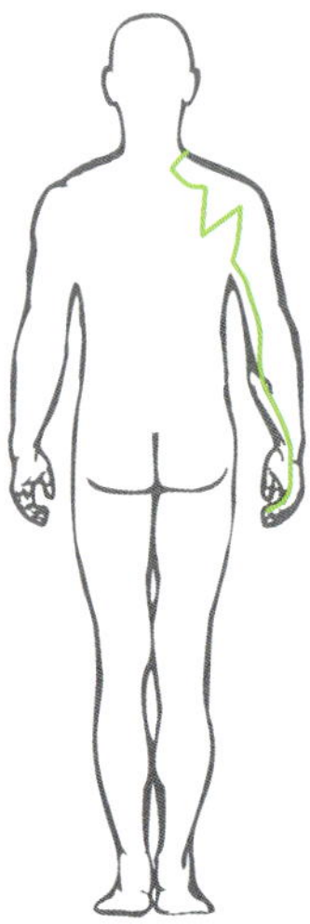

Dünndarmmeridian

JUNGFRAU

Körperliche Zuordnung:
Bauchbereich

Organe und Drüsen:
Teile des Darmes, vor allem Dünndarm, Bauchspeicheldrüse (exkretischer Anteil)

Krankheitsdispositionen:
Erkrankungen des Dünndarmbereiches, (krankhafte) Verstopfung oder Durchfall, nervös bedingte Erkrankungen der Bauchorgane, Stoffwechselstörungen

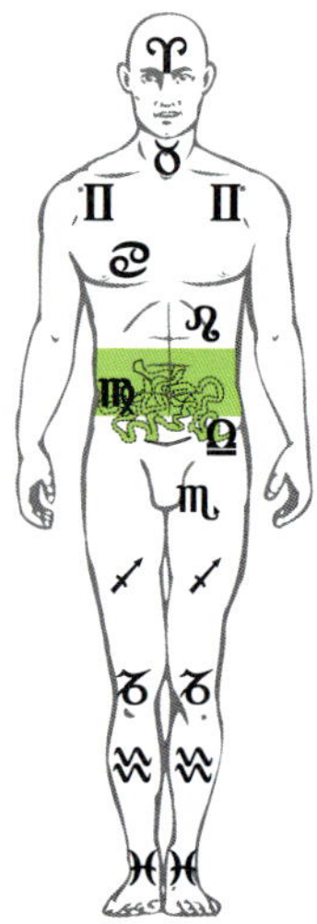

Zone Jungfrau

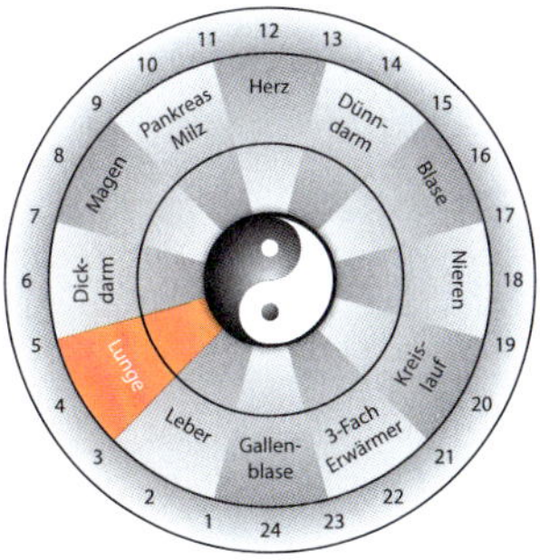

Maximalzeit Lungenmeridian: 3–5 Uhr

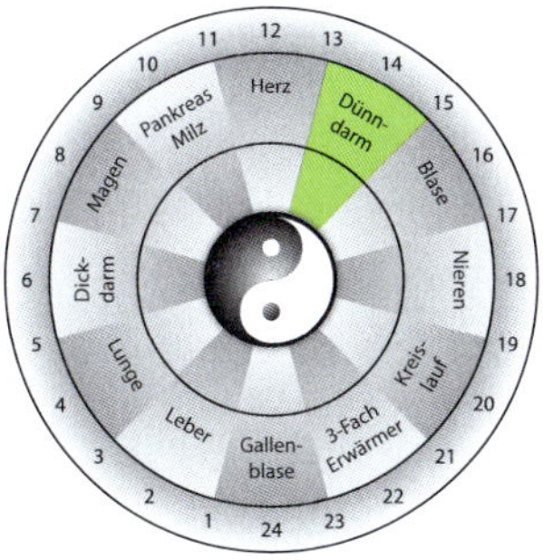

Maximalzeit Dünndarmmeridian: 13–15 Uhr

KÖRPERLICHE EBENE

Die Schwingung des Merkurs hilft uns dabei, uns über die Sprache auszudrücken, d.h. über intelligente Kommunikation, über die wir unser Denken und Handeln steuern. Sie unterstützt unsere Fähigkeit zum Be-greifen und Er-fassen der Welt durch den Intellekt, durch den Geist und Verstand. Sprache und Rhetorik, die auf flinker Intelligenz und Geistesgegenwart beruhen, spiegeln eine erlöste Form von Vermittlung.

SEELISCHE EBENE

Die Merkur-Energie unterstützt die Kommunikation, die Vermittlung und den Austausch von innen nach außen (und umgekehrt). Damit ist sie eine hilfreiche Unterstützung im Aufbau und in der Festigung des Sozialverhaltens, der wahrhaften Beziehung mit „Ich" und „Nicht-Ich". Was wir zur „Sprache bringen", kann gehört und verstanden werden. Wir können unsere Blockaden und Widerstände zum Ausdruck bringen, indem wir kommunizieren. Und können diese über das Verstehen in Heilung verwandeln, in Freiheit, Wahrheit und Wahrhaftigkeit.

GEISTIGE EBENE

Hermes/Merkur ist der Götterbote in der Antike, der Vermittler zwischen „oben und unten", zwischen den Göttern und den Menschen. Wir finden ihn im Tierkreis zweimal: als Luftzeichen (Yang – männlich) im Zwilling und als Erdzeichen (Yin – weiblich) in der Jungfrau. Das heißt auf den Jahresablauf bezogen: leicht und luftig, oberflächlich, anpassungsfähig, beweglich, geistig aktiv in der Zeit des Pollenfluges (Zwillinge/Mai–Juni), erdverbunden in der Jungfrau (August–September), die Zeit der Ernte, des Trennens von „Spreu und Weizen", der Analyse der für das Fortbestehen wichtigen Kriterien.

Die acht Stufen der Bewusstheit

MERKUR-ZWILLINGE/3. Haus

Kommunikation – Austausch: 3. Lebensbühne

- **Stufe 1:** Unwissenheit, Charakterlosigkeit, Betrug, Zerrissenheit, Substanzlosigkeit, Dummschwätzerei, geistiges Tieffliegen, Oberflächlichkeit, Dumpfheit, Sinnlosigkeit
- **Stufe 2:** Vorteilsstreben, Schnäppchenjägertum, Zweifel, Nervosität, Schamlosigkeit, Halbwissen, Ungläubigkeit, Langeweile
- **Stufe 3:** Interesse, Vielseitigkeit, Entertainment, Forschergeist, Verschmitztheit, Schläue, Didaktik
- **Stufe 4:** Kontaktfreudigkeit, Versiertheit, Vermittlungsgabe, Verantwortung, Gelehrigkeit, Pädagogik
- **Stufe 5:** Intelligenz, Substanz, Präzision, Kommunikation, Neutralität
- **Stufe 6:** Verbindlichkeit, Heiterkeit, „Schwerelosigkeit", Beweglichkeit
- **Stufe 7:** Vorurteilsfreiheit, Vermittlung „höherer" Werte, weise Vernunft
- **Stufe 8:** Offenheit, Transparenz

Die acht Stufen der Bewusstheit

MERKUR-JUNGFRAU/6. Haus

Einordnung – Vernunft: 6. Lebensbühne

- **Stufe 1:** Pedanterie, Zynismus, Zwanghaftigkeit, Despotismus, Fachidiotie, Angst, Sarkasmus, Besserwisserei
- **Stufe 2:** Ängstlichkeit, Zurechtweiserei, Schulmeisterei, Opportunismus, Schubladendenken, Berechnung, Duckmäuserei, Paragrafenreiterei
- **Stufe 3:** Genauigkeit, Analyse, Beständigkeit, Gelehrigkeit, Ausdauer, Beobachtungsgabe, Forschermentalität
- **Stufe 4:** Vorsicht, Strukturiertheit, Übersicht, Abstraktionsfähigkeit, Verlässlichkeit, Anpassungsfähigkeit
- **Stufe 5:** Bescheidenheit, Rücksichtnahme, Toleranz, Selbstdisziplin, Klugheit
- **Stufe 6:** Sorgfalt, Präzision, Ordnung, Gehorsam
- **Stufe 7:** Geduld, Dienen, Weitsicht
- **Stufe 8:** meditative Achtsamkeit, höhere Ordnung, transparente Offenheit und gewaltfreie Kommunikation

MERKUR-ENERGIE IN DER PARTNERSCHAFT

Fähigkeit zu offener und direkter Kommunikation, neugieriger und erfinderischer Umgang (auch mit sexuellen Themen), luftig-leichte Beziehung, Wunsch nach Freiheit (Zwilling) bzw. bodenständigen, geordneten Verhältnissen (Jungfrau), Wunsch zu neuen Erfahrungen und Horizonten.

MERKUR-ENERGIE BEI KINDERN

Steigerung der Lernbereitschaft, Unterstützung der kognitiven Fähigkeiten, Förderung der Bereitschaft zur Kommunikation in Elternhaus und Schule. Dies weckt und steigert die Neugier und das Interesse für alle Bereiche des Lebens und Lernens und unterstützt die Bereitschaft zu Struktur und Ordnung.

Merkmale und Signaturen der Merkur-Energie (Zwillinge)

- **Geschmack:** luftig-leicht und würzig
- **Blüten:** Bergamotte, Huflattich, Schlüsselblume, Glockenblume
- **Heilpflanzen:** Melisse, Lavendel, Spitzwegerich, Lungenkraut, Holunder, Linde
- **Kräuter und Gewürze:** Anis, Majoran, Dill, Fenchel, Petersilie, Kümmel, Bohnenkraut
- **Gemüse und Salat:** Karotten, Fenchel, Staudensellerie, Bohnen
- **Getreide:** Hafer
- **Früchte und Obst:** Holunderbeere, Johannisbeere
- **Nüsse und Samen:** Walnuss, Haselnuss
- **Fleisch:** zartes und helles Fleisch
- **Geflügel:** Huhn
- **Fische:** Makrele, Hering, Sardine
- **Typische Speisen:** Fast Food, Spaghetti, Würstchen
- **Getränke:** Schorle, Prosecco, Limonade
- **Typische Berufe:** RedakteurIn, JournalistIn, ReporterIn, ÜbersetzerIn, VerlegerIn, LehrerIn, VertreterIn, FotografIn, HändlerIn, ReiseleiterIn
- **Typische Musik:** Luftig-leichte (tanzbare) Musik, Chill-out-Musik, House, Balladen
- **Typische Musiktitel:** Bob Dylan: Blowin‘ in the wind; Scorpions: Wind of change

Merkmale und Signaturen der Merkur-Energie (Jungfrau)

- **Geschmack:** kühl und sachlich
- **Blüten:** Nelke, Asparagus, Heidekraut, Aster
- **Heilpflanzen:** Brechnuss, Lavendel, Fenchel, Schöllkraut
- **Kräuter und Gewürze:** Fenchel, Dill, Kümmel
- **Gemüse und Salat:** Stechrüben, Pastinaken, Erbsen, Mangold, Staudensellerie, grüne Bohnen
- **Getreide:** sämtliche Getreidesorten
- **Früchte und Obst:** Preiselbeeren, Zwetschgen, Mirabellen
- **Nüsse und Samen:** Haselnuss, Walnuss
- **Fleisch:** Hase
- **Geflügel:** Wildente, Rebhuhn
- **Fische:** Hering
- **Typische Speisen:** Arme Ritter, Kaiserschmarren, Gemüseplatte
- **Getränke:** Gemüsesaft, Kräutertee, Multivitamingetränke, Fernet Branca
- **Typische Berufe:** pädagogische Berufe, Heilberufe (Schulmedizin, Homöopathie, Pflege), NaturwissenschaftlerIn, Verwaltungslaufbahn (Steuer, Finanzen, Wirtschaft, Jurisprudenz), Berufe im Versicherungswesen
- **Typische Musik:** Kammermusik, internationale Folklore, Liedermacher
- **Typische Musiktitel:** Reinhard Mey: Diplomatenjagd; Beethoven: Symphonie Nr. 6 „Pastorale“; Clannad: An Irish Love Song

Zwetschgen aktivieren die Merkur-Energie des Erdzeichens Jungfrau.

Balancings für den Archetyp MERKUR

Wir empfehlen für die nachfolgenden Stimmgabel-Anwendungen die **Merkurgabel** (141,27 Hertz) oder die **Allroundgabel Om** (136,10 Hertz).

Harmonisierung der Merkur-Energie

In Analogie zum „Kosmischen Menschen" (hier primär Körperzuordnung Atmungssystem) können Sie das Balancing sowohl zur Vorsorge als auch zur Linderung einsetzen. Probieren Sie aus, auf welche der nachfolgenden Punkte Ihr Organismus am besten anspricht.

Residenz der Mitte (Lunge 1)

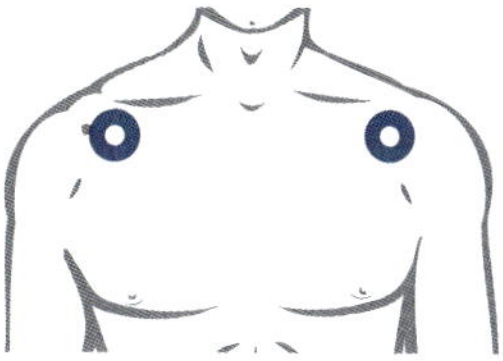

- **Zone:** im äußeren Brustbereich, ein Daumenbreit unterhalb des Schlüsselbeins
- **Wirkung:** stärkt die Lunge, reguliert das Atem-Chi

Meisterpunkt des Chi (Konzeptionsgefäß 17)

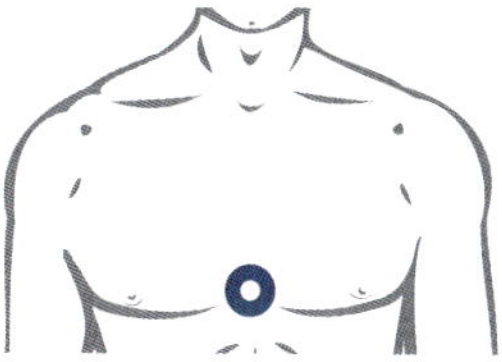

- **Zone:** etwas unterhalb der Mitte des Brustbeines
- **Wirkung:** stärkt und reguliert die Zirkulation des Atem-Chi im oberen Energiefeld

Ellenbogenteich (Lunge 5)

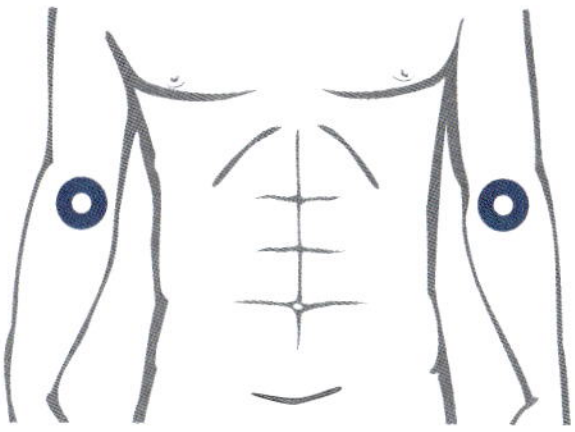

- **Zone:** in der Mitte der Ellenbogenfalte, neben der spürbaren Sehne (Richtung Daumenseite)
- **Wirkung:** reguliert das Lungen-Chi, kühlt Hitze im oberen Energiefeld und entspannt die Sehnen

Passtor des Inneren (Perikard 6)

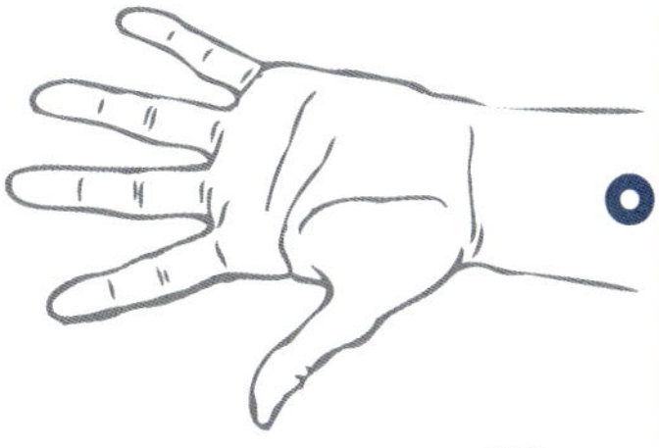

- **Zone:** drei Fingerbreit oberhalb der Handgelenksfalte, in der Mitte der Innenseite des Unterarms
- **Wirkung:** reguliert die Zirkulation des Chi im mittleren Energiefeld, beseitigt Beklemmungen

Wolkenbruch (Lunge 7)

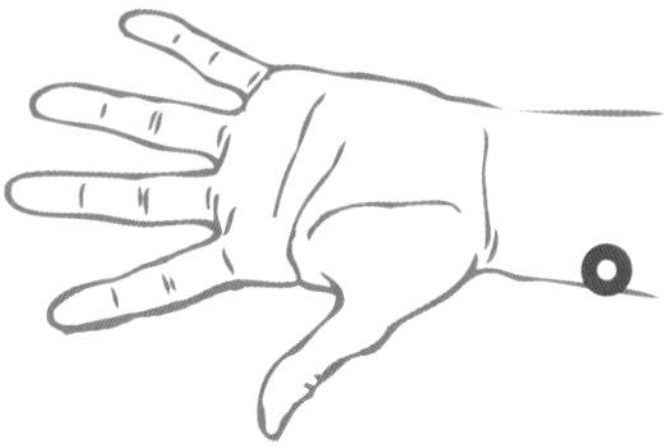

- **Zone:** zwei Fingerbreit oberhalb des Endes der Handgelenksbeugefalte, auf der Daumenseite in einer kleinen Vertiefung
- **Wirkung:** fördert die Verteilung des Lungen-Chi; hilft, Trauer zu verarbeiten

Großer Wasserschlund (Lunge 9)

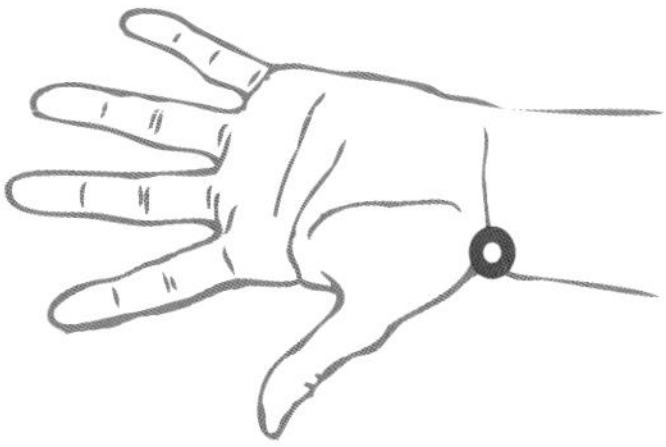

- **Zone:** am Ende der Handgelenksbeugefalte auf der Daumenseite
- **Wirkung:** baut Lungen-Chi auf und reguliert die Zirkulation; auch hilfreich bei Husten, löst Schleim

Vereinte Täler (Dickdarm 4)

- **Zone:** bei angelegtem Daumen auf dem Muskelwulst, der sich am Daumengrundgelenk bildet
- **Wirkung:** verteilt das Lungen-Chi und entlastet die Körperoberfläche

Blockade der Merkur-Energie: Verdauungsstörungen

Beim kosmischen Menschen ist der Verdauungsapparat (Dünndarmbereich) dem Archetyp Merkur zugeordnet.

Tor einer Periode (Leber 14)

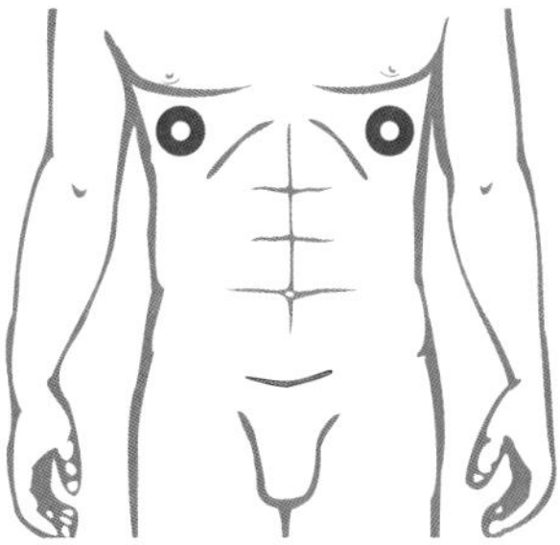

- **Zone:** auf einer senkrechten Linie unterhalb der Brustwarzen, etwa auf Höhe des Brustbeinendes
- **Wirkung:** entspannt den Magen; hilft, Stagnationen zu überwinden und zu beseitigen; lindernd bei Aufgedunsenheit und Völlegefühl

KÖRPERLICHE UND SEELISCHE SYMPTOME

Permanente Schwierigkeiten beim Stuhlgang, zu viel (Durchfall) oder auch weniger als drei Stuhlgänge pro Woche, ständiges Völlegefühl und Druckgefühl im (Unter-)Bauch.

SYMBOLISCHE BEDEUTUNG DER BLOCKADE

Etwas nicht hergeben wollen, sondern daran festhalten; Unfähigkeit, im materiellen Bereich loszulassen, sich mit Unbrauchbarem belasten; nicht mit dem Verdauen fertigwerden, Unvermögen, seelische Eindrücke hinter sich zu lassen; innere Starrheit und Trockenheit. Bei Durchfall: im wahrsten Sinne des Wortes „Schiss" haben.

HEILUNG DER BLOCKADE

Grenzen ziehen: Behalten lernen, was man noch braucht; loslassen, was unbrauchbar geworden ist; Aussöhnung mit seinem dunklen, inneren Anteil; bewusstes Geben und Nehmen für sich (und seinen Darm) erlernen.

Pforte in der Absperrung (Leber 13)

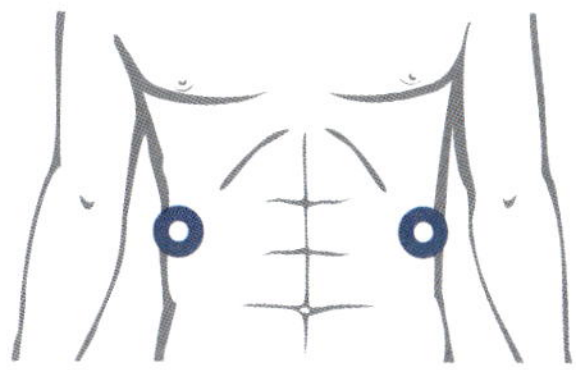

- **Zone:** auf einer senkrechten Linie von der vorderen Achselfalte in Taillenhöhe
- **Wirkung:** harmonisiert die Verdauungsfunktion

Türangel des Himmels (Magen 25)

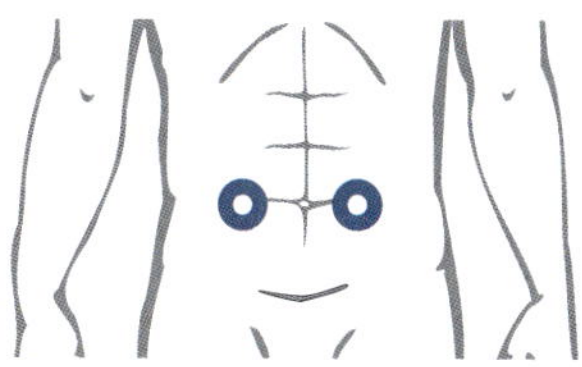

- **Zone:** drei Fingerbreit seitlich des Bauchnabels
- **Wirkung:** beseitigt den Stau im Dickdarm und fördert die Bewegung; gut geeignet gegen Schmerzen und Zusammenballungen im Unterleib; hilfreich bei Darminfekt

Meer der Energie (Konzeptionsgefäß 6)

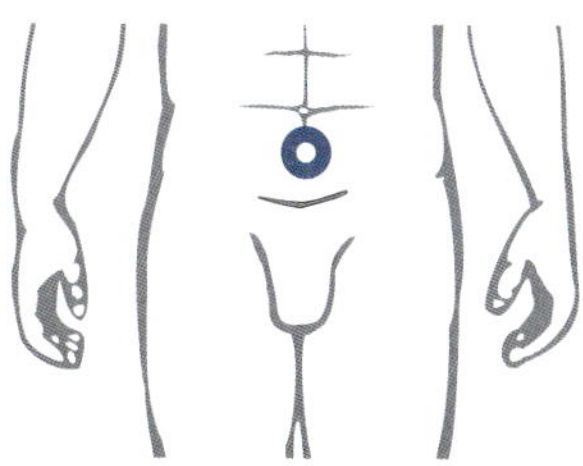

- **Zone:** Teilt man die Strecke vom Nabel bis zur Schambeinoberkante in fünf gleiche Teile, liegt der Punkt etwa ein Fünftel vom Nabel entfernt.
- **Wirkung:** reguliert die Darmfunktion

Dritter Weiler am Fuß (Magen 36)

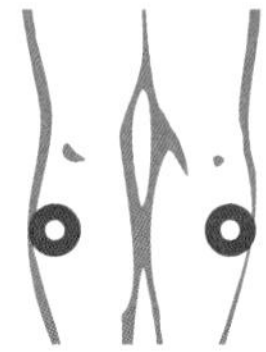

- **Zone:** vier Fingerbreit unterhalb der Kniescheibe am Unterschenkel außen
- **Wirkung:** reguliert den Magen und den Darm und stärkt die Verdauungsenergie

Transportpunkt des Dickdarms (Blase 25)

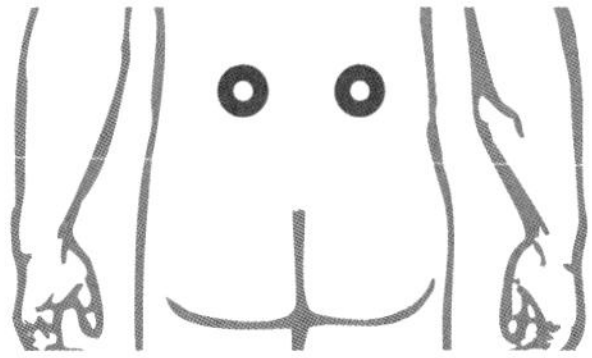

- **Zone:** zwei Fingerbreit neben der Wirbelsäule, auf Höhe des fünften Lendenwirbels (in Höhe der Beckenkämme)
- **Wirkung:** stärkt die Funktion des Dickdarms

Transportpunkt des Dünndarms (Blase 27)

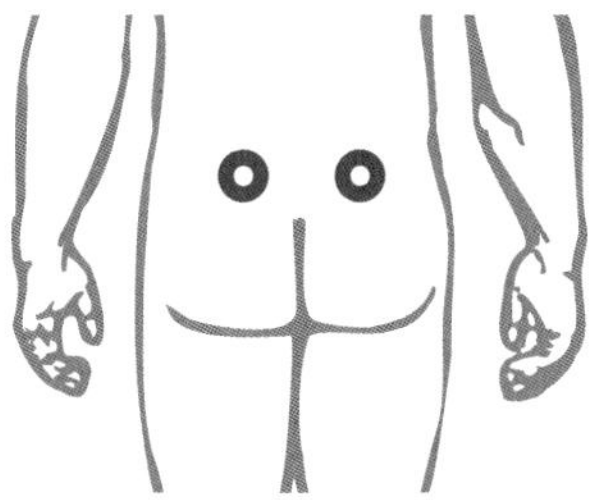

- **Zone:** zwei Fingerbreit rechts oder links der Wirbelsäule, etwa vier Fingerbreit unterhalb von Blase 25 in einem Grübchen
- **Wirkung:** stärkt die Funktion des Dünndarms und des Stuhlverhaltens und reguliert die Feuchtigkeit im unteren Energiefeld

Kreuzung der drei Yin-Leitbahnen (Milz 6)

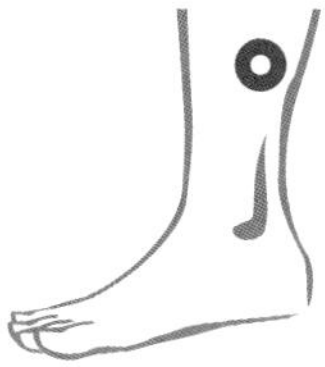

- **Zone:** vier Fingerbreit über dem höchsten Punkt des inneren Fußknöchels, am Innenrand des Schienbeins
- **Wirkung:** harmonisiert die Verdauung und hält den Stuhl an seinem Platz

Mächtige große Straße (Leber 3)

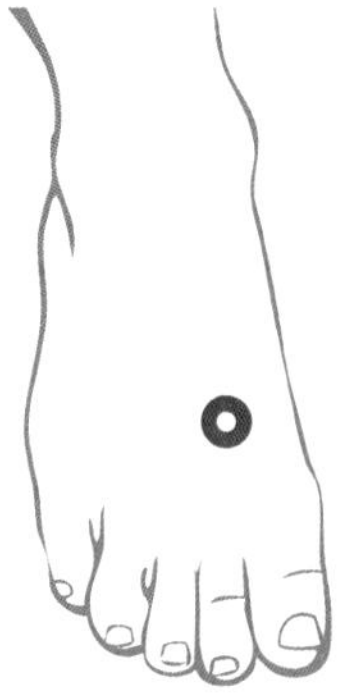

- **Zone:** auf dem Fußrücken zwischen dem großen und dem zweiten Zeh, in der Vertiefung zwischen den Knochen (etwa drei Fingerbreit vom äußeren Ende der Schwimmhaut entfernt)
- **Wirkung:** hilfreich bei Neigung zu dünnem Stuhl; wirkt krampflösend

VENUS

Tierkreiszeichen STIER (♉) 21. April bis 21. Mai und WAAGE (♎) 23. September bis 23. Oktober

DAS PRINZIP DER VENUS-ENERGIE

Die Schwingung des Archetyps VENUS (= Tierkreiszeichen STIER und WAAGE) führt uns augenblicklich in Resonanz mit der Kraft der (Eigen-)Liebe, der Harmonie und des Genusses. Sie stärkt unsere liebevolle Achtsamkeit und unsere Eigenverantwortung.

Objektiv-kosmisch:

Planet VENUS
Umlaufzeit um Sonne in 224,7
Tagen = 0,615 Jahre
Planetenschwingung: 221,23 Hz
Farbe: Gelborange, 676 Nm
Ton: a

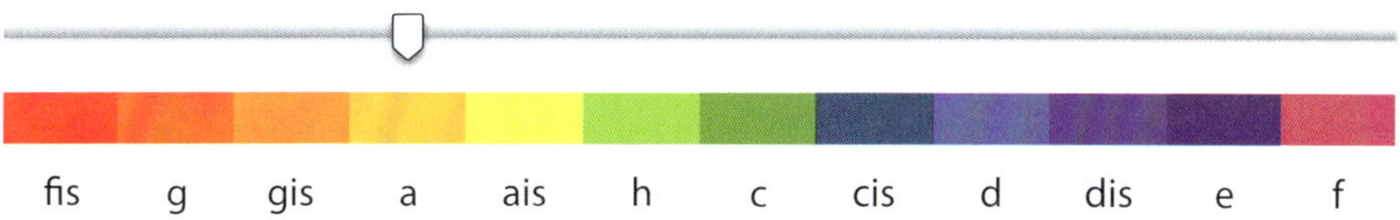

Subjektiv-irdisch:

Stier-Farbe: Koralle
Element-Farbe: Grün
Element: Erde, Yin/weiblich-passiv
Astrologisches Haus: 2. Lebensbühne, 2. Haus (1. Quadrant = Körper), fix

Waage-Farbe: Grün
Element-Farbe: Gelb
Element: Luft, Yang/männlich-aktiv
Astrologisches Haus: 7. Lebensbühne, 7. Haus (3. Quadrant = Geist), kardinal

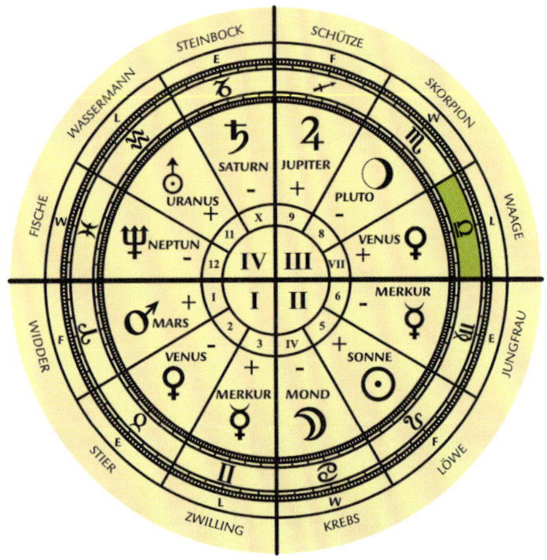

Opposition (Spannungsfeld):
Venus/Stier – Pluto/Skorpion

- **Achse der Begegnung** von Bewahren und Transformieren

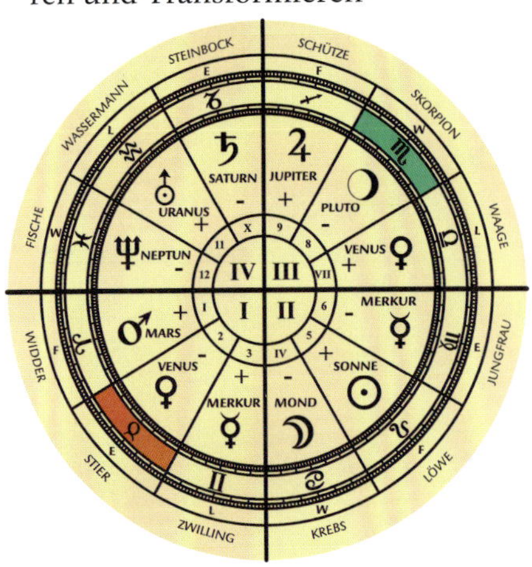

Opposition (Spannungsfeld):
Venus/Waage – Mars/Widder

- **Achse der Begegnung** von Du und Ich

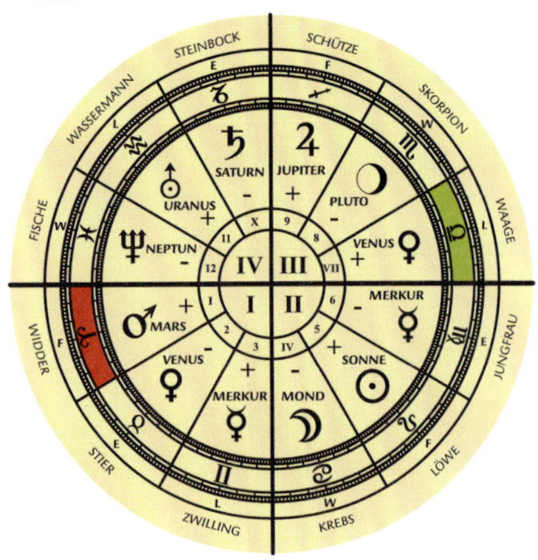

VENUS-ENERGIE IM ALLTAG KURZ UND PRÄGNANT

Verwurzelung, Bodenständigkeit, Harmonie, Ästhetik, Genuss, „Schaffen-Sparen-Häusle-bauen", Tradition, Wertvorstellung, Besitz, Diplomatie, Geborgenheit, Schutz, Verantwortung, (Eigen-)Liebe, Vertrauen, Sinnlichkeit

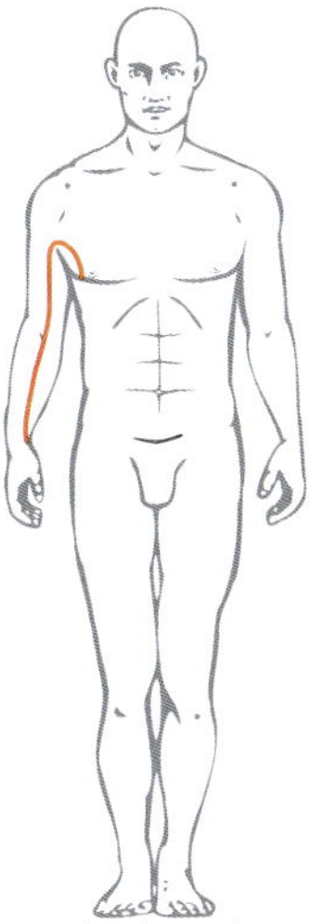
Perikardmeridian (Kreislauf)

STIER

Körperliche Zuordnung:
Halsbereich, Rachen, Gaumen, Kehlkopf und Stimmbänder, Speiseröhre, Nacken, Haut

Organe und Drüsen:
Halsorgane, Mandeln, Schilddrüse, Thymusdrüse

Krankheitsdispositionen:
Mandelentzündung, Schilddrüsenunter- und Überfunktion, Geschwüre und Geschwülste im Bereich der Körperzuordnung Stier, Nackensteife, Erkrankungen des Rachens, Stimmbänder und Kehlkopf, Fett- und Magersucht

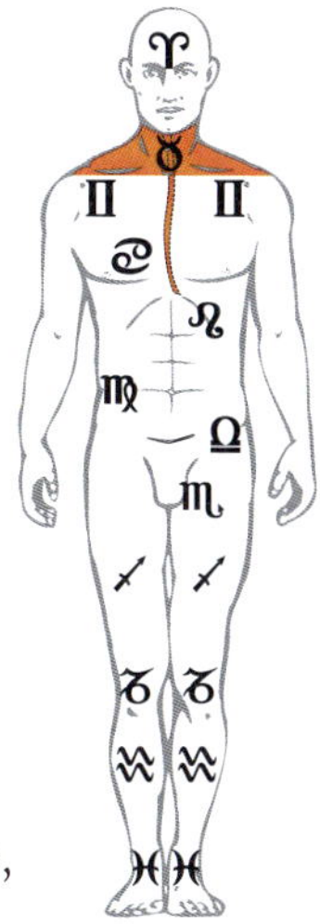
Zone Stier

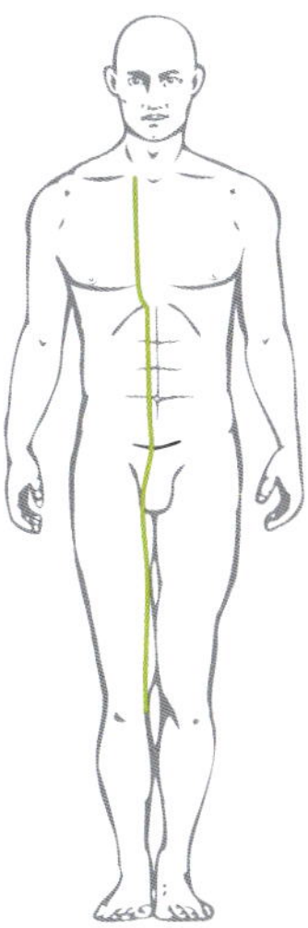
Nierenmeridian

WAAGE

Körperliche Zuordnung:
empfindsame und zarte Haut, Harnleiter, Lenden, Venen

Organe und Drüsen:
Nieren, Nebennieren, Bauchspeicheldrüse (inner-sekretorischer Anteil)

Krankheitsdispositionen:
Diabetes („die Süße des Lebens"), Erkrankungen der Nieren und der harnableitenden Organe, Nierensteine, Nebennierenerkrankungen, Erkrankungen der Haut, Leistenbrüche

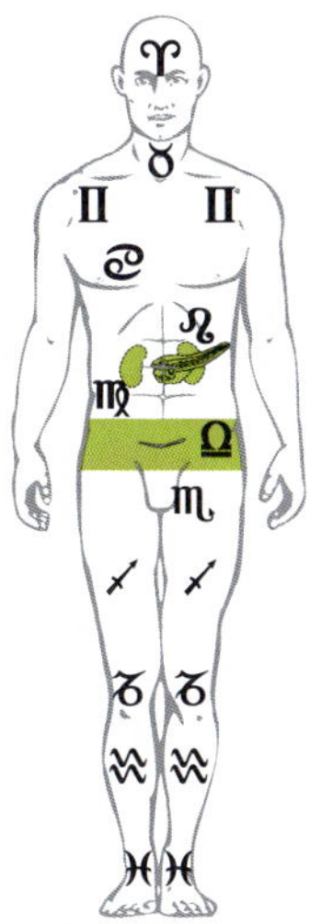
Zone Waage

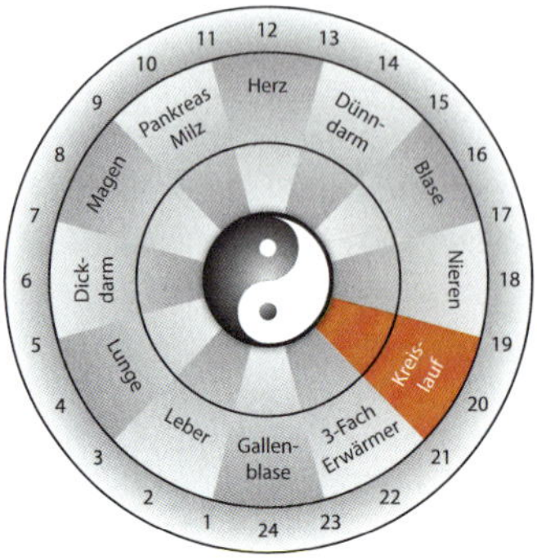

Maximalzeit Perikardmeridian: 19–21 Uhr

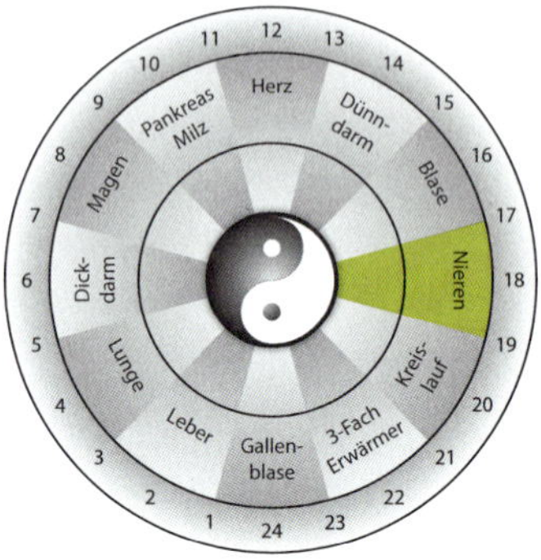

Maximalzeit Nierenmeridian: 17–19 Uhr

KÖRPERLICHE EBENE

Auf körperlicher Ebene geht es um die Aufnahmebereitschaft der „Süße des Lebens" (= Venus-Prinzip), um Lebens- und Liebesenergie verfügbar zu machen. Die Venus-Energie unterstützt einen liebevollen Kontakt und Austausch vom Ich zum Du. Sie balanciert unsere Vitalität und Aktivität und hilft bei der Stress-Regulierung. Sie unterstützt uns dabei, respekt- und liebevoll mit unserem Körper umzugehen.

SEELISCHE EBENE

Die Bandbreite dieser Schwingung reicht von der erdverbundenen, körperlichen Sinnlichkeit bis zur himmlischen Ästhetik der göttlichen Liebe, von Opferbereitschaft, Hingabe und Sensibilität bis hin zu Eleganz und kultivierter Schönheit, das Gleichgewicht zwischen Vernunft und Gefühl, zwischen Erkenntnis und Handlung. Sie vermittelt zwischen Kopf und Herz, wobei das Herz eindeutig mehr angesprochen wird. Erst durch Resonanz mit Eigenliebe kann wahre Liebe im Außen entstehen.

GEISTIGE EBENE

Die sanfte Schwingung der Venus-Energie balanciert unsere Gefühlskraft in Harmonie, Liebe und Sinnlichkeit. Venus, die Liebesgöttin, aktiviert unsere Anziehungskraft und erotische Ausstrahlung. Diese basiert in der reifen, erlösten Form auf Eigenliebe und Eigenverantwortung. Sie führt in die Erkenntnis, dass es in Wahrheit keine Polarität gibt, sondern alles aus der Einheit und aus der selbstlosen (universellen) Liebe entspringt. Wir erfahren, dass alles zusammen eine Einheit und Ganzheit bildet.

Die acht Stufen der Bewusstheit

VENUS-STIER/2. Haus

Besitz – Konsum: 2. Lebensbühne

- **Stufe 1:** Dummheit, Völlerei, Habgier, Engstirnigkeit, Neid, Missgunst, Großkotzigkeit, Dumpfheit, Gier, Sturheit
- **Stufe 2:** Unbeweglichkeit, Existenzangst, Sammeltrieb, Abhängigkeit, Besitzstreben, Vereinsmeierei, Unwahrheit, Materialismus
- **Stufe 3:** Solidität, Eigen-Sinn, Zuverlässigkeit, Bauernschläue, Trägheit, Unentschlossenheit, Sparsamkeit
- **Stufe 4:** Gründlichkeit, Verwurzelung, Sicherheit, Realismus, Gutmütigkeit, Gruppensinn
- **Stufe 5:** Treue, Geborgenheit, Idylle, Freundlichkeit, Gemütlichkeit
- **Stufe 6:** Geschmack, Sinnlichkeit, Ästhetik, Selbstwertgefühl
- **Stufe 7:** Natürlichkeit, Zufriedenheit, Harmonie
- **Stufe 8:** innere Ruhe, frei von Erwartungshaltung

Die acht Stufen der Bewusstheit

VENUS-WAAGE/7. Haus

Begegnung – Beziehung: 7. Lebensbühne

- **Stufe 1:** Verlogenheit, Handlungsunfähigkeit, Maskiertheit, Speichelleckerei, Harmoniesucht, Entscheidungslosigkeit, „Fähnchen im Wind", Verweigerung, Wollust, Feigheit
- **Stufe 2:** Dekadenz, Aalglätte, Geschmacklosigkeit, Dummheit, Schönfärberei, Tratsch, Parfümiertheit, Schreibtischtätertum
- **Stufe 3:** Bequemlichkeit, Unentschlossenheit, Künstlichkeit, Fassungslosigkeit, Antriebsschwäche, Beschönigung, Mitläufertum
- **Stufe 4:** Ausgleich, Kunstsinn, Geschmack, Diplomatie, Höflichkeit, Harmonie
- **Stufe 5:** Ästhetik, Schönheitssinn, Friedfertigkeit, Schöngeistigkeit, Feinsinnigkeit
- **Stufe 6:** Ausgewogenheit, Gerechtigkeit, Liberalität, Unbestechlichkeit
- **Stufe 7:** Balance, Sinn für das „Wahre, Gute und Schöne", Kraft aus Harmonie, ausgleichende Gerechtigkeit, liberale Feinsinnigkeit
- **Stufe 8:** Gleichmut, „ich und du sind eins"

VENUS-ENERGIE IN DER PARTNERSCHAFT

Gegenseitiges Verwöhnen und gemeinsamer Genuss, Liebe und Eigenliebe in Balance, sinnliche Sexualität, Geben und Nehmen im Einklang, Verwurzelung in der Beziehung als Quelle der Kraft.

VENUS-ENERGIE BEI KINDERN

Gefühl von Schutz und Geborgenheit, Steigerung des Selbstvertrauens, Familiensinn, Urvertrauen, Gefühl der Zugehörigkeit, Sensibilisieren für die Wertschätzung, Fähigkeit zu harmonischem Zusammenleben, Erkennen der inneren Werte.

Merkmale und Signaturen der Venus-Energie (Stier)

- **Geschmack:** deftig und erdverbunden
- **Blüten:** Maiglöckchen, Hortensie, Kapuzinerkresse, Dotterblume, Löwenmaul, Lindenblüten
- **Heilpflanzen:** Thymian, Ginseng, Faulbaum, Salbei
- **Kräuter und Gewürze:** Löwenzahn, Gewürznelke, Petersilie, Herbes de Provence, Schafgarbe
- **Gemüse und Salat:** Spargel, Kartoffeln, Blumenkohl, Rosenkohl, Rote Bete
- **Getreide:** Buchweizen, Hirse, Weizen, Roggen
- **Früchte und Obst:** Apfel, Birne, Dattel, Weintraube, Pflaume, Olive
- **Nüsse und Samen:** Mandeln, Müsli
- **Fleisch:** Schweinefleisch, Rindfleisch
- **Geflügel:** Pute, Gans
- **Fische:** Karpfen, Dorsch, Kabeljau
- **Typische Speisen:** Hausmannskost, Knödel, Schweinebraten
- **Getränke:** Milchgetränke, Malzkaffee, Bier
- **Typische Berufe:** JuwelierIn, BäckerIn, SängerIn, InnendekorateurIn, KunstsammlerIn, GastronomIn, GärtnerIn, BankierIn, Bauer/Bäuerin, LandschaftsarchitektIn
- **Typische Musik:** Erdiger Blues und Soul, Volks- und Countrymusik
- **Typische Musiktitel:** Shamanic Dream II: Sweetness of the Earth; J. J. Cale: Crazy Mama; The Beatles: Mother Nature‘s Son; The Beatles: All you need is love

Merkmale und Signaturen der Venus-Energie (Waage)

- **Geschmack:** ausgewogen und lieblich-süß
- **Blüten:** Fresien, Lilien, Kamelien, Edelrose, Kornblume
- **Heilpflanzen:** Mädesüß, Lavendel, Stiefmütterchen, wohlriechendes Veilchen
- **Kräuter und Gewürze:** Gewürznelke, Oregano, Minze, Liebstöckel, Lavendel
- **Gemüse und Salat:** Brokkoli, Spargel, Sellerie, Stangenbohnen
- **Getreide:** Hirse, Weizen
- **Früchte und Obst:** Kirsche, Mango, Erdbeere, Pfirsich, Aprikose, Nektarine, Weintraube
- **Nüsse und Samen:** Mandeln, Macadamia
- **Fleisch:** Hirsch, Lamm, Kalb, Reh
- **Geflügel:** Rebhuhn, Wachtel, Taube, Hühnchen
- **Fische:** Dorade, Petersfisch
- **Typische Speisen:** Kalbsmedaillon, Nouvelle Cuisine, Lammkrone, Petits Fours
- **Getränke:** Champagner, Cocktail, Roséwein, Cappuccino
- **Typische Berufe:** AnwältIn, Designberufe, Kosmetikbranche, FriseurIn, Modebranche, TänzerIn, EheberaterIn, RichterIn, Kunstgewerbe
- **Typische Musik:** Kuschelrock, Walzer, Bossa Nova
- **Typische Musiktitel:** Phil Collins: This must be love; Serge Gainsbourg & Jane Birkin: Je t'aime moi non plus; Johann Strauß: Kaiserwalzer

Der feine Duft von Lavendel bringt Sie in Resonanz mit der Venus-Energie.

Balancings für den Archetyp VENUS

Wir empfehlen für die nachfolgenden Stimmgabel-Anwendungen die **Venusgabel** (221,23 Hertz) oder die **Allroundgabel Om** (136,10 Hertz).

Harmonisierung der Venus-Energie

In Analogie zum „Kosmischen Menschen“ (hier primär Körperzuordnung Immunsystem) können Sie das Balancing sowohl zur Vorsorge als auch zur Linderung einsetzen. Probieren Sie aus, auf welche der nachfolgenden Punkte Ihr Organismus am besten anspricht.

Elegante Villa (Niere 27)

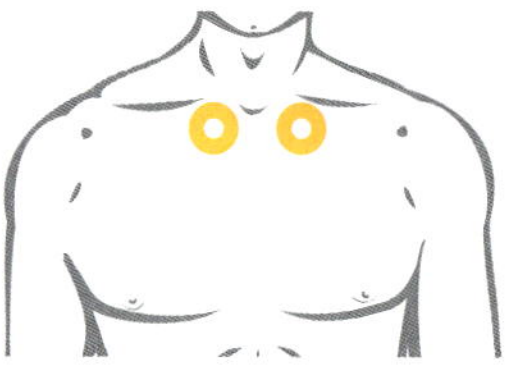

- **Zone:** in einer Vertiefung unter dem Schlüsselbein, neben dem Brustbein
- **Wirkung:** reguliert und stärkt die Abwehrenergie

Meisterpunkt des Chi (Konzeptionsgefäß 17)

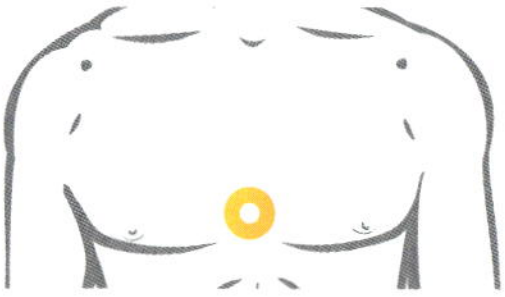

- **Zone:** etwas unterhalb der Mitte des Brustbeines
- **Wirkung:** aktiviert Immunsystem und Thymusdrüse

Meer der Energie (Konzeptionsgefäß 6)

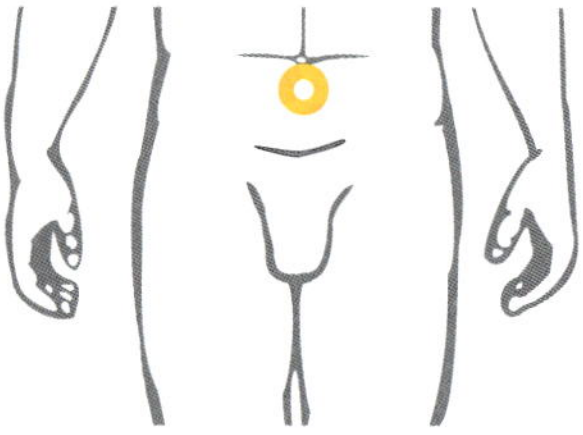

- **Zone:** Teilt man die Strecke vom Nabel bis zur Schambeinoberkante in fünf gleiche Teile, ist der Punkt etwa ein Fünftel vom Nabel entfernt.
- **Wirkung:** stärkt die Vitalität und wärmt das mittlere und untere Energiefeld des Körpers

Angelpunkt aller Ursprünge (Konzeptionsgefäß 4)

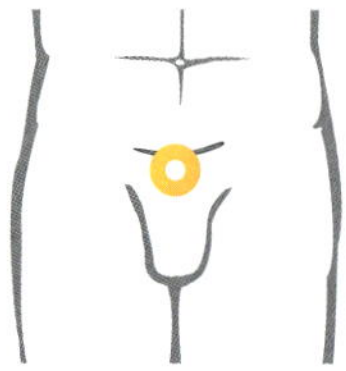

- **Zone:** Teilt man die Strecke vom Nabel bis zur Schambeinoberkante in fünf gleiche Teile, ist der Punkt etwa zwei Fünftel von der Schambeinoberkante entfernt.
- **Wirkung:** wärmt das untere Energiefeld des Körpers

Meer des Blutes (Milz 10)

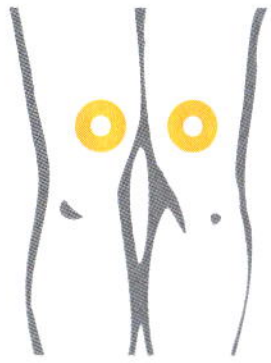

- **Zone:** bei gebeugtem Knie drei Fingerbreit oberhalb der inneren oberen Kniescheibenecke
- **Wirkung:** sorgt für Ordnung im Immunsystem durch modulierenden Einfluss; gut geeignet gegen alle Arten von Störungen

Dritter Weiler am Fuß (Magen 36)

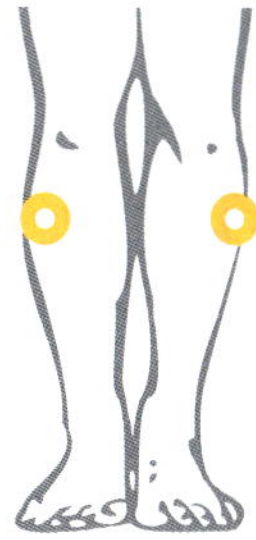

- **Zone:** vier Fingerbreit unterhalb der Kniescheibe, am Unterschenkel außen
- **Wirkung:** stabilisiert und kräftigt den gesamten Körper, stärkt und reguliert die Abwehrenergie

Gekrümmter Teich (Dickdarm 11)

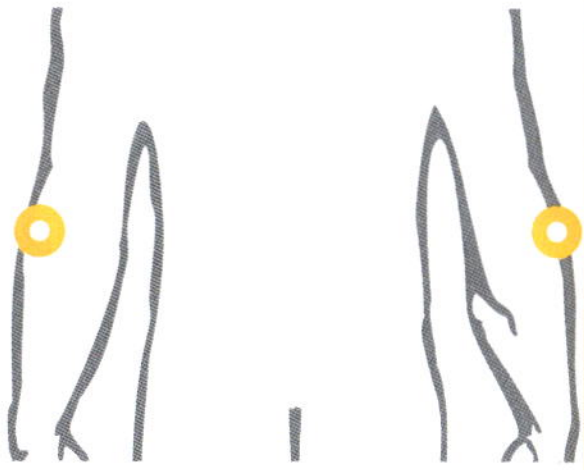

- **Zone:** am äußeren Ende der Ellenbogenfalte auf der Daumenseite
- **Wirkung:** schützt vor äußeren krank machenden Einflüssen, steigert die Abwehrkräfte; lindert entzündliche Reaktionen und Prozesse

Äußeres Passtor (Dreifacher Erwärmer 5)

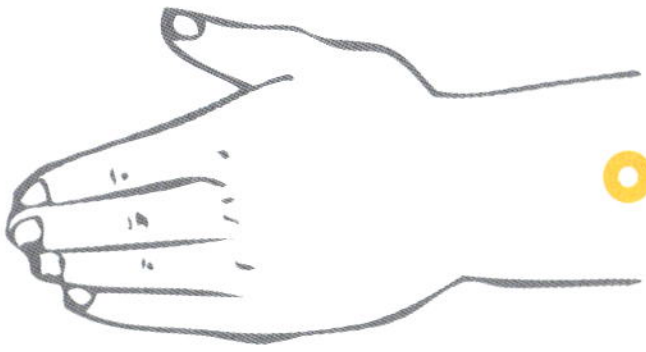

- **Zone:** drei Fingerbreit oberhalb der Handgelenksfalte, auf der Oberseite des Unterarms etwa mittig zwischen Elle und Speiche
- **Wirkung:** schützt vor krank machenden Einflüssen

Vereinte Täler (Dickdarm 4)

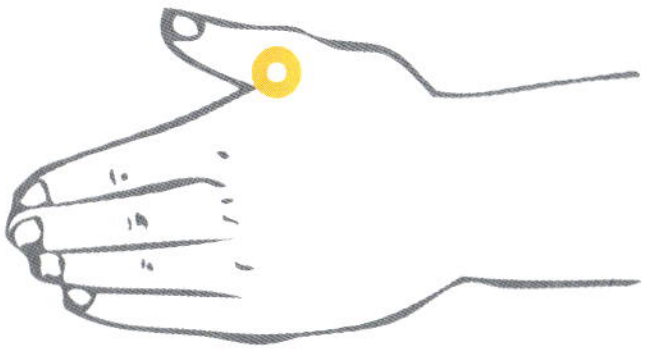

- **Zone:** bei angelegtem Daumen auf dem Muskelwulst, der sich am Daumengrundgelenk bildet
- **Wirkung:** schützt vor äußeren krank machenden Einflüssen und verteilt die Abwehrenergie; harmonisiert den Energiefluss

Blockade der Venus-Energie: Mangelnde Lebensfreude

„Wer nicht genießt, wird ungenießbar!" Das nachfolgende Balancing möchte Sie in Resonanz zu Ihrer Sinnlichkeit bringen: damit Sie das Leben in vollen Zügen auskosten und zurückfinden zu Ihrem Fluss des Lebens.

Transportpunkt des Perikards (Herzhülle) (Blase 14)

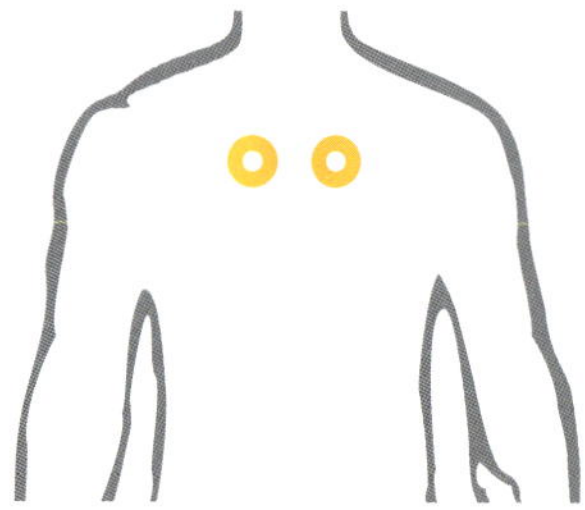

- **Zone:** zwei Fingerbreit rechts oder links der Wirbelsäule, auf Höhe des vierten Brustwirbels (etwa auf Höhe der hinteren Achselfalte)
- **Wirkung:** hat eine regulierende Wirkung auf das Herz und entspannt den Brustkorb

KÖRPERLICHE UND SEELISCHE SYMPTOME

Schwindel, schwaches Immunsystem, Hang zu „eingebildeten" Krankheiten, Rückenschmerzen durch „Belastungen", Magenschmerzen („Etwas schlägt mir auf den Magen."), Allergien („Gegen wen oder was führe ich Krieg auf körperlicher Ebene?"), Appetitlosigkeit („Was verschlägt mir den Appetit?"), Kopfschmerzen (Verspannungen in der „Denkfabrik"), Probleme mit Blutdruck („Was setzt mich innerlich unter Druck?"), Nervosität, geringe Belastbarkeit, leichte Reizbarkeit, Hang zu Ver-Stimmungen, reduzierte Lebensfreude, geringe Frustrationstoleranz, einseitiges Weltbild, „Fähnchen im Wind", Dogmatismus, schnell wechselnde Stimmungen, depressive Verstimmungen, Erschöpfung, Burn-out („Was verbrennt mein Lebenslicht?").

SYMBOLISCHE BEDEUTUNG DER BLOCKADE

Etwas ist im Ungleichgewicht im Venus-Haushalt des Menschen, es fehlt an Harmonie, liebevollem Sein und vor allem an Eigenliebe. Das Leben erscheint als Abfolge notwendiger Routine.

HEILUNG DER BLOCKADE

Das Leben in seiner gesamten Fülle hereinholen und genießen, Liebe leben im Geben und Nehmen, notwendige Pflichten gewissenhaft erfüllen und Freiräume schaffen für ausgeglichenes Sein im Innen und Außen. Sich selbst in seiner Vollkommenheit schätzen und lieben (lernen), ohne Anteile von sich auszugrenzen.

Das kleine Meer (Herz 3)

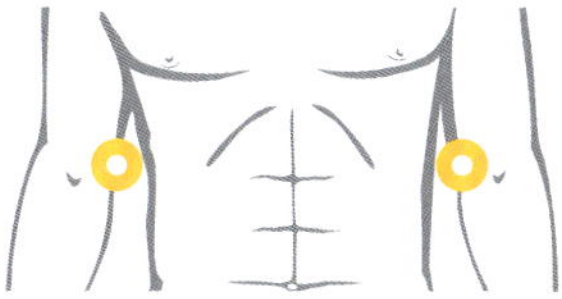

- **Zone:** am äußeren Ende der Ellenbogenfalte auf der Kleinfingerseite
- **Wirkung:** gibt Lebensfreude (nach J. Bischko)

Dritter Weiler am Fuß (Magen 36)

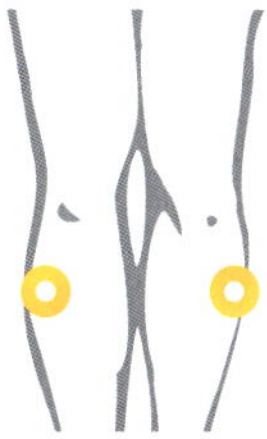

- **Zone:** vier Fingerbreit unterhalb der Kniescheibe, am Unterschenkel außen
- **Wirkung:** gibt die nötige Gelassenheit

Das Innerste des Inneren (Blase 43)

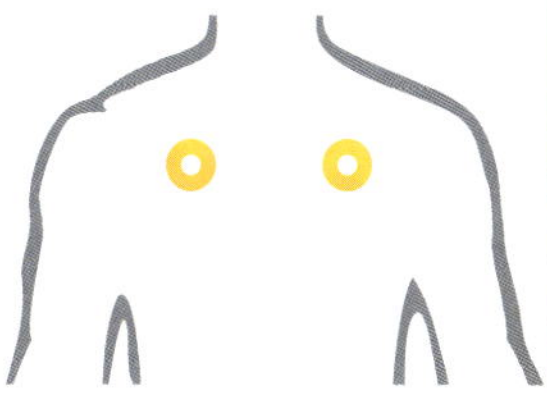

- **Zone:** vier Fingerbreit rechts oder links der Wirbelsäule, auf Höhe des vierten Brustwirbels (etwa auf Höhe der hinteren Achselfalte)
- **Wirkung:** stärkt den allgemeinen Energiefluss

Transportpunkt des Herzens (Blase 15)

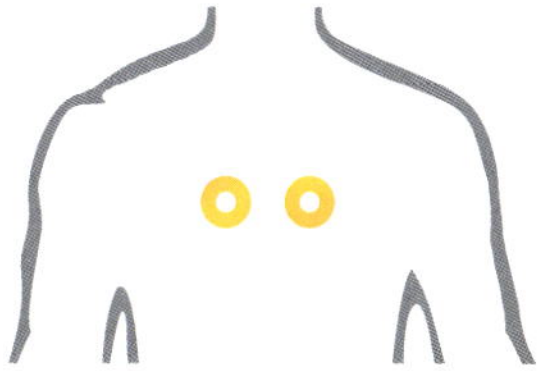

- **Zone:** zwei Fingerbreit rechts oder links der Wirbelsäule, auf Höhe des fünften Brustwirbels (ca. zwei Fingerbreit unter Blase 14, Seite 188)
- **Wirkung:** nährt das Herzblut und beruhigt den Geist

Großer Erdhügel (Perikard 7)

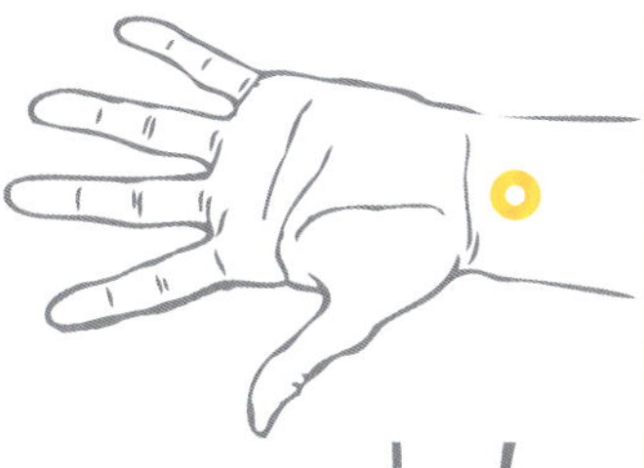

- **Zone:** in der Mitte der Handgelenksbeugefalte
- **Wirkung:** beruhigt das Herz und den Geist; hilfreich gegen Gefühllosigkeit

Wiederkehr des Flusses (Niere 7)

- **Zone:** drei Fingerbreit oberhalb des Innenknöchels, etwas nach hinten am Vorderrand der Achillessehne
- **Wirkung:** liefert Wärme und Feuer für den gesamten Körper, stärkt den allgemeinen Aufbau

MOND

Tierkreiszeichen KREBS (♋) 22. Juni bis 22. Juli

DAS PRINZIP DER MOND-ENERGIE

Die Schwingung des Archetyps MOND (= Tierkreiszeichen KREBS) führt uns augenblicklich in Resonanz mit unserer Seele, unserem Gefühl und unserer Intuition. Sie stärkt unseren emotionalen Haushalt und unseren empfindsamen wie leicht verletzlichen Anteil.

Objektiv-kosmisch:

SYNODISCHER MOND
Umlaufzeit um Erde
in 29,531 Tagen
Planetenschwingung: 210,42 Hz
Farbe: Orange, 648 Nm
Ton: gis

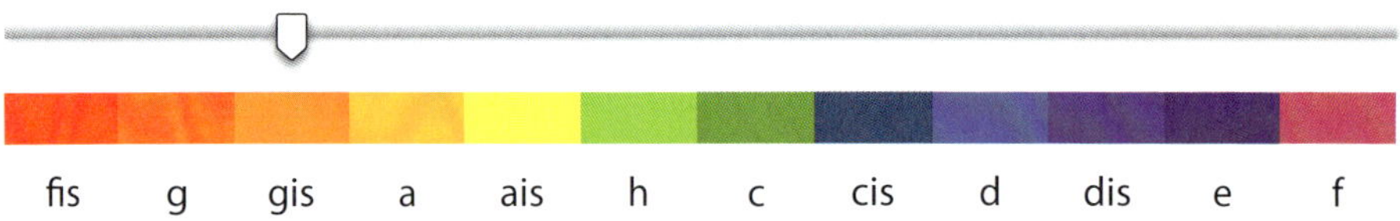

SIDERISCHER MOND
Umlaufzeit um Erde
in 27,322 Tagen
Planetenschwingung: 227,43 Hz
Farbe: Gelb, 599 Nm
Ton: ais

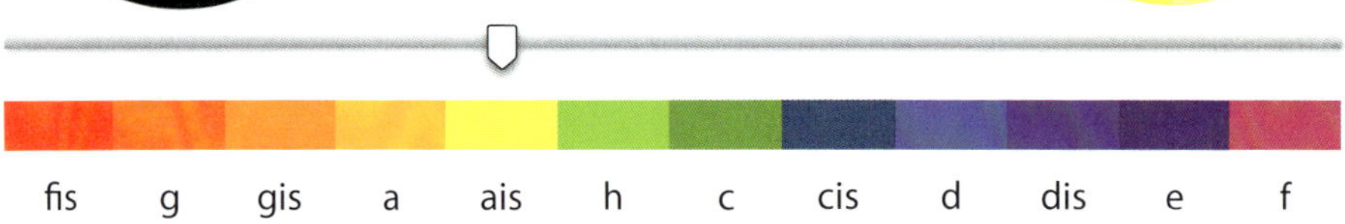

MONDKNOTENUMLAUF
Planetenschwingung: 234,14 Hz
Farbe: Gelb, 582 Nm
Ton: ais

Subjektiv-irdisch:

Krebs-Farbe: Gelb-Orange
Element-Farbe: Blau
Element: Wasser, Yin/weiblich-passiv
Astrologisches Haus: 4. Lebensbühne, 4. Haus (2. Quadrant = Seele), kardinal

Opposition (Spannungsfeld):
Mond/Krebs – Saturn/Steinbock

- **Achse der Begegnung** von Subjektivität und Objektivität

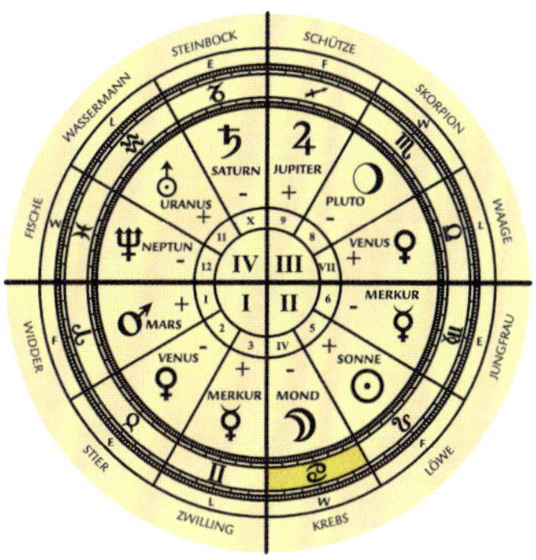

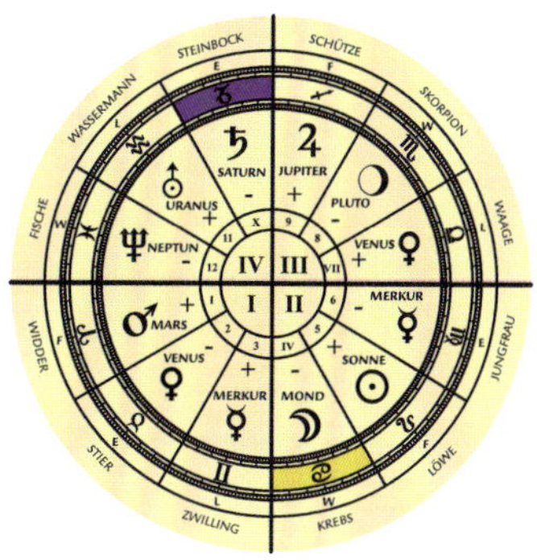

MOND-ENERGIE IM ALLTAG KURZ UND PRÄGNANT

Gefühl, Nestwärme, Intuition, Sensibilität, Verletzlichkeit, Geborgenheit, Familie, Herkunft, Rückbindung, seelische Verwurzelung, weiblicher Anteil, emotionaler Haushalt, musische Begabung, Kreativität, Subjektivität

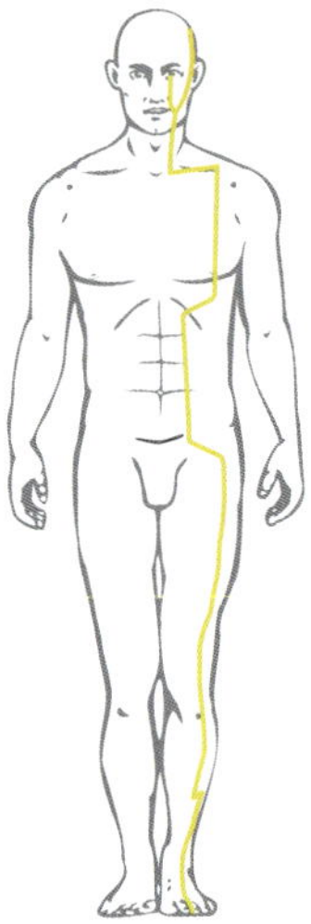

Magenmeridian

Körperliche Zuordnung:
Eierstöcke, Hoden, Gebärmutter, (weibliche) Brust, Lymphsystem, Substanz des Gehirns

Organe und Drüsen:
Magen, Brustdrüse

Krankheitsdispositionen:
Magenkrankheiten, Störungen des Säftewechsels, Erkrankungen und Störungen des Wasserhaushaltes, Menstruationsanomalien

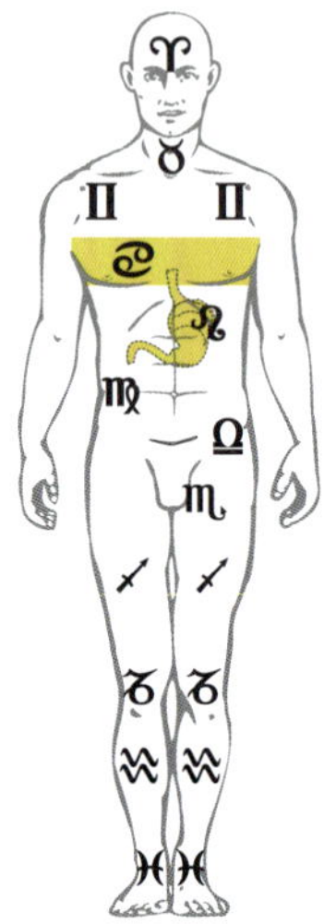

Zone Krebs

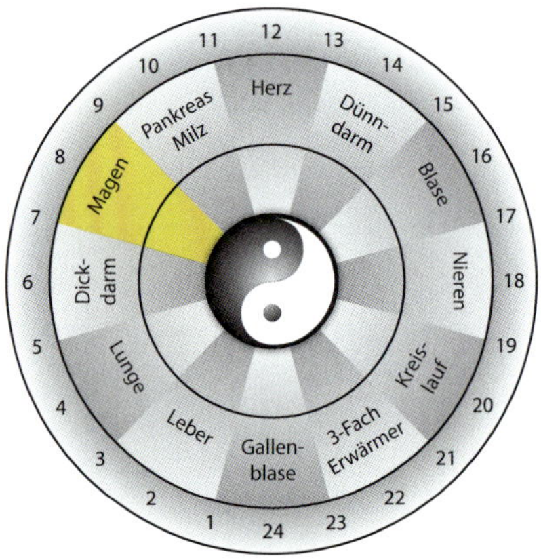

Maximalzeit Magenmeridian: 7 – 9 Uhr

KÖRPERLICHE EBENE

Der menschliche Körper besteht über zwei Drittel aus Wasser. Medizinisch bewiesen ist, dass der Mond auch unser Gemüt und unsere Seele beeinflusst. Seele ist Wasser (Yin) und Wasser ist Seele. Seelische „Ebbe“ und „Flut“ registrieren wir als Stimmungsschwankungen, die sich im körperlichen Geschehen manifestieren können. Die Resonanz auf die Schwingung des Mondes spiegelt sich u.a. im weiblichen Menstruationszyklus, im Yin-Anteil des Menschengeschlechtes.

SEELISCHE EBENE

Tag und Nacht, Leben und Sterben, Yin (Mond) und Yang (Sonne), Ebbe und Flut sind Zeugnisse der Polarität allen Lebens. Die Resonanz auf die Mondschwingung hilft uns dabei, Übergänge harmonisch und im positiven Licht zu erleben, wie z.B. Pubertät, Wechseljahre, Stirb-und-Werde-Prozesse, Lösen von symbiotischen Abhängigkeiten (Mutterthematik, Partnerschaft). Sie unterstützt uns, in Harmonie loszulassen und ins eigene Fühlen zu gelangen.

GEISTIGE EBENE

Neben der Sonne ist der Mond die zentrale Wurzel des Menschen. Schön ist die Bezeichnung: „die nächtliche Sonne“. Ohne Rückbindung (lat. *religio*) zu unseren Wurzeln sind wir nicht „geerdet“, d.h. die Stürme des Lebens können uns „entwurzeln“ und uns dem eigenen Unbewussten, dem „Widerspiegelnden“, dem Schatten ausliefern. Wasser und Spiegel sind in unzähligen mythischen Überlieferungen eine Metapher für unsere innere Selbstbetrachtung. Beide finden ihre analoge Zuordnung im Mondprinzip. Die Resonanz mit der Mond-Energie verwurzelt den Menschen mit seiner Seele; Yin (Mond) und Yang (Sonne) kommen in Einklang.

Die acht Stufen der Bewusstheit

MOND-KREBS/4. Haus

Empfindsamkeit – Gefühl: 4. Lebensbühne

- **Stufe 1:** Phlegma, Unmündigkeit, Gefühlschaos, Hilflosigkeit, Opfermentalität, Unerfülltheit, Rührseligkeit, Chamäleongehabe, Bedürftigkeit, Spießertum
- **Stufe 2:** Mitläufertum, Selbstmitleid, Parasitentum, Weinerlichkeit, Subjektivität, Erpressung, Unselbstständigkeit, Rückgratlosigkeit
- **Stufe 3:** Schwammigkeit, Beleidigtsein, Gefühlsduselei, Fremdbestimmung, Ziellosigkeit, Erwartungshaltung, Gluckenhaftigkeit
- **Stufe 4:** Geborgenheit, Gefühlsreichtum, Anteilnahme, Seelentröstertum, Aufnahmefähigkeit, Hilfsbereitschaft
- **Stufe 5:** Hingabefähigkeit, Empathie, Regenerationsfähigkeit, Naturverbundenheit, Nestwärme
- **Stufe 6:** Fürsorge, Mütterlichkeit, Intuition, Selbstreflektion
- **Stufe 7:** Mitgefühl, Verzeihen, Gnade
- **Stufe 8:** emotionale Transformation, Seelenverwandtschaft mit der Schöpfung

MOND-ENERGIE IN DER PARTNERSCHAFT

Verständnis auch jenseits des gesprochenen Wortes, Sanftmut und Sensibilität im Umgang mit Gefühlen, Gegenpol zur harten und rauen Wirklichkeit, Sinn für Familie, tief empfundenes Zusammengehörigkeitsgefühl, Blick nach innen.

MOND-ENERGIE BEI KINDERN

Zugang zu den eigenen Gefühlen und Emotionen, Kontakt mit der eigenen Kreativität und den musischen Begabungen, Gefühl von Geborgenheit und Nestwärme, Aufbau einer Verwurzelung im eigenen Gefühl, Kontakt mit den eigenen Seelenanteilen.

Merkmale und Signaturen der Mond-Energie

- **Geschmack:** mild und wässrig
- **Blüten:** Veilchen, Tulpe, Gänseblümchen, Seerose, Heckenröschen
- **Heilpflanzen:** Kamille, Taubnessel, Eibisch, Frauenmantel, Küchenschelle, Mutterkornpilz
- **Kräuter und Gewürze:** Kerbel, Liebstöckel, Vanille, Beifuß
- **Gemüse und Salat:** Kopfsalat, Tomate, Gurke, Kürbis, Zucchini, Spinat, Kohl
- **Getreide:** Buchweizen, Hafer
- **Früchte und Obst:** Stachelbeere, Berberitze, Kakteenfrüchte, Ananas, Hagebutte
- **Nüsse und Samen:** Mondsamen
- **Fleisch:** Kalbfleisch
- **Geflügel:** Stubenküken, Ente, Wachteln
- **Fische:** Muscheln, Stör, Schalentiere, Krebs, Scampi, Austern
- **Typische Speisen:** Suppen, Grießbrei, Eintopf
- **Getränke:** Wasser, Milchshake, Sirupgetränke
- **Typische Berufe:** Krankenschwester, Koch, FloristIn, KindergärtnerIn, BlumenhändlerIn, Berufe im Hotelgewerbe, soziale Hilfsberufe („Mutter und Kind"), InnenarchitektIn
- **Typische Musik:** Emotionale Musik, Schnulzen und Schlager, Wiegenlieder, Oldie-Popsongs
- **Typische Musiktitel:** Rod Stewart: Sailing; Cat Stevens: Moonshadow; Shaina Noll: How could anyone

Balancings für den Archetyp MOND

Wir empfehlen für die nachfolgenden Stimmgabel-Anwendungen die Stimmgabel **Mondknotenumlauf** (234,16 Hertz) oder die **Allroundgabel Om** (136,10 Hertz).

Harmonisierung der Mond-Energie

In Analogie zum „Kosmischen Menschen" (hier primär Zuordnung weiblicher Anteil des Menschen) können Sie das Balancing sowohl zur Vorsorge als auch zur Linderung einsetzen. Probieren Sie aus, auf welche der nachfolgenden Punkte Ihr Organismus am besten anspricht.

Zusammenkunft aller Leitbahnen (Lenkergefäß 20)

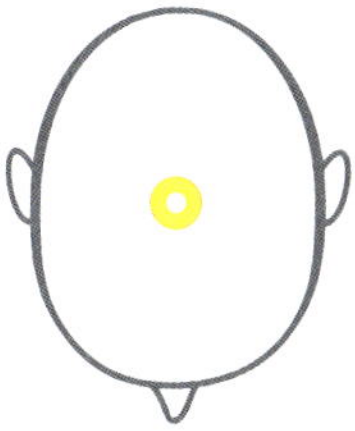

- **Zone:** auf der Mitte des Schädeldaches, am höchsten Scheitelpunkt auf dem Mittelpunkt der Verbindungslinie zwischen beiden Ohrspitzen
- **Wirkung:** klärt und beruhigt den Geist, vertreibt innere Angespanntheit

Zusammengelegter Bambus (Blase 2)

- **Zone:** am inneren Ende der Augenbraue
- **Wirkung:** gegen Kopfschmerzen und übermüdete Augen

Punkt des Dritten Auges/6. Chakra (Extrapunkt KH 3)

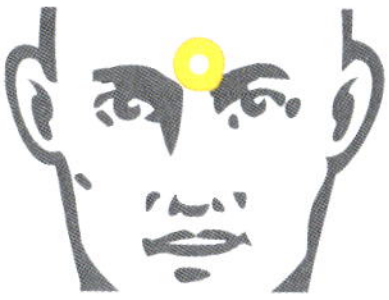

- **Zone:** in der Vertiefung zwischen den Augenbrauen
- **Wirkung:** sorgt zusammen mit Blase 2 für ruhigen Schlaf und beseitigt Unruhezustände

Wachtor der Geisteskraft (Konzeptionsgefäß 8)

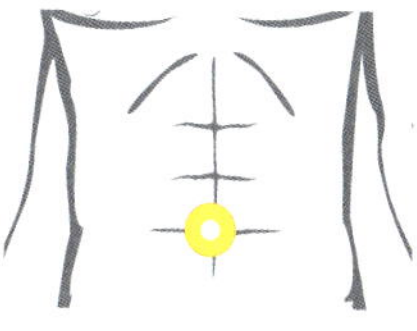

- **Zone:** im Bauchnabel
- **Wirkung:** hilft, Erschöpfungen abzubauen; gut geeignet gegen Verkrampfung

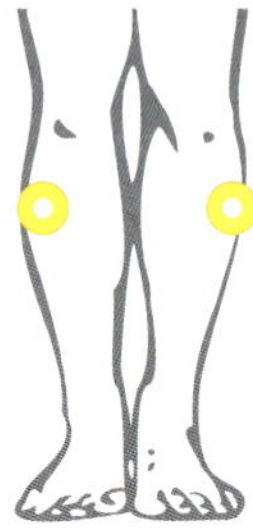

Dritter Weiler am Fuß (Magen 36)

- **Zone:** vier Fingerbreit unterhalb der Kniescheibe, am Unterschenkel außen
- **Wirkung:** stabilisiert Geist und Emotionen, wirkt allgemein psychisch harmonisierend

Pforte der Geisteskraft (Herz 7)

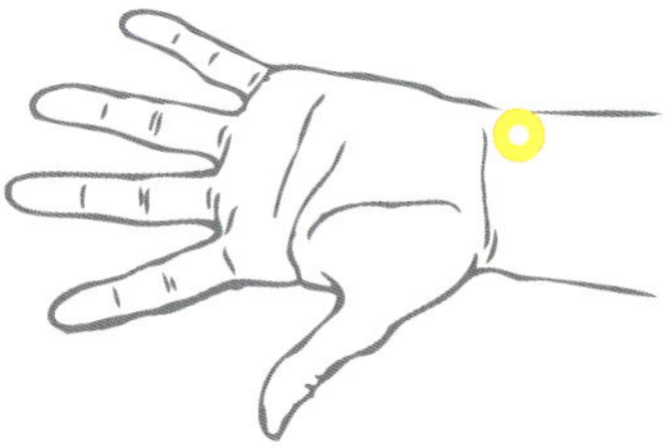

- **Zone:** am Ende der Handgelenksbeugefalte auf der Kleinfingerseite
- **Wirkung:** gut bei Schlafstörungen und Hyperaktivität (Herzklopfen); hilft gegen Herzklopfen, Furcht, Nervosität, Prüfungsangst und Vergesslichkeit; sorgt für einen harmonischen Energiefluss

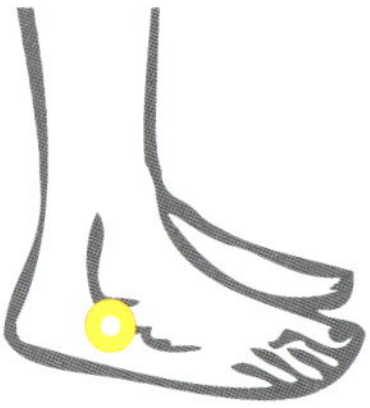

Ursprung der emporziehenden Yang-Leitbahn (Blase 62)

- **Zone:** direkt unter dem Außenknöchel
- **Wirkung:** entspannt Muskeln und Sehnen, klärt und beruhigt den Geist

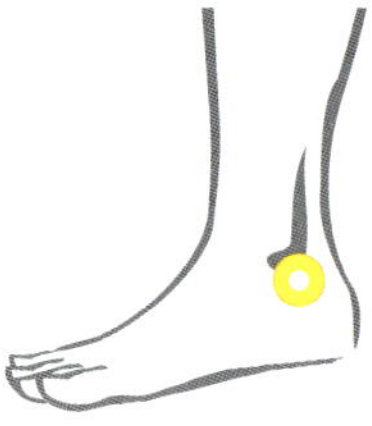

Beleuchtetes Meer (Niere 6)

- **Zone:** einen Fingerbreit unterhalb des Innenknöchels
- **Wirkung:** stärkt die nächtliche Energie

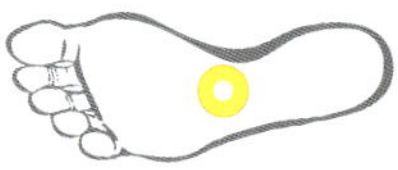

Emporsprudelnde Quelle (Niere 1)

- **Zone:** mittig auf der Fußsohle in einer Mulde, die beim Beugen der Zehen entsteht
- **Wirkung:** zur allgemeinen Beruhigung; gut geeignet gegen Verspannungen und Schmerzen;

Blockade der Mond-Energie: Bauchschmerzen

Die folgenden Punkte eignen sich nicht nur zur Behandlung von Bauchschmerzen, sondern kräftigen den gesamten Körper und wirken Ermüdung und depressiven Verstimmungen entgegen.

KÖRPERLICHE UND SEELISCHE SYMPTOME

Schmerzen in Bauch und Magengegend, Übelkeit bis Erbrechen, Blähbauch, Druckschmerzen und Völlegefühl, Bauchkrämpfe, Zwicken, Brennen, Stechen.

SYMBOLISCHE BEDEUTUNG DER BLOCKADE

Das Heruntergeschluckte ist nur schwer oder gar nicht verdaulich, etwas in sich hineinfressen, etwas Falsches und Ungesundes zu sich nehmen, auf den Bauch hören; unbewusster Hinweis auf eine Verletzung, die auf den Magen schlägt.

HEILUNG DER BLOCKADE

Qualität und Quantität der vereinnahmten „Lebensmittel" bewusst überprüfen, sinnlicher Genuss statt unsinniger Völlerei, Magen und Bauch als verlässliches Anzeigeinstrument für seelisches Befinden erkennen und schätzen (lernen).

Mittlere Magengrube (Konzeptionsgefäß 12)

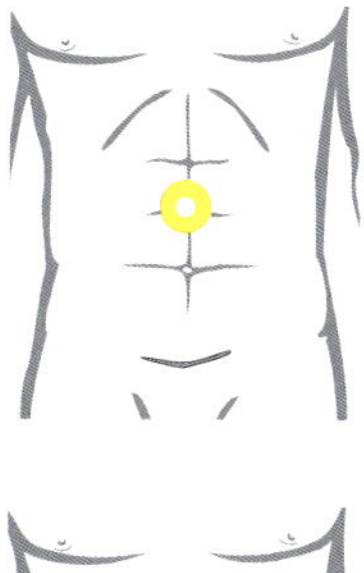

- **Zone:** auf der Mittellinie des Körpers vorne, in der Mitte zwischen Brustbeinspitze und Nabel
- **Wirkung:** sinnvoll gegen Bauch- und Magenschmerzen, Verdauungsbeschwerden und Sodbrennen

Meer der Energie (Konzeptionsgefäß 6)

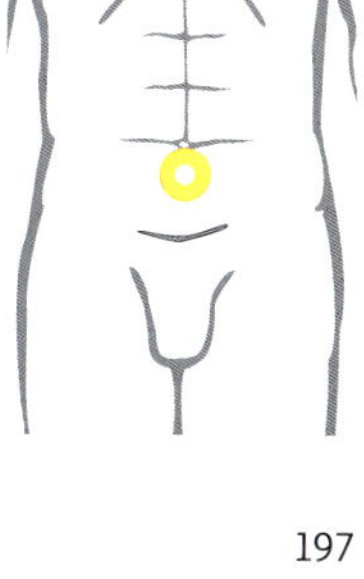

- **Zone:** Teilt man die Strecke vom Nabel bis zur Schambeinoberkante in fünf gleiche Teile, liegt dieser Punkt etwa ein Fünftel vom Nabel nach unten entfernt
- **Wirkung:** vor allem gegen Verdauungsprobleme, Blähungen und Verstopfung

Dritter Weiler am Fuß (Magen 36)

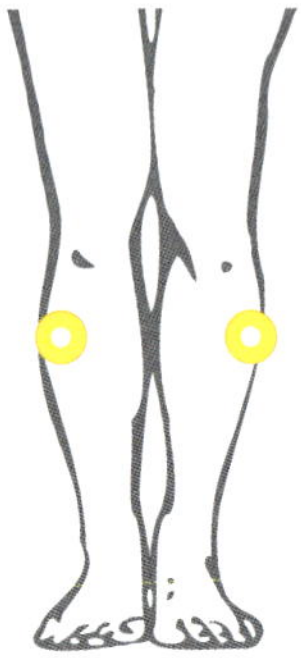

- **Zone:** vier Fingerbreit unterhalb der Kniescheibe am Bein außen
- **Wirkung:** stabilisiert und kräftigt den ganzen Körper, hilft gegen Bauchschmerzen, Magenschmerzen und Verdauungsschwäche; wirkt gegen den Kräfteverfall; unterstützt einen harmonischen Energiefluss und beugt Störungen vor

Das größte Weiße (Milz 3)

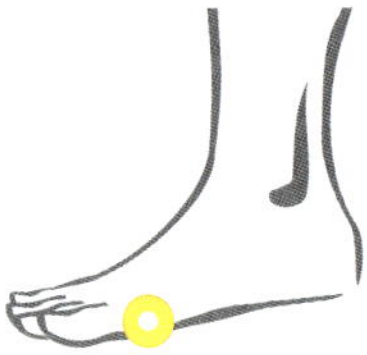

- **Zone:** am Fußgewölbe einen Daumenbreit hinter dem Fußballen, auf der Seite des großen Zehs (am Übergang zwischen weißem und rotem Fleisch)
- **Wirkung:** harmonisiert den Magen, ordnet die Mitte und stärkt die Milz

Enkel des Herzogs (Milz 4)

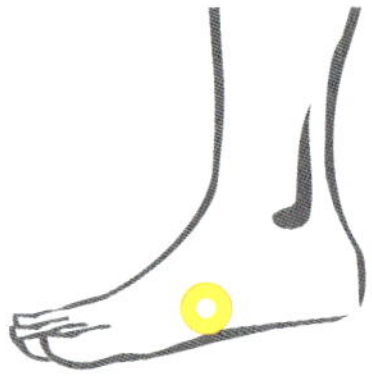

- **Zone:** in der Verlängerungslinie von Milz 3 Richtung Knöchel, vor einem deutlich tastbaren Knochenvorsprung
- **Wirkung:** harmonisiert den Verdauungstrakt, ordnet den Magen, gegen Durchfall

Passtor der Inneren (Perikard 6)

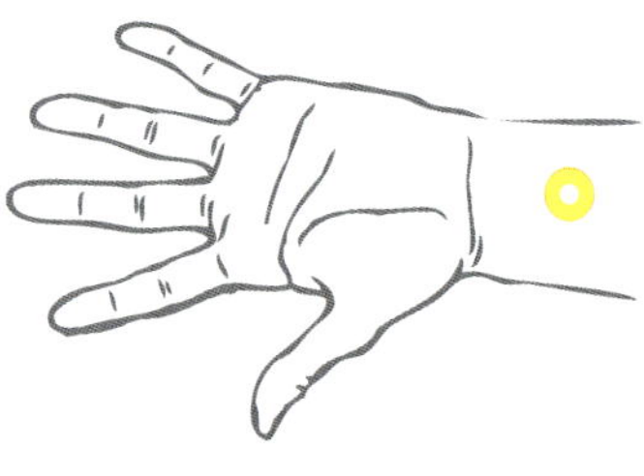

- **Zone:** drei Fingerbreit oberhalb der Handgelenksbeugefalte, in der Mitte der Innenseite des Unterarms
- **Wirkung:** anzuwenden bei nervöser Übelkeit, Ängstlichkeit, Magenschmerzen und Verdauungsbeschwerden; reguliert die Zirkulation des Chi (Lebensenergie) im mittleren Energiefeld, beseitigt Beklemmungen

MARS

Tierkreiszeichen WIDDER (♈) 21. März bis 20. April

DAS PRINZIP DER MARS-ENERGIE

Die Schwingung des Archetyps MARS (= Tierkreiszeichen WIDDER) führt uns augenblicklich in Resonanz mit der Kraft des Frühlings, des Aufbruchs und des Neubeginns. Sie stärkt unsere Willenskraft und unser Durchsetzungsvermögen.

Objektiv-kosmisch:

Planet MARS
Umlaufzeit um Sonne in
686,980 Tagen = 1,881 Jahre
Planetenschwingung: 144,72 Hz
Farbe: Blau, 471 Nm
Ton: d

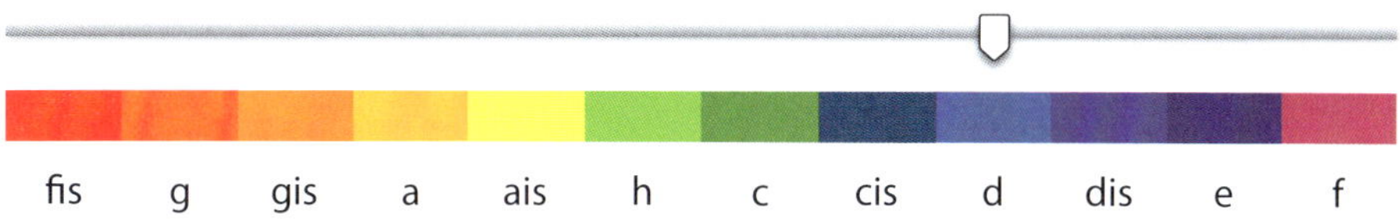

Subjektiv-irdisch:

Widder-Farbe: Rot
Element-Farbe: Rot
Element: Feuer, Yang/männlich-aktiv
Astrologisches Haus: 1. Lebensbühne, 1. Haus (1. Quadrant = Körper), kardinal

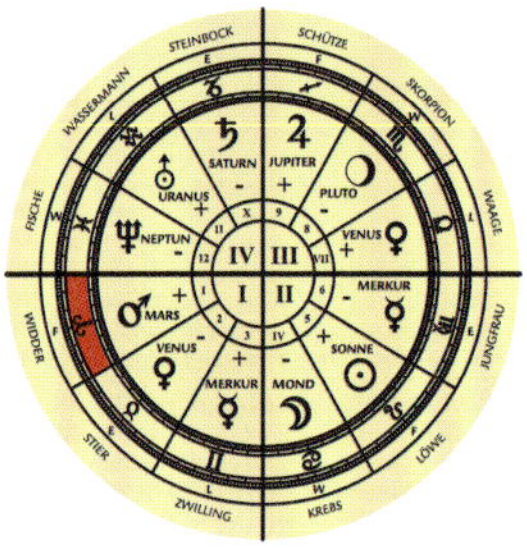

Opposition (Spannungsfeld):
Mars/Widder – Venus/Waage
- **Achse der Begegnung** von Ich und Du

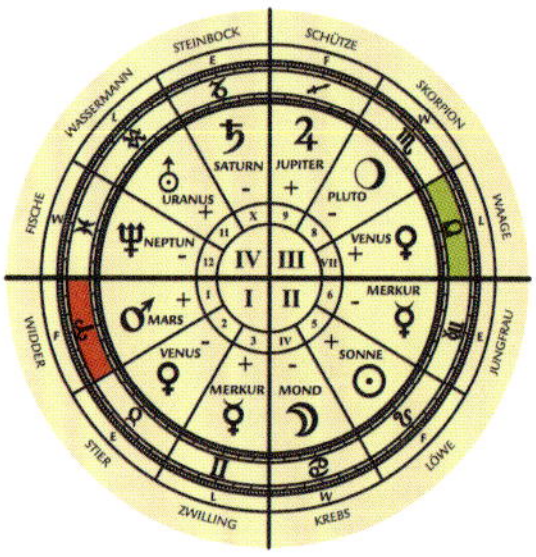

MARS-ENERGIE IM ALLTAG KURZ UND PRÄGNANT

Spontaneität, Aktivität, Durchsetzungsvermögen, Willenskraft, Eroberungsgeist, körperliche Kraftanstrengung, Kampfeswille, Impulskraft, sportliches Kräftemessen, Kampfsport, Boxen

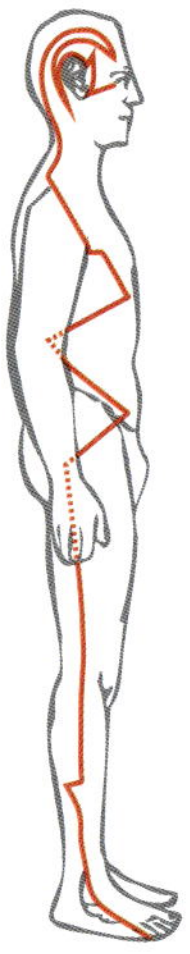

Gallenblasenmeridian

Körperliche Zuordnung:
Kopfbereich, Zähne, Nägel, quergestreifte Muskulatur

Organe:
Galle (mit Gallenflüssigkeit)

Krankheitsdispositionen:
Neigung zu Fieberschüben, Kopfschmerzen, Migräne, alle Infektionskrankheiten, Erkrankungen der Galle, Verletzungen und Verbrennungen, Störungen im Säure-Basen-Haushalt (Mars = Säure), krankhafte Nervosität, Rheuma, Zahnerkrankungen

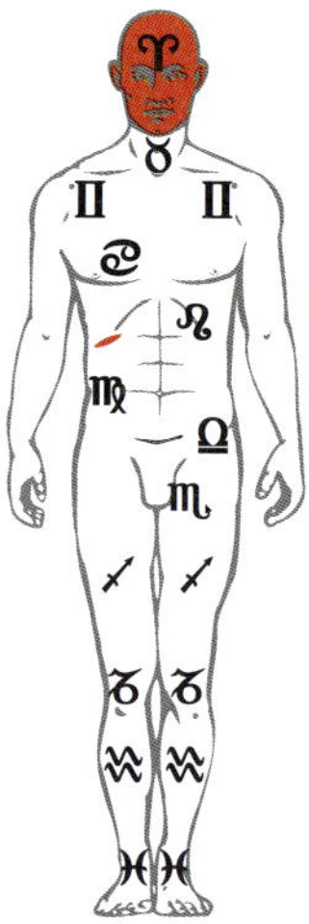

Zone Widder

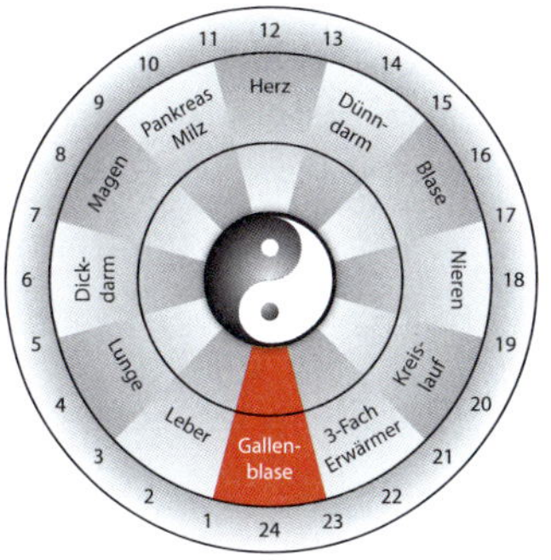

Maximalzeit Gallenblasenmeridian: 23–1 Uhr

KÖRPERLICHE EBENE

Die Mars-Energie ist eine starke und männliche Energie (Yang). Kraftvoll wie der Kriegsgott Mars in der Antike baut sie Energien auf und macht bereit für den „Kampf des Lebens“. Auf körperlicher Ebene unterstützt sie die Muskulatur dabei, die notwendigen Energien freizusetzen. Sie hilft, sich im Leben durchzubeißen und, wenn nötig, die Krallen zu zeigen.

SEELISCHE EBENE

Die Mars-Energie führt in Resonanz mit der Kraft des Anfangs, mit dem jede Form des Lebens beginnt (Frühling, Geburt, Eroberungen aller Art). Mars-Energie ist aggressiv. Aggression aus der Welt schaffen zu wollen (oder noch schlimmer: in den Schatten zu verdrängen), ist der Versuch, das Leben abzuschaffen. Leben ohne Mars ist nicht möglich. Aggression selbst ist wertfrei (lat. *aggredi = herangehen*). Sie ist der Impuls, der einen Anfang erst möglich macht. Sie fördert unsere Willenskraft sowie die Energie, die auf ein Ziel gerichtet ist. Es ist die Kraft der „Initialzündung“, der Schöpfung, des Urknalls.

GEISTIGE EBENE

In der Polarität des Lebens können wir ohne Mars-Energie nicht als Ego existieren, auch nicht, wenn wir uns für unendlich friedlich halten, pazifistisch quasi. Es geht darum, Mars in der erlösten Form zu leben und nicht in den Schatten oder die Blockade abzuschieben. Mars ist ein Urprinzip und will gelebt werden. Aggression als Möglichkeit und Herausforderung zu sehen, neue Impulse zu setzen, Pioniergeist zu entwickeln, „heiße Eisen“ (Eisen als Element gehört zum Urprinzip Mars) anzupacken, Neuland auf allen Bereichen des Lebens zu erobern, das Wunder des aufkeimenden Lebens (im Frühling = Sternzeichen Widder/Urprinzip Mars) immer wieder zu erspüren und zu erleben.

Die acht Stufen der Bewusstheit

WIDDER/1. Haus

Egoismus – Aggression = 1. Lebensbühne

- **Stufe 1:** Berserkertum, Krieg, Brutalität, Mord, Hirnlosigkeit, Vergewaltigung, blinde Wut, Triebhaftigkeit, Zerstörung
- **Stufe 2:** Egoismus, Faustrecht, Kompromisslosigkeit, „Auge-um-Auge, Zahn-um-Zahn“, Rücksichtslosigkeit, Draufgängertum, Ellbogenmentalität, Zorn
- **Stufe 3:** Leistungsbereitschaft, Heißblütigkeit, Rivalität, Übermut, Durchsetzungsfähigkeit, Antriebskraft, Eroberungsstrategie
- **Stufe 4:** Entschlossenheit, Kampfgeist, Direktheit, Mut, Tatendrang, Pioniergeist
- **Stufe 5:** Zivilcourage, Aufrichtigkeit, Impulskraft, Besonnenheit im Tun, Freude an Eigenenergie
- **Stufe 6:** Spontaneität, Motivation, Erleben von Schöpferkraft, Lust am Kampf
- **Stufe 7:** Absichtslosigkeit der Handlung, frei fließende Aktivität, agierende Bewusstheit
- **Stufe 8:** Gleichmut, selbstloses bewusstes Tun im Einklang mit der Schöpfung

Widder haben oft ein großes Durchsetzungsvermögen …

Merkmale und Signaturen der Mars-Energie

- **Geschmack:** scharf und feurig
- **Blüten:** Muskatblüte, rote Geranie, roter Mohn, Patchouli, Eisenhut, Rittersporn
- **Heilpflanzen:** Arnika, Brennnessel, Weißdorn, Ingwer, Eisenhut, Sanddorn, Wermut
- **Kräuter und Gewürze:** Chili, Pfeffer, Ingwer, Curry scharf, Paprika scharf, Tamarinde, Meerrettich, Senf scharf, Koriander, Kardamon
- **Gemüse und Salat:** Rucola, Brunnenkresse, Paprikaschoten, Pepperoni, Chilischoten
- **Früchte und Obst:** Stachelbeere, Berberitze, Kakteenfrüchte, Ananas, Hagebutte
- **Getreide:** Hafer
- **Nüsse und Samen:** Wasabi
- **Fleisch:** Hackfleisch, rohes Fleisch, Rindersteak
- **Fische:** Hecht, Hai, Schwertfisch, Forelle, Barsch
- **Typische Speisen:** Tartar, Chili con carne
- **Getränke:** Schnaps, klare Brände, Rosé-Champagner, Tequila
- **Typische Berufe:** ChirurgIn, Selfmade-ManagerIn, Feuerwehrlaufbahn, PolizistIn, Militärlaufbahn, Maschinenbau, SportlerIn, SporttrainerIn, DompteurIn, RennfahrerIn, PilotIn
- **Typische Musik:** Rockmusik und Rock‘n‘Roll, Marschmusik, rhythmische Trommelmusik, indianische und afrikanische (Kriegs-)Tänze
- **Typische Musiktitel:** Rod Stewart: Hot Legs; Steppenwolf: Born to be wild; Rolling Stones: Let‘s spend the night together; Deep Purple: Speed King; Deep Purple: Highway Star

MARS-ENERGIE IN DER PARTNERSCHAFT

Beschützermentalität, Krieger und Eroberer, männliche Ausstrahlung, Konfliktbereitschaft, männliche Sexualkraft.

MARS-ENERGIE BEI KINDERN

Energie zu einem eigenen Willen, Impulsivität, Bereitschaft zu selbstständigem Handeln, kraftspendende Wirkung bei körperlichen Aktivitäten, weckt den Kampfgeist, sich durchzusetzen und den eigenen Standpunkt zu behaupten.

Balancings für den Archetyp MARS

Wir empfehlen für die nachfolgenden Stimmgabel-Anwendungen die **Marsgabel** (144,72 Hertz) oder die **Allroundgabel Om** (136,1 Hertz).

Harmonisierung der Mars-Energie

In Analogie zum „Kosmischen Menschen" (hier primär Körperzuordnung Kopfbereich) können Sie das Balancing sowohl zur Vorsorge als auch zur Linderung einsetzen. Probieren Sie aus, auf welche der nachfolgenden Punkte Ihr Organismus am besten anspricht.

Zusammengelegter Bambus (Blase 2)

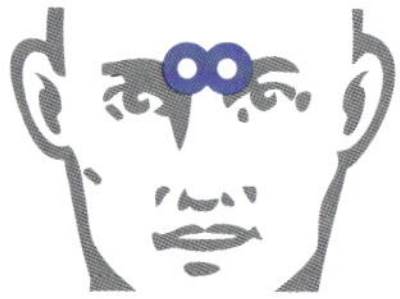

- **Zone:** am inneren Ende der Augenbrauen
- **Wirkung:** hilfreich vor allem bei Kopfschmerzen

Punkt des Dritten Auges/6. Chakra (Extrapunkt KH 3)

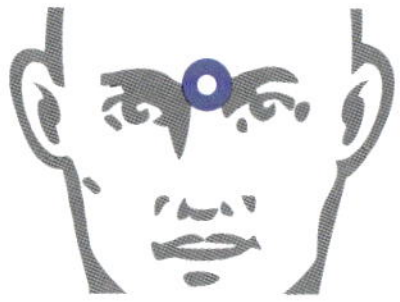

- **Zone:** in der Vertiefung zwischen den Augenbrauen
- **Wirkung:** wirkt gegen Kopfschmerz; harmonisiert die Hypophyse; beruhigt Körper, Geist und Seele

Himmlische Säule (Blase 10)

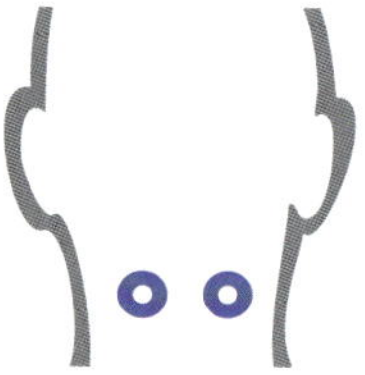

- **Zone:** einen Fingerbreit unterhalb der Schädelbasis auf den Muskelsträngen, jeweils ein Fingerbreit links und rechts der Wirbelsäule
- **Wirkung:** lindert Druckgefühle in Kopf und Augen

Tore des Bewusstseins (Gallenblase 20)

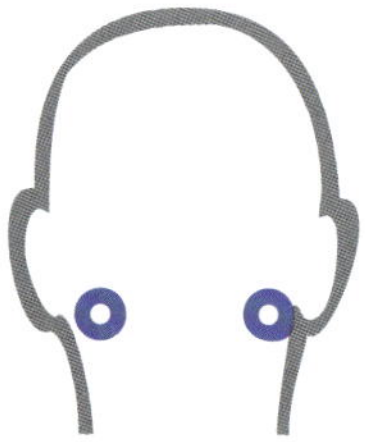

- **Zone:** unterhalb der Schädelbasis, auf beiden Seiten in der Vertiefung zwischen den senkrechten Nackenmuskeln
- **Wirkung:** hilfreich gegen Kopfschmerzen, Reizbarkeit, Schwindelgefühle, depressive Verstimmung

Vereinte Täler (Dickdarm 4)

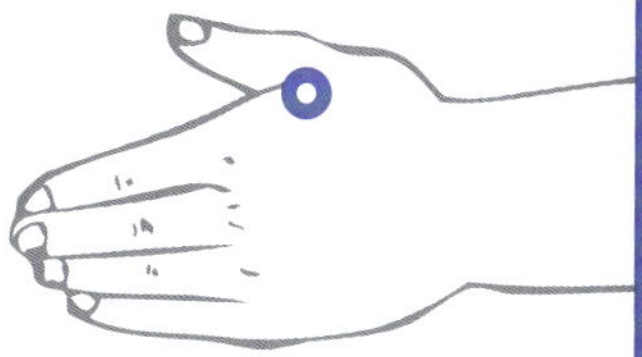

- **Zone:** bei angelegtem Daumen auf dem Muskelwulst, der sich am Daumengrundgelenk bildet
- **Wirkung:** hilfreich gegen Kopfschmerzen

Mächtige große Straße (Leber 3)

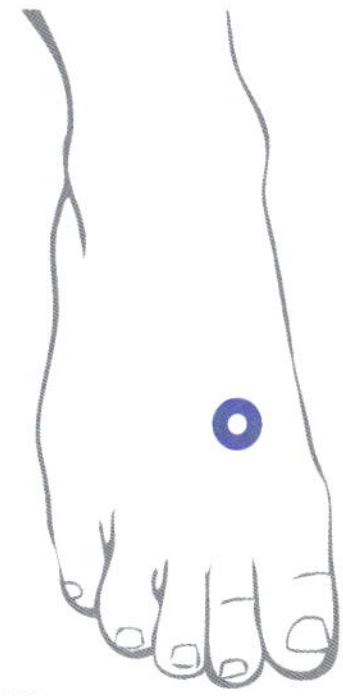

- **Zone:** auf dem Fußrücken zwischen dem großen und dem zweiten Zeh, in der Vertiefung zwischen den Knochen (etwa drei Fingerbreit vom äußeren Ende der Schwimmhaut entfernt)
- **Wirkung:** hilfreich gegen Kopfschmerzen, ermüdete Augen oder Ohnmachtsgefühle, vitalisiert das Immunsystem

Blockade der Mars-Energie: Gallenbeschwerden

Wenn Sie merken, dass Ihnen mal wieder „die Galle hochkommt", empfehlen wir das nachfolgende Balancing.

KÖRPERLICHE UND SEELISCHE SYMPTOME

Druckschmerzen im rechten Oberbauch, Koliken, eventuell Gelbfärbung der Haut, Verstopfung der Gallenwege, heller „fettiger" Stuhlgang, Schmerzen in der rechten Schulter.

SYMBOLISCHE BEDEUTUNG DER BLOCKADE

Zeichen geronnener Bitterkeit: „Gift und Galle spucken (können)", „da kommt einem die Galle hoch", galliger Humor, dem Überfluss und Überflüssigen Herr werden, von der Galle kommt der Mut zu Entscheidungen (siehe auch chinesische Medizin), ungelebte Aggression wird im Untergrund bitter und auch hinterhältig.

HEILUNG DER BLOCKADE

Sich mutig den alten, aufgestauten oder abgestandenen Aggressionen stellen, mit sich und seiner Aggression ins Reine kommen, bevor sie sich gegen einen selbst richtet (Gallenschmerzen, -kolik, -steine als verhärtete Aggression).

Quelle am Yang-Hügel (Gallenblase 34)

- **Zone:** in einer Mulde vor und unter dem Köpfchen des Wadenbeins, seitlich unterhalb des Knies
- **Wirkung:** hilfreich gegen Blockaden des Energieflusses mit Schmerzen; entspannt und entkrampft, beseitigt üblen und bitteren Geschmack im Mund

Glanz und Licht (Gallenblase 37)

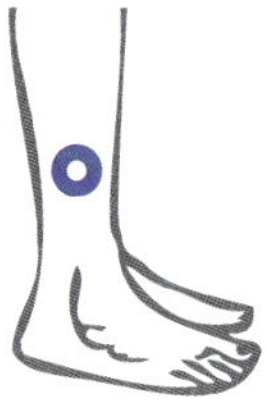

- **Zone:** eine Handbreit oberhalb des äußeren Fußknöchels an der Außenseite des Unterschenkels
- **Wirkung:** hilfreich bei Spannungsschmerzen im Brustbereich

Stützen des Yang (Gallenblase 38)

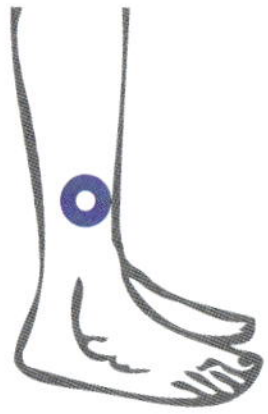

- **Zone:** etwa einen Fingerbreit unter Gallenblase 37, vor dem Schienbeinrand
- **Wirkung:** hilfreich bei Spannungsschmerzen im gesamten Körper

Feld am Hügel (Gallenblase 40)

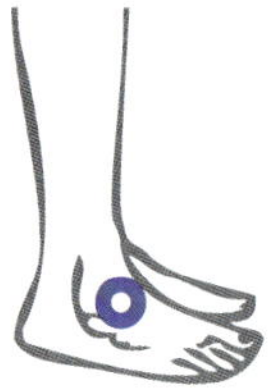

- **Zone:** in der großen Vertiefung unmittelbar vor und unter dem äußeren Fußknöchel
- **Wirkung:** löst Beklemmungsgefühle auf; sinnvoll gegen inneres Frieren und Übelkeit

Weißes des Yang (Gallenblase 14)

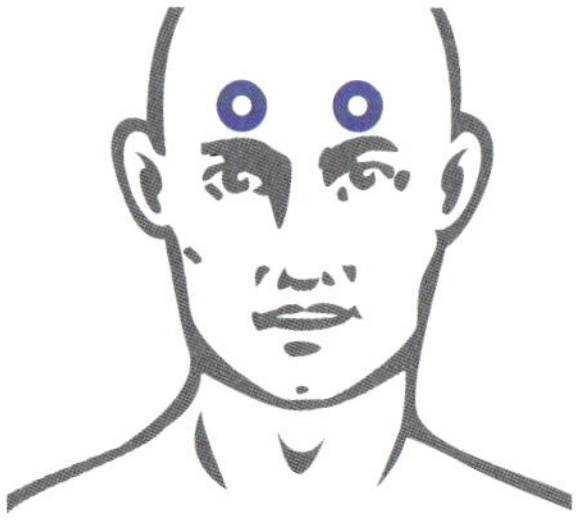

- **Zone:** auf der Stirn, ein Daumenbreit oberhalb der Augenbrauenmitte
- **Wirkung:** sinnvoll bei Übelkeit und Brechreiz

JUPITER

Tierkreiszeichen SCHÜTZE (♐)

23. November bis 21. Dezember

DAS PRINZIP DER JUPITER-ENERGIE

Die Schwingung des Archetyps JUPITER (= Tierkreiszeichen SCHÜTZE) führt uns augenblicklich in Resonanz mit der Sinnhaftigkeit unseres Lebens, unseren ideellen Werten und Potenzialen. Sie stärkt unser Urvertrauen in die Schöpfung und gibt uns innere Kraft.

Objektiv-kosmisch:

Planet JUPITER
Umlaufzeit um Sonne in
4332,59 Tagen = 11,862 Jahre
Planetenschwingung: 183,58 Hz
Farbe: Rot, 743 Nm
Ton: fis

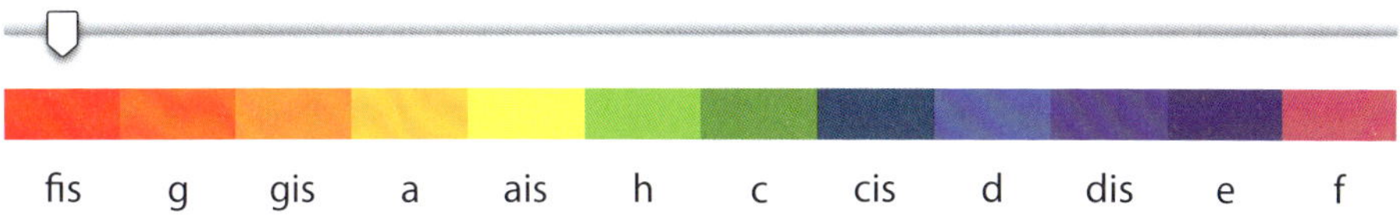

Subjektiv-irdisch:

Schütze-Farbe: Blau
Element-Farbe: Rot
Element: Feuer, Yang/männlich-aktiv
Astrologisches Haus: 9. Lebensbühne, 9. Haus (3. Quadrant = Geist), labil

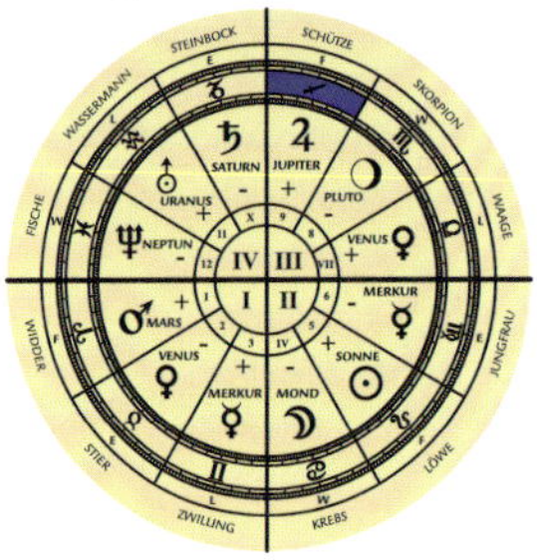

Opposition (Spannungsfeld):
Jupiter/Schütze – Merkur/Zwillinge
- **Achse der Begegnung** von Weltanschauung und Kommunikation

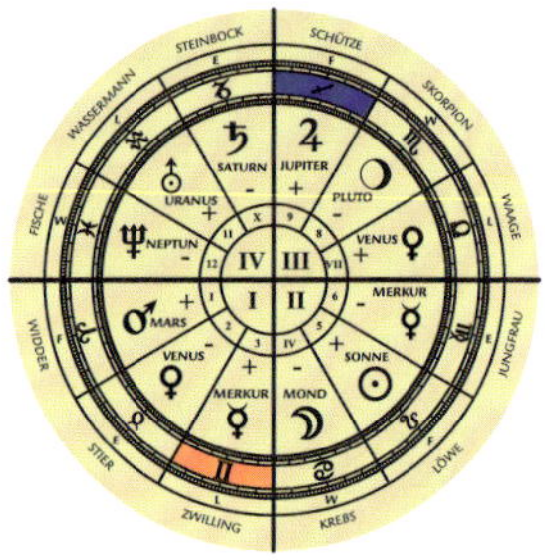

JUPITER-ENERGIE IM ALLTAG KURZ UND PRÄGNANT

Erkenntnis, Sinn des Lebens, Analyse, Glaube, Religio(n), Rückbindung zu den eigenen Wurzeln, Verwurzelung auch nach „oben", Spiritualität, geistige Energie, Gerechtigkeit, Weisheit, Glück, Expansion, Fülle

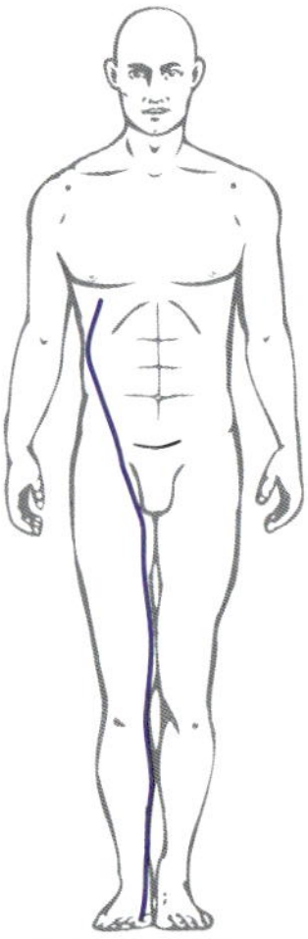

Lebermeridian

Körperliche Zuordnung:
(glatte) Muskulatur, Oberschenkel, Kreuzbein, Hüfte, Becken, Ischiasnerv

Organe:
Leber

Krankheitsdispositionen:
Leberleiden, Verfettungen, (gutartige) Wucherungen, Hüftleiden, Stau und Schwellungen an den Oberschenkeln

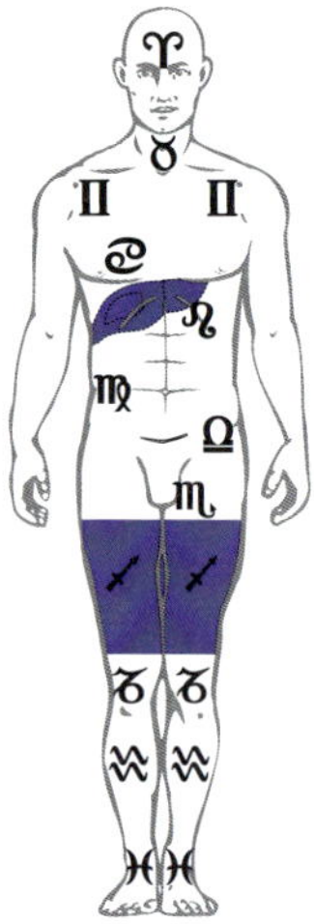

Zone Schütze

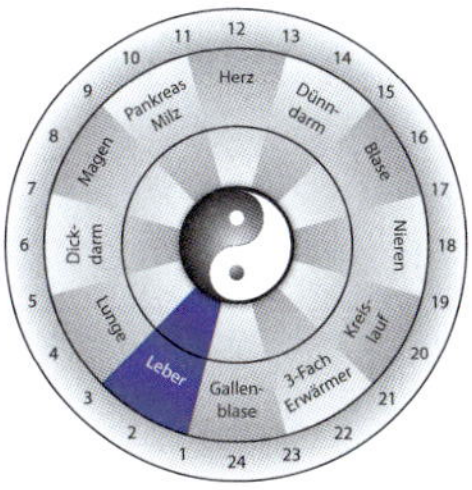

Maximalzeit Lebermeridian: 1–3 Uhr

KÖRPERLICHE EBENE

Die Jupiter-Energie wirkt ebenso harmonisierend wie ausgleichend und hilft der Leber beim Entgiften. Sie lenkt Aggressionen und Empfindungen von „Ekel" in vernünftige Bahnen, bevor wir „Gift und Galle spucken". Sie vermittelt zwischen den Polaritäten Spannung und Ent-Spannung, innen und außen, oben und unten, deren Bindeglied beim Menschen die Hüfte bildet, die Basis unseres Fortschrittes und unseres aufrechten und aufrichtigen Ganges sowie unseres Aktionsradius (innere und äußere Reise).

SEELISCHE EBENE

Jupiter macht uns großzügig, ohne verschwenderisch zu sein. Er lässt uns universelle Gesetze verstehen und leben; er bringt (göttliche) Harmonie und Entspannung, er vermittelt Hoffnung auf einen positiven Weg oder Ausgang. Die Jupiter-Energie hilft, realistische Visionen von unrealistischen zu unterscheiden. Sie führt ins Verständnis, dass es so wie es ist, gut ist und dass sich hinter jedem Schatten oder Widerstand ein göttliches Geschenk verbirgt. Jupiters Schwingung führt uns in die Gerechtigkeit zu uns selbst, zur Welt und zur Schöpfung; sie führt uns in unsere Harmonie und Mitte.

GEISTIGE EBENE

Eine erlöste Jupiter-/Schütze-Persönlichkeit lebt und verkörpert die Lebenshaltung: „Verehrung nach oben und Liebe nach unten", eine unerlöste, unreife Persönlichkeit dagegen das Motto: „Verehrung nach oben und Verachtung nach unten". Die Schwingung von Jupiter hilft bei der Religio, bei unserer Rückbindung an die Schöpfung, an das All-Eins, begleitet von all umfassender (selbstloser) Liebe nach oben und unten. Erst dann kann die (göttliche) Energie durch uns durchfließen und aus uns heraus in die Resonanz zur Welt gehen, von innen nach außen.

Die acht Stufen der Bewusstheit

JUPITER-SCHÜTZE/9. Haus

Erkenntnis – Sinn des Lebens: 9. Lebensbühne

- **Stufe 1:** Unersättlichkeit, Gigantomanie, Doppelmoral, Großmäuligkeit, Protzerei, Scharlatanerie, Expansionssucht, Wucherung, Spießertum, Vergnügungssucht
- **Stufe 2:** Arroganz, Kritiklosigkeit, Blenderei, Pauschalwissen, Verachtung, Verantwortungslosigkeit, Schwülstigkeit, Maßlosigkeit
- **Stufe 3:** Missionsdrang, Aufgeblähtheit, Verweichlichung, Hedonismus, Pseudoreligiosität, Hochstapelei, Genusssucht
- **Stufe 4:** Globetrotter, Humor, Vielseitigkeit, Sendungsbewusstsein, Moral, Freude
- **Stufe 5:** Überzeugungskraft, Begeisterung, Entwicklung, Philosophie, Lebensbejahung
- **Stufe 6:** Religiosität, Großzügigkeit, Gönnertum, Glück
- **Stufe 7:** Toleranz, Weitblick, Vernunft
- **Stufe 8:** Weisheit, Vertrauen

Die Gladiole gehört als Blüte zum Urprinzip Jupiter.

Merkmale und Signaturen der Jupiter-Energie

- **Geschmack:** vollmundig und opulent
- **Blüten:** Feuerlilie, Pfingstrose, Königskerze, Gladiole, Bougainvillea
- **Heilpflanzen:** Gingko, Rosskastanie, Zaubernuss, Ginseng
- **Kräuter und Gewürze:** Zimtnuss, Muskatnuss, Anis, Kreuzkümmel, Gewürznelke
- **Gemüse und Salat:** Rotkohl, Winterendivie, Aubergine, Zuckerrohr, Knollensellerie
- **Getreide:** Weizen
- **Früchte und Obst:** Ananas, Weintrauben, Maroni
- **Nüsse und Samen:** Sesam, Paranuss, Kürbiskerne
- **Fleisch:** Pferd, Leber, Schwein
- **Geflügel:** Pute
- **Fische:** Thunfisch, Karpfen
- **Typische Speisen:** Götterspeise, Sachertorte, Mayonnaise-Salat, Schweinshaxe
- **Getränke:** Honigwein, Likör, Feuerzangenbowle, Süßwein
- **Typische Berufe:** MissionarIn, Hotelier, SchauspielerIn, Berufe in der Reisebranche, strategische Berufe, KirchenrechtlerIn, Repräsentationsberufe, JuristIn, PolitikerIn
- **Typische Musik:** Funk und Salsa, Gospels, afro-amerikanische Musik, Klassik
- **Typische Musiktitel:** Ludwig van Beethoven: Freude schöner Götterfunken (9. Symphonie); Sister Act: Oh happy day; Era: I believe

JUPITER-ENERGIE IN DER PARTNERSCHAFT

Chance zu reifem Wachstum geistiger Werte und Spiritualität, verwurzelte Wertschätzung und Wertevorstellungen, persönliches Glück und Zufriedenheit, gerechter Umgang mit Beziehungsthemen, gemeinsame innere und äußere Reisen.

JUPITER-ENERGIE BEI KINDERN

Neugier, Suche nach Erklärungen für Gott und die Welt, geistige Beweglichkeit, Forscherdrang, Wissensdurst, Mut, Durchsetzungsvermögen, Intelligenz, Spürsinn, Freude am Lernen und Experimentieren.

Balancings für den Archetyp JUPITER

Wir empfehlen für die nachfolgenden Stimmgabel-Anwendungen die **Jupitergabel** (183,58 Hertz) oder die **Allroundgabel Om** (136,10 Hertz).

Harmonisierung der Jupiter-Energie

In Analogie zum „Kosmischen Menschen" (hier primär Körperzuordnung Leber und Galle) können Sie das Balancing sowohl zur Vorsorge als auch zur Linderung einsetzen. Probieren Sie aus, auf welche der nachfolgenden Punkte Ihr Organismus am besten anspricht.

Zusammenkunft aller Leitbahnen (Lenkergefäß 20)

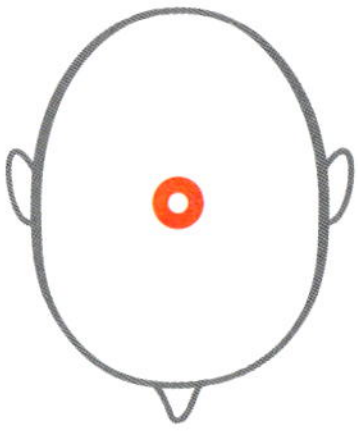

- **Zone:** auf der Mitte des Schädeldaches am höchsten Scheitelpunkt, in einer kleinen Mulde auf dem Mittelpunkt der Verbindungslinie zwischen beiden Ohrenspitzen
- **Wirkung:** stillt Schmerzen und öffnet die Sinne

Weißes des Yang (Gallenblase 14)

- **Zone:** auf der Stirn, ein Daumenbreit oberhalb der Augenbrauenmitte
- **Wirkung:** wärmt innerlich auf

Sonne und Mond (Gallenblase 24)

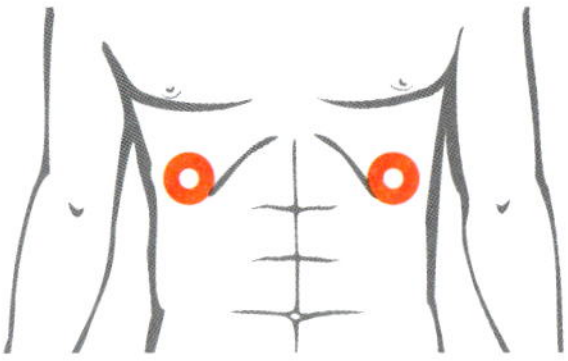

- **Zone:** im siebten Zwischenrippenraum, auf einer Linie von der Brustwarze nach unten (unterhalb der Brust)
- **Wirkung:** gegen Spannungsgefühl in der seitlichen Bauchregion und saures Aufstoßen

Punkt der Gürtelbahn (Gallenblase 26)

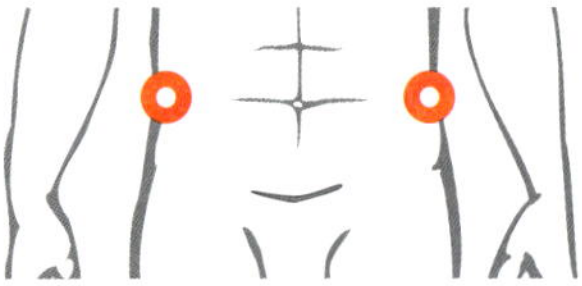

- **Zone:** auf einer senkrechten Linie von der vorderen Achselfalte nach unten, auf Höhe des Bauchnabels
- **Wirkung:** gegen Spannungen im Leib

Tor einer Periode (Leber 14)

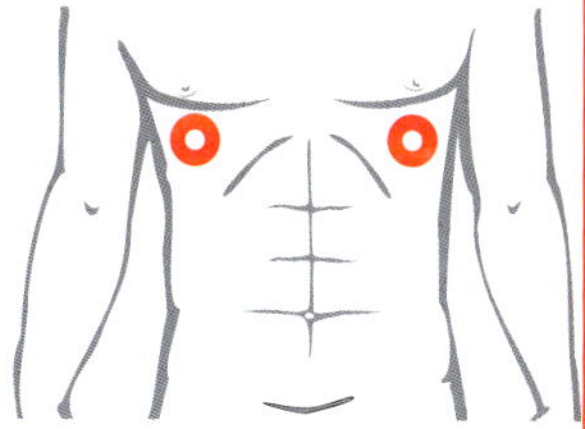

- **Zone:** auf einer senkrechten Linie unterhalb der Brustwarzen, etwa auf Höhe des Brustbeinendes
- **Wirkung:** „Alarmpunkt" der Leber, hilfreich gegen Schmerzen in der Lebergegend, entstaut die Leber

Quelle am Yang-Hügel (Gallenblase 34)

- **Zone:** in einer Mulde vor und unter dem Köpfchen des Wadenbeins, seitlich unterhalb des Knies
- **Wirkung:** entspannt und entkrampft, beseitigt üblen Geschmack im Mund, reguliert den freien Energiefluss

Kreuzung der drei Yin-Leitbahnen (Milz 6)

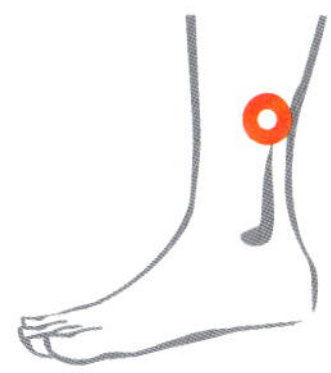

- **Zone:** vier Fingerbreit über dem höchsten Punkt des inneren Fußknöchels, am Innenrand des Schienbeins
- **Wirkung:** reguliert das Zusammenspiel von Yin und Blut, Leber und Niere

Am Rand der Tränen des Fußes (Gallenblase 41)

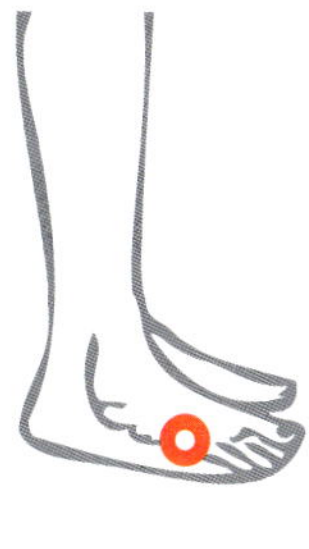

- **Zone:** auf dem Fußrücken zwischen dem vierten und fünften Zeh, in der Vertiefung zwischen den Knochen (etwa drei Fingerbreit vom äußeren Ende der Schwimmhaut entfernt)
- **Wirkung:** fördert den harmonischen Energiefluss der Leber, hilfreich gegen Schmerzen, die über den gesamten Körper wandern

Mächtige große Straße (Leber 3)

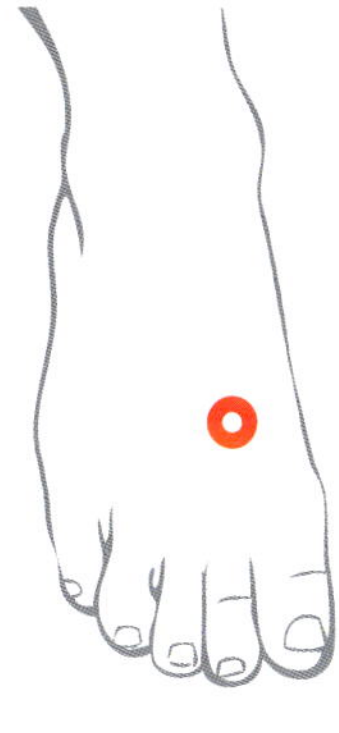

- **Zone:** auf dem Fußrücken zwischen dem großen und dem zweiten Zeh, in der Vertiefung zwischen den Knochen (etwa drei Fingerbreit vom äußeren Ende der Schwimmhaut entfernt)
- **Wirkung:** Dieser Punkt zeigt krampflösende Wirkung, hilft gegen Anspannung und Unruhe.

Blockade der Jupiter-Energie: Erschöpfung

Manifestiert sich eine Störung der Jupiter-Energie, kann es zu einem Burnout-Syndrom kommen. Das nachfolgende Balancing soll Ihren Körper unterstützen, seine „Akkus“ neu aufzuladen.

Meisterpunkt des Chi (Konzeptionsgefäß 17) bis Visierrohr (Konzeptionsgefäß 21)

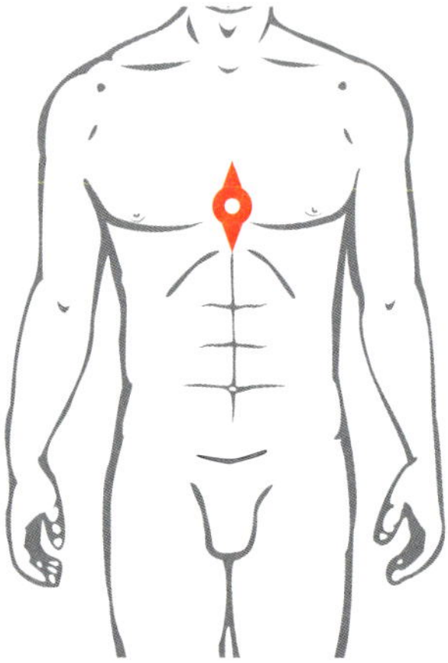

- **Zone:** Konzeptionsgefäß 17 liegt auf dem Brustbein, etwa auf Höhe der Brustwarzen; Konzeptionsgefäß 21 befindet sich am oberen Ende des Brustbeines.
- **Wirkung:** gut geeignet gegen allgemeines Unwohlsein und Abgeschlagenheit

Empfehlung: Schwingen Sie mit der schwingenden Stimmgabel zuerst den Punkt Konzeptionsgefäß 17 ein und stimulieren Sie anschließend die Brustbeinmitte langsam von unten nach oben bis zum Punkt Konzeptionsgefäß 21.

KÖRPERLICHE UND SEELISCHE SYMPTOME

Erschöpfung, Burnout, Müdigkeit, Abgeschlagenheit, leere Akkus, Gefühl der Überforderung, fehlende Vitalität und Lebensfreude, mechanisches Funktionieren.

SYMBOLISCHE BEDEUTUNG DER BLOCKADE

Sich an falscher Stelle verbrennen und auszehren, hinter den Anforderungen zurückbleiben, autoaggressive Ausbeutung; Gefühl, nicht mehr genug leisten zu können, Vorstufe zur depressiven Verstimmung, Krise als Entwicklungschance.

HEILUNG DER BLOCKADE

Auf seine ureigenen Kraftquellen zurückgreifen, Abstand gewinnen, für innere Ruhe sorgen (z.B. Meditation), mögliche Energielecks ausfindig machen und schließen, echte Motivation und Begeisterung schaffen, mit dem Herzen brennen, sinngebende Aufgabe und Arbeit suchen und finden.

Einflusspunkt der Eingeweide (Niere 16)

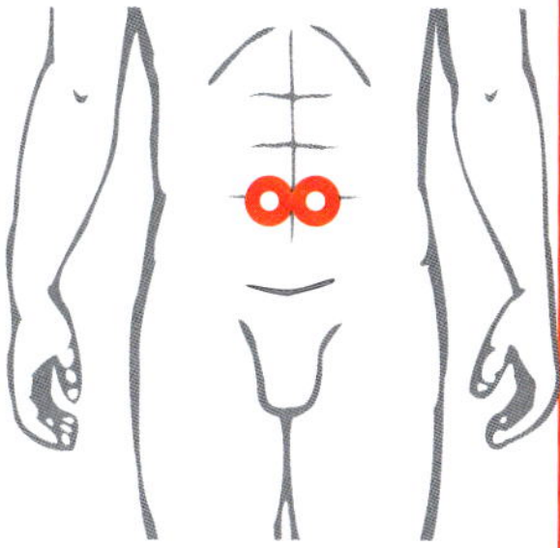

- **Zone:** Einen halben Daumenbreit seitlich des Bauchnabels
- **Wirkung:** hilfreich gegen Spannungs- und Schwellungsgefühle

Dritter Weiler am Fuß (Magen 36)

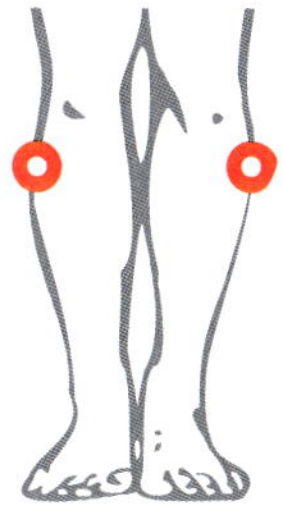

- **Zone:** vier Fingerbreit unterhalb der Kniescheibe am Bein außen
- **Wirkung:** stabilisiert Geist und Emotionen, kräftigt den gesamten Körper; sorgt für einen harmonischen Energiefluss und beugt Störungen vor; hilfreich bei Ermüdung und Mattigkeit; wirkt depressiven Verstimmungen entgegen; stärkt die Muskulatur

Vereinte Täler (Dickdarm 4)

- **Zone:** bei angelegtem Daumen auf dem Muskelwulst, der sich am Daumengrundgelenk bildet
- **Wirkung:** verteilt das Lungen-Chi und entlastet die Körperoberfläche; hilfreich gegen Schmerzen und Druckempfinden im Kopfbereich; beseitigt Gefühl des Ausgelaugtseins

Kreuzung der drei Yin-Leitbahnen (Milz 6)

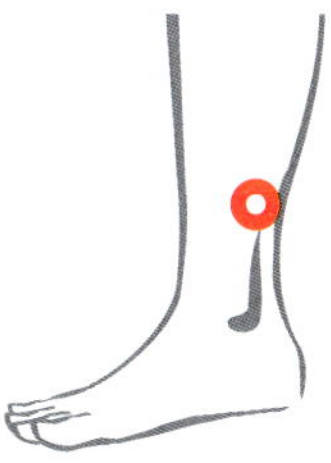

- **Zone:** vier Fingerbreit über dem höchsten Punkt des inneren Fußknöchels, am Innenrand des Schienbeins
- **Wirkung:** stärkt das untere Energiefeld; hilfreich gegen Schwäche in den unteren Extremitäten

SATURN

Tierkreiszeichen STEINBOCK (♑)
22. Dezember bis 20. Januar

DAS PRINZIP DER SATURN-ENERGIE

Die Schwingung des Archetyps SATURN (= Tierkreiszeichen STEINBOCK) führt uns augenblicklich in Resonanz mit der Energie, Wesentliches von Unwesentlichem unterscheiden zu können. Sie stärkt unsere Objektivität und unseren gesunden und bodenständigen Menschenverstand.

Objektiv-kosmisch:

Planet SATURN
Umlaufzeit um Sonne
in 10759,21 Tagen = 29,458 Jahre
Planetenschwingung: 147,85 Hz
Farbe: Blau, 461 Nm
Ton: d

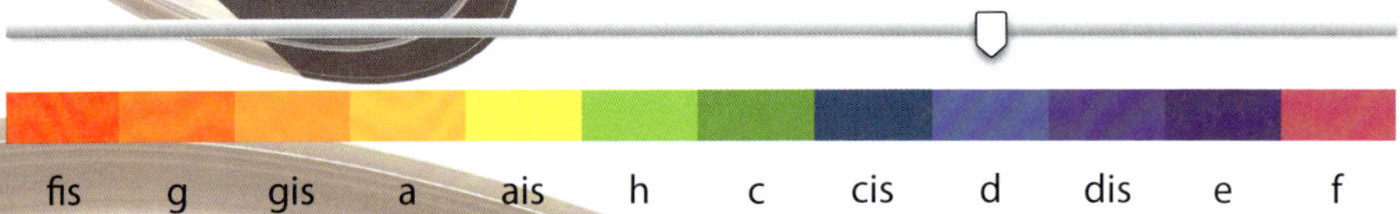

Subjektiv-irdisch:

Steinbock-Farbe: Königsblau
Element-Farbe: Grün
Element: Erde, Yin/weiblich-passiv
Astrologisches Haus:
10. Lebensbühne, 10. Haus (4. Quadrant = Spiritualität), kardinal

Opposition (Spannungsfeld):
Saturn/Steinbock – Mond/Krebs
- **Achse der Begegnung** von Objektivität und Subjektivität

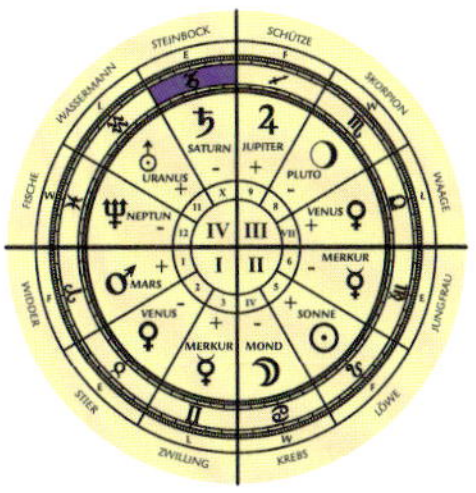

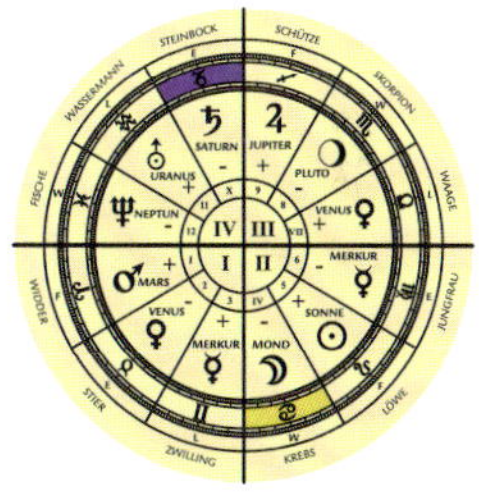

SATURN-ENERGIE IM ALLTAG KURZ UND PRÄGNANT

Sachlichkeit, Objektivität, gesunder Menschenverstand, Verwurzelung, Bodenständigkeit, Fakten, Klarheit, Nüchternheit, Ausdauer, Durchhaltevermögen, Disziplin, Moral, Ethik, Tugend, Rückzug, Abgrenzung, Reinheit, Standhaftigkeit, Struktur, Ordnung

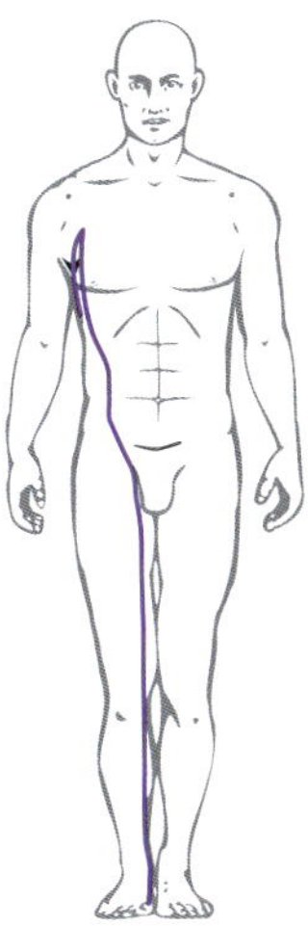

Milz-Pankreas-Meridian

Körperliche Zuordnung:
Knochen, Skelett, Knie, Sehnen, Bänder, Zahnschmelz, Hornhaut

Organe:
Milz

Krankheitsdispositionen:
Knieverletzungen, Gelenkserkrankungen, Knochenleiden, Osteoporose, alle chronischen Krankheiten, Verhärtungen, Steinbildung, Kalkablagerungen der Knochen, Thrombosen

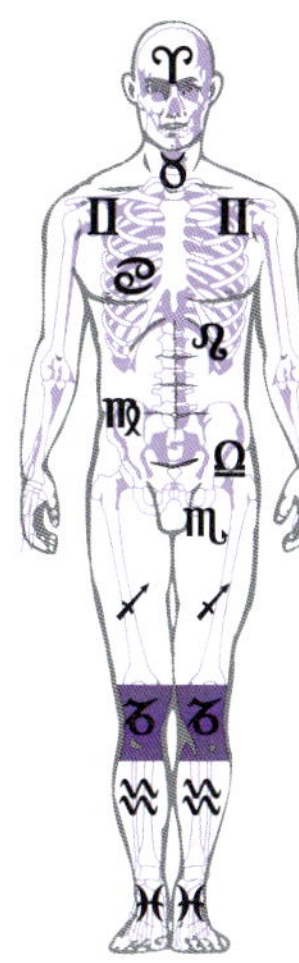

Zone Steinbock

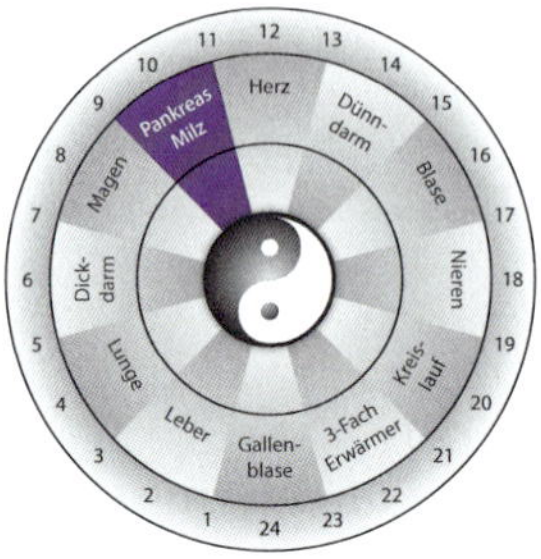

Maximalzeit Milz-Pankreas-Meridian: 9–11 Uhr

KÖRPERLICHE EBENE

Die Schwingung von Saturn fördert unsere Standhaftigkeit und trennt Subjektives vom Objektiven, Wesentliches und Unwesentliches, die Spreu vom Weizen. Sie lässt unsere Blockaden erkennen und führt zu der Erkenntnis: „Nur, wer die inneren und äußeren Gesetze akzeptiert, ist wirklich frei". Dies gilt auch auf körperlicher Ebene, denn sie bremst uns, wenn wir uns in einem bedrohlichen Maße verausgaben wollen.

SEELISCHE EBENE

Die Saturn-Energie macht uns an all den Stellen eng, wo wir nicht hinsehen wollen, an denen wir verdrängen. Durch diese Begrenzung hilft sie uns, über den Widerstand diese Schattenthemen bewusst anzugehen, Licht ins Dunkel zu bringen. Sie hilft, uns auf das Wesentliche zu konzentrieren, realistisch und klar, selbstgenügsam, sparsam statt verschwenderisch und damit ökonomisch zu sein. Sie zeigt uns den Weg aus der Angst (lat. *angustus = eng),* aus der Isolation, aus der Abgrenzung und führt dazu, dass wir Erfahrungen verarbeiten und letztendlich loslassen können, um uns auf unseren Weg zu machen.

GEISTIGE EBENE

Leben ohne Widerstand ist ein Leben in der vollkommenen Dunkelheit. Das Licht erklärt uns dies auf wunderbare Weise, denn das (Sonnen-)Licht ist auf seiner weiten Reise nicht wahrnehmbar, es ist nicht sichtbar. Erst durch einen Widerstand (Erde, Mond oder andere Himmelskörper) zeigt es sich als Licht (und Schatten), wir können Licht wahrnehmen. Diese wunderbare Entdeckung bietet für den Menschen eine einmalige Chance, die eigenen Widerstände und Blockaden zu erkennen und zu bearbeiten. Die Saturn-Schwingung hilft, durch Bewusstsein unsere Schattenthemen ins Licht zu führen.

Die acht Stufen der Bewusstheit

SATURN-STEINBOCK/10. Haus

Recht – Ordnung: 10. Lebensbühne

- **Stufe 1:** Entsagung, Depression, Unterwürfigkeit, Ausgemergeltsein, Kälte, Tod, Strenge, Humorlosigkeit, Autoritätshörigkeit, Erstarrung
- **Stufe 2:** Egoismus, Radfahrermentalität, Lebensverneinung, Mauerbildung, Hartherzigkeit, Strebertum, Engstirnigkeit, Minderwertigkeitsgefühl
- **Stufe 3:** Härte, Gefühlsarmut, Arbeitswut, Melancholie, Instinktlosigkeit, Verurteilung, emotionale Grobmotorik
- **Stufe 4:** Kontinuität, Struktur, Abgrenzung, Ordnung, Durchhaltevermögen, Moral
- **Stufe 5:** Arbeitsfreude, Zufriedenheit, Treue, Verlässlichkeit, Verantwortungsgefühl
- **Stufe 6:** Disziplin, Ernsthaftigkeit, Konsequenz, Ethik
- **Stufe 7:** Bescheidenheit, Aufrichtigkeit, Würde
- **Stufe 8:** bewusste Klarheit, erlöste Stille

Der Steinbock kann auch im Kargen leben und behält die Übersicht.

Merkmale und Signaturen der Saturn-Energie

- **Geschmack:** klar und reduziert
- **Blüten:** Silberdistel, Strohblume, Steinbrech, Enzian, Edelweiß
- **Heilpflanzen:** Stechpalme, Birkenrinde, Efeu, Zinnkraut, Wacholder
- **Kräuter und Gewürze:** (Kräuter-)Salz, Eisenkraut, Johanniskraut, Kreuzkümmel, Salbei
- **Gemüse und Salat:** Pastinake, Schwarzwurzel, Sellerie, Radicchio, Spinat, Sauerkraut, Linsen, Topinambur
- **Getreide:** Buchweizen, Graupen
- **Früchte und Obst:** Lederäpfel, Trockenobst, Quitte
- **Nüsse und Samen:** Leinsamen, alle Nüsse
- **Fleisch:** Gams, Hochwild, Bergziege
- **Geflügel:** Auerhahn
- **Fische:** Makrele, Räucherfisch
- **Typische Speisen:** Dauerwurst, Bündnerfleisch, Linseneintopf, Corned Beef
- **Getränke:** schwarzer Tee, Mineralwasser, Korn
- **Typische Berufe:** verbeamtete Berufe, MathematikerIn, BildhauerIn, VerfassungsrichterIn, HistorikerIn, RechtspflegerIn, StaatsrechtlerIn, NaturwissenschaftlerIn, ArchitektIn, Berufe in Geologie und Archäologie
- **Typische Musik:** nüchterne Kirchenmusik, gregorianische Gesänge, Meditationsmusik, (Trauer-)Märsche
- **Typische Musiktitel:** Canto Gregoriano: Mandatum Novum Do Vobis; Lex van Someren: Aum II; Lama Gyurme & Jean-Philippe Rykiel: Roads of Blessings

SATURN-ENERGIE IN DER PARTNERSCHAFT

Möglichkeit zu klaren Strukturen, geregelte Ordnung statt labilem Chaos, Fähigkeit zu sachlicher und konstruktiver Auseinandersetzung, Ausdauer in allen Bereichen, eigene Prinzipien mit solider Bindung.

SATURN-ENERGIE BEI KINDERN

Ausdauer und Durchhaltevermögen beim Lernen und in der Freizeit, sorgt für Struktur, bremst das Chaos und die konturlose Schwammigkeit, fördert die Selbstdisziplin, unterstützt die Abgrenzung und Eigenständigkeit, verwurzelte Bodenständigkeit.

Balancings für den Archetyp SATURN

Wir empfehlen für die nachfolgenden Stimmgabel-Anwendungen die **Saturngabel** (147,85 Hertz) oder die **Allroundgabel Om** (136,10 Hertz).

Harmonisierung der Saturn-Energie

In Analogie zum „Kosmischen Menschen" (hier primär Körperzuordnung Knochen-, Sehnen- und Skelettsystem) können Sie das Balancing sowohl zur Vorsorge als auch zur Linderung einsetzen. Probieren Sie aus, auf welche der nachfolgenden Punkte Ihr Organismus am besten anspricht.

Meer der Energie (Konzeptionsgefäß 6)

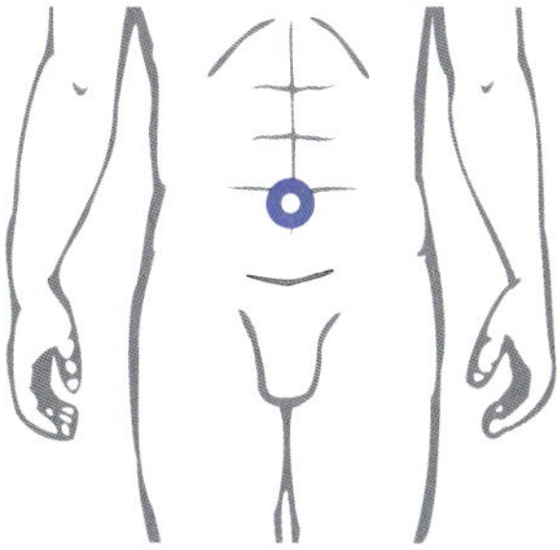

- **Zone:** Teilt man die Strecke vom Nabel bis zur Schambeinoberkante in fünf gleiche Teile, liegt dieser Punkt etwa ein Fünftel vom Nabel nach unten entfernt.
- **Wirkung:** hilfreich bei Kreuzschwäche, beugt einer Vielzahl an Rückenproblemen vor; wirkt auch bei chronischer Leistungsschwäche; stärkt und wärmt das untere und mittlere Energiefeld

Zusammengelegter Bambus (Blase 2)

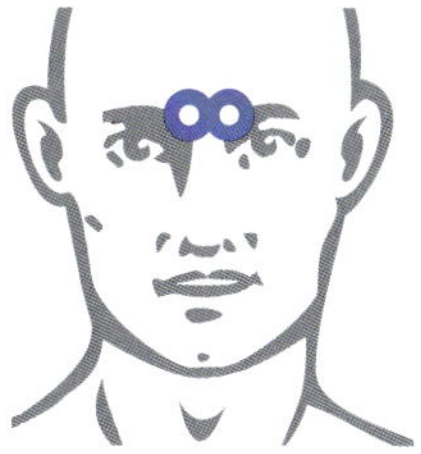

- **Zone:** am inneren Ende der Augenbrauen
- **Wirkung:** hilfreich bei Nacken- und Kopfschmerzen; wirkt gegen Überanstrengung der Augen und getrübte Sicht

Himmlische Säule (Blase 10)

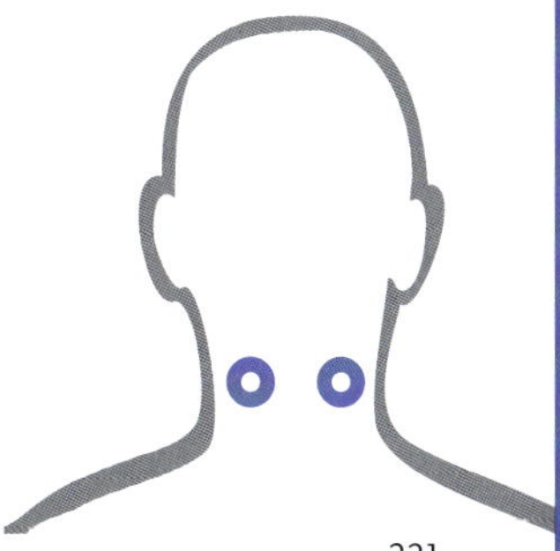

- **Zone:** einen Fingerbreit unterhalb der Schädelbasis auf den Muskelsträngen, jeweils einen Fingerbreit links und rechts der Wirbelsäule
- **Wirkung:** gut geeignet bei steifem Hals, Halsentzündung sowie Druckgefühl in Kopf und Augen; beseitigt Verspannungen und Schmerzen

Zustimmungspunkt der Harnblase (Blase 28)

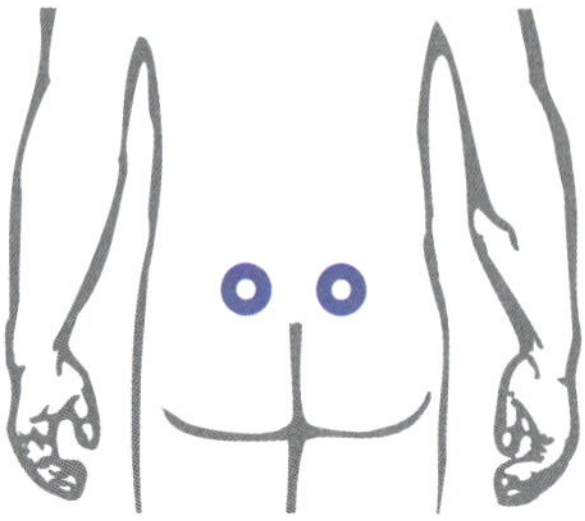

- **Zone:** drei Fingerbreit vom Ende der Gesäßfalte schräg nach oben (im Winkel von 45°)
- **Wirkung:** gut geeignet gegen Schmerzen und Steifigkeit des Rückens, hilfreich bei Ischiasbeschwerden und Hexenschuss

Spalte des Fleisches (Blase 36)

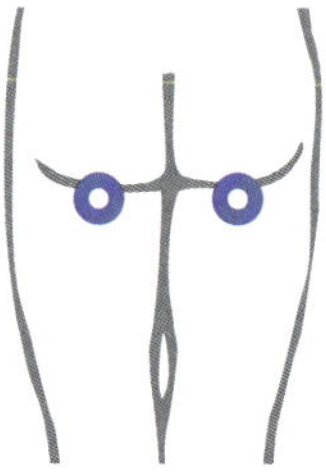

- **Zone:** direkt unterhalb der Gesäßbacke, in der Mitte der Falte
- **Wirkung:** hilfreich gegen Hüftschmerzen, Spannungen im Beckenbereich und Kreuzschmerzen aller Art

Mitte des Staugewässers (Blase 40)

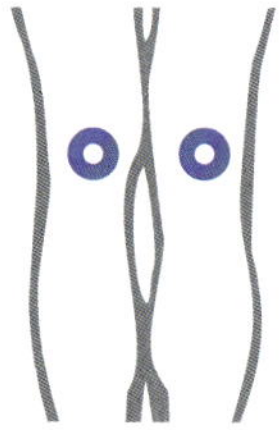

- **Zone:** in der Mitte der Kniegelenksfalte
- **Wirkung:** gut geeignet gegen Arthritis, Rückenschmerzen, Steifigkeit und auch Knieschmerzen; stärkt den unteren Rücken, entspannt die Sehnen

Blockade der Saturn-Energie: Rückenschmerzen

Innere seelische Belastungen können sich in Körpersymptomen wie Rückenbeschwerden und Nackenschmerzen äußern.

Tore des Bewusstseins (Gallenblase 20)

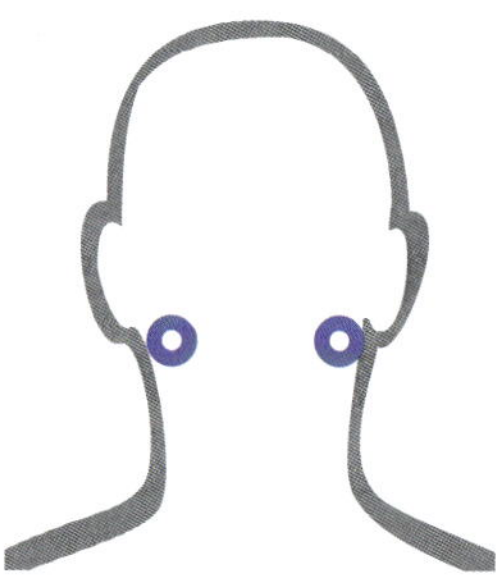

- **Zone:** unterhalb der Schädelbasis, auf beiden Seiten in der spürbaren Vertiefung zwischen den senkrechten Nackenmuskeln
- **Wirkung:** hilfreich gegen steifen Hals, Nacken- und Kopfschmerzen; wirkt gegen Reizbarkeit, innere Unruhe und depressive Verstimmungen, lindert Schwindelgefühle

KÖRPERLICHE UND SEELISCHE SYMPTOME

Nackenschmerzen, Hexenschuss, Schulterverspannung, schmerzhaftes Stechen bei bestimmten Bewegungen, (Morgen-)Steifheit, Rückenmuskelverhärtung, Kreuzschmerzen, Ischiasbeschwerden.

SYMBOLISCHE BEDEUTUNG DER BLOCKADE

Innere und äußere Haltung entsprechen sich oder sind im Widerspruch zueinander; unter Schmerzen und hohem Energieaufwand die Haltung bewahren (wollen), Probleme haben, zu sich selbst und seiner Haltung zu stehen.

HEILUNG DER BLOCKADE

Unbewusste Unaufrichtigkeiten bewusst machen, den Rücken von untragbaren Bürden und Lasten befreien, Verspannungen in bewusste spannende Handlungen im eigenen Leben wandeln und übertragen.

Spalt unter der Schulterhöhe (Dickdarm 15)

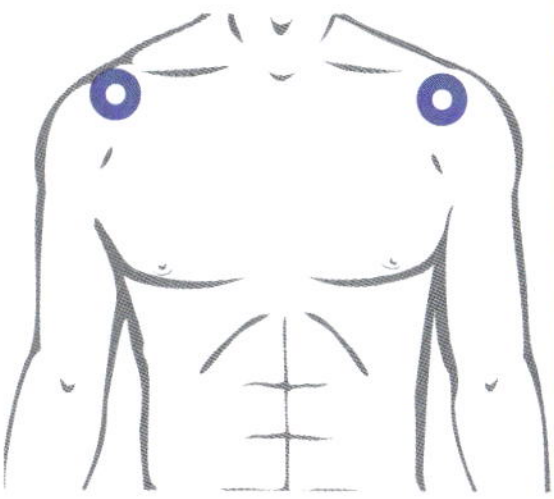

- **Zone:** in einer tastbaren Mulde an der vorderen Schulter, die sich beim seitlichen Anheben des Armes ergibt
- **Wirkung:** wirkt gegen Schulterschmerzen, Steifigkeit und Nackenverspannungen; auch hilfreich bei Lähmungen der oberen Extremitäten

Brunnen der Schulter (Gallenblase 21)

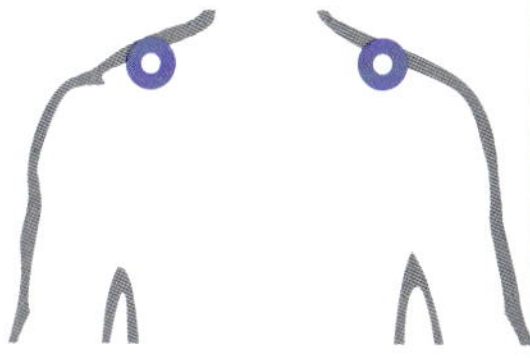

- **Zone:** etwa auf halber Strecke zwischen Wirbelsäule und Schulter (oben auf der Kante)
- **Wirkung:** wirkt vor allem gegen Schmerzen im Schulterbereich, außerdem hilfreich bei Rücken- und Nackenschmerzen

Das Innerste des Inneren (Blase 43)

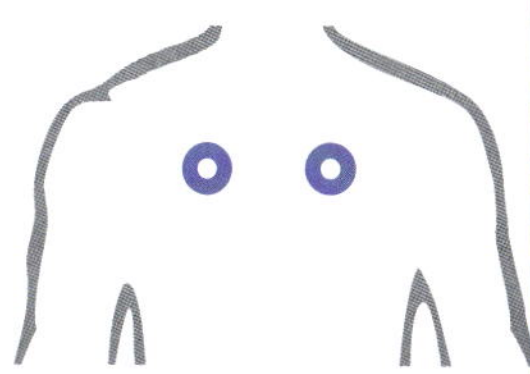

- **Zone:** vier Fingerbreit neben der Wirbelsäule, etwa auf Höhe der hinteren Achselfalte
- **Wirkung:** wirksam gegen Rücken- und Schulterschmerzen sowie gegen Erschöpfung

URANUS

Tierkreiszeichen WASSERMANN (♒)
21. Januar bis 18. Februar

DAS PRINZIP DER URANUS-ENERGIE

Die Schwingung des Archetyps URANUS (= Tierkreiszeichen WASSERMANN) führt uns augenblicklich in Resonanz mit der Kraft der Umpolung, des Neue-Wege-Gehens und des Entdeckerdranges. Sie stärkt unseren Willen zur Freiheit und gegenseitigen Toleranz.

Objektiv-kosmisch:

Planet URANUS
Umlaufzeit um Sonne in
30685,9398 Tagen = 84,014 Jahre
Planetenschwingung: 207,36 Hz
Farbe: Orange, 658 Nm
Ton: gis

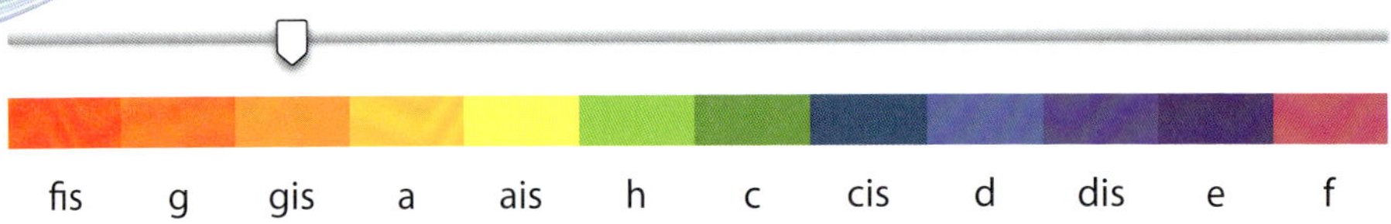

Subjektiv-irdisch:

Wassermann-Farbe: Violett
Element-Farbe: Gelb
Element: Luft, Yang/männlich-aktiv
Astrologisches Haus:
11. Lebensbühne, 11. Haus (4. Quadrant = Spiritualität), fix

Opposition (Spannungsfeld):
Uranus/Wassermann – Sonne/Löwe

- **Achse der Begegnung** von Idealismus und Herzenswärme

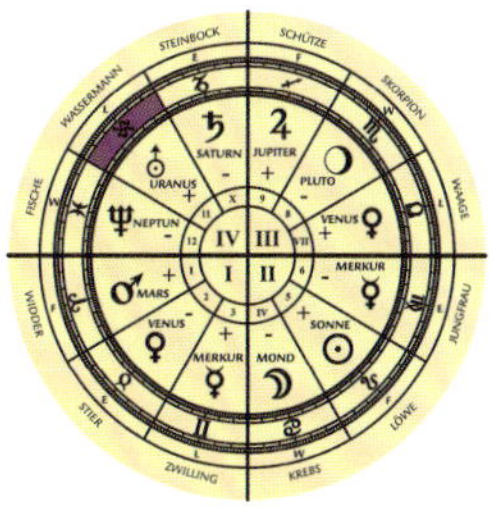

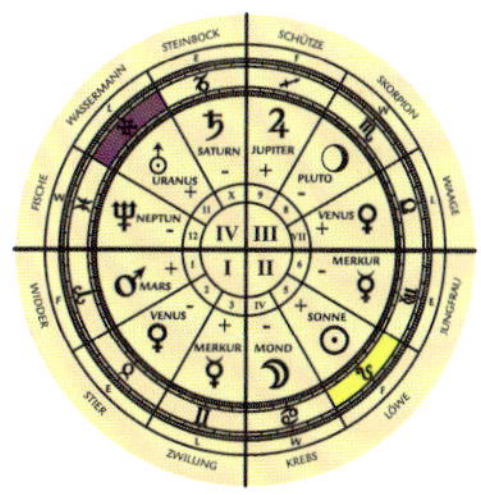

URANUS-ENERGIE IM ALLTAG KURZ UND PRÄGNANT

Ungezwungenheit, Freiheit, Einfallsreichtum, Teamfähigkeit, Gleichheit, Brüderlichkeit, Idealismus, Humanismus, Originalität, Skurrilität, Umpolung, Entladung, Bruch, Neue-Wege-Gehen, Karneval, Kosmos, Welt der Ideen

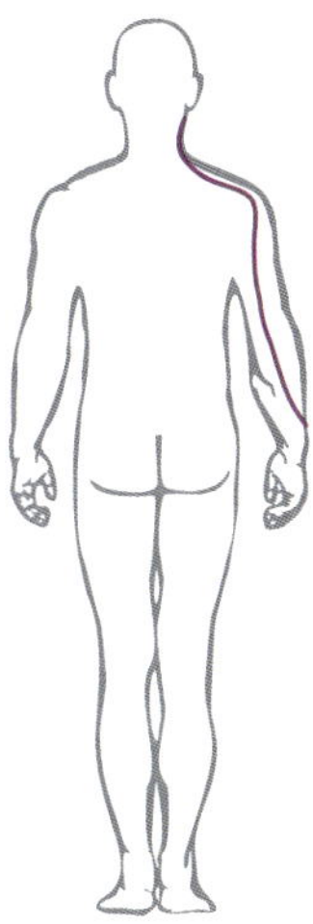

Dreifacher-Erwärmer-Meridian

Körperliche Zuordnung:
Waden und Knöchel, Unterschenkel, Schienbein, Zentralnervensystem

Organe und Drüsen:
Hypophyse

Krankheitsdispositionen:
Brüche aller Art, Herzrhythmusstörungen, Zuckungen (Tics) bis Epilepsie, Krampfzustände

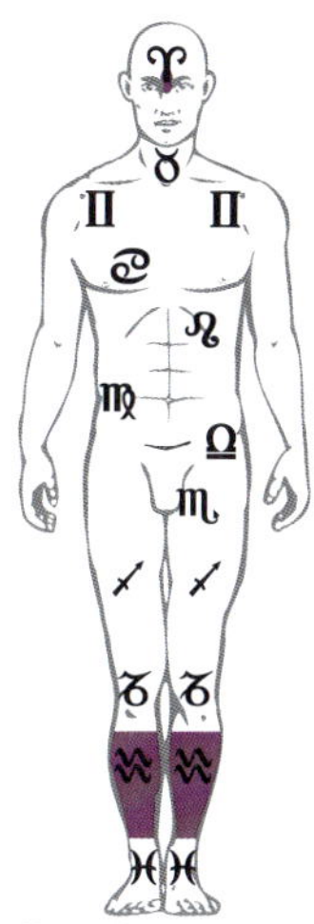

Zone Wassermann

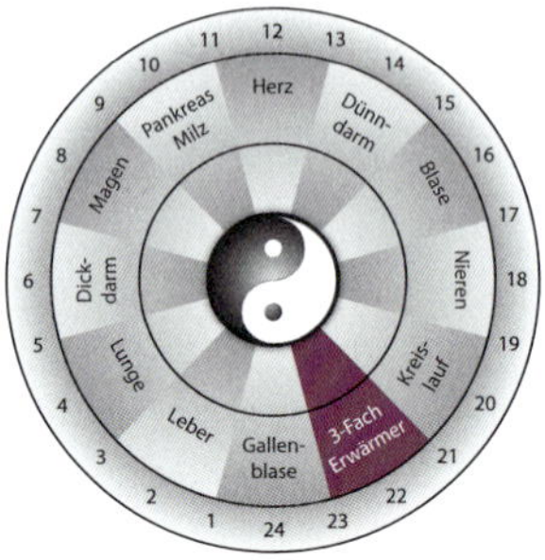

Maximalzeit Dreifacher Erwärmer: 21 – 23 Uhr

KÖRPERLICHE EBENE

Die Uranus-Schwingung entspannt auf körperlicher Ebene. Sie hilft dem Körper-Bewusstsein beim Finden neuer Wege, bei der Aufhebung von scheinbar unüberbrückbaren Polaritäten und Spannungssituationen, indem sie die Kraft des Uranus (Elektrizität) in sinnvolle Bahnen lenkt, in die Schöpfung statt in die Zerstörung. Die Uranus-Energie kann somit bei der Besänftigung von Nervenanspannungen mithelfen.

SEELISCHE EBENE

Die Uranus-Energie bringt die unterbewussten Strukturen nach oben, führt uns in die Wahrheit und lässt uns diese in Freiheit leben; die Erkenntnisse kommen plötzlich und unerwartet, bisweilen erscheint es uns wie eine Revolution. Sie deckt Bevormundung und Zwänge auf, die uns in die Unfreiheit führen. Sie macht uns bereit, in die Umpolung zu gehen, neue Wege einzuschlagen, in die eigene Identität zu kommen, in die eigene Schöpferkraft, intuitiv und originell, freiheitsliebend und unabhängig, idealistisch und humanitär, als Schwimmer gegen den Strom, sie ist der Himmel (Uranus) auf Erden (Gaia).

GEISTIGE EBENE

Das Prinzip der Uranus-Energie hasst Verbote und Einschränkungen, es ist das Prinzip der Umpolung, das Prinzip des „Neue-Wege-Gehens". Das ist das Prinzip des Christoph Columbus, der Indien sucht und Amerika entdeckt, das ist Böttcher, der für seinen Auftraggeber Gold herstellen soll und dabei Porzellan erschafft. Bei der Uranus-Energie geht es um Erweiterung, um das Sprengen von Grenzen, um die Verbindung von menschlicher und kosmischer Energie, es geht um Ein-Klang von oben und unten.

Die acht Stufen der Bewusstheit

URANUS-WASSERMANN/11. Haus

Freiheit – Neue Wege gehen: 11. Lebensbühne

- **Stufe 1:** Verrücktheit, Panik, Fluchttendenz, Gehetztheit, Abgehobensein, Wahnsinn, Zwanghaftigkeit, Zentrumslosigkeit, Zerrissenheit, Strukturlosigkeit
- **Stufe 2:** Verwirrtheit, Unzuverlässigkeit, Überheblichkeit, Entladung, Zick-Zackkurs, Sprunghaftigkeit, Arroganz, Narrenhaftigkeit
- **Stufe 3:** Schrulligkeit, Widerstand, Unberechenbarkeit, Karikatur, Exzentrizität, Revolution, Heimatlosigkeit
- **Stufe 4:** Außenseitertum, Witz, Veränderungsdrang, Originalität, Nonkonformismus, Experimentierfreude
- **Stufe 5:** Sozialempfinden, Einfallsreichtum, Wahrheitsliebe, Geistigkeit, Kreativität
- **Stufe 6:** Freiheit, Gleichheit, Brüderlichkeit, Integration
- **Stufe 7:** Genialität, Visionskraft, Leichtigkeit des Seins
- **Stufe 8:** Erlöst und losgelöst, „wahre“ Freiheit

Das (uranische) Leben ist bunt.

Merkmale und Signaturen der Uranus-Energie

- **Geschmack:** künstlich, exotisch und originell
- **Blüten:** Strelitzie, Calla, Papyrus, Mistelzweig, Storchenschnabel, Springkraut
- **Heilpflanzen:** Malve, Mistel, Johanniskraut, Augentrost
- **Kräuter und Gewürze:** Kapern, Gewürzmischung, Currymischung, künstliche Aromen
- **Gemüse und Salat:** Chicorée, Romanesco, Sprossen
- **Getreide:** Wildreis, Amaranth
- **Früchte und Obst:** Kiwi, Litschi, Grapefruit, Passionsfrucht, exotische Früchte
- **Nüsse und Samen:** Bittermandel, Cashew
- **Geflügel:** Strauß, Truthahn
- **Fleisch:** Springbock, Känguru, Heuschrecke
- **Fische:** Lachs, Plattfische
- **Typische Speisen:** Wok-Gemüse, Frühlingsrollen, Waffeln, convenience food
- **Getränke:** Mixgetränke, Cola, perlende Limonade
- **Typische Berufe:** PilotIn, Steward(ess), ErfinderIn, TänzerIn, InformatikerIn, Berufe in der Elektronik und Technik, KarikaturistIn, SprengmeisterIn
- **Typische Musik:** Experimentelle und atonale Musik, Techno, Free Jazz
- **Typische Musiktitel:** Fifth Dimension: Aquarius; Pink Floyd: Astronomy Dominé; Karlheinz Stockhausen: Klavierstück XI

URANUS-ENERGIE IN DER PARTNERSCHAFT

Zwangloses Miteinander, Respekt vor individuellem Freiraum, Platz für Spontaneität, hohe Ideale an Beziehung, Überbrückung scheinbar unvereinbarer Gegensätze, Wahrhaftigkeit und Unabhängigkeit, Originalität statt Langeweile.

URANUS-ENERGIE BEI KINDERN

Ideenreichtum, Fantasiereisen, Faszination für das Universum, Sprunghaftigkeit, Freiheitsliebe, „eigener Kopf", Erfindergeist, Rebell, „Widerstandskämpfer" gegen Verbote und Zwänge, guter Teamplayer, Kreativität, manchmal auch skurril.

Balancings für den Archetyp URANUS

Wir empfehlen für die nachfolgenden Stimmgabel-Anwendungen die **Uranusgabel** (207,36 Hertz) oder die **Allroundgabel Om** (136,10 Hertz).

Harmonisierung der Uranus-Energie

In Analogie zum „Kosmischen Menschen" (hier primär Körperzuordnung Zentrales Nervensystem) können Sie das Balancing sowohl zur Vorsorge als auch zur Linderung einsetzen. Probieren Sie aus, auf welche der nachfolgenden Punkte Ihr Organismus am besten anspricht.

Zusammenkunft aller Leitbahnen (Lenkergefäß 20)

- **Zone:** auf der Mitte des Schädeldaches am höchsten Scheitelpunkt, in einer kleinen Mulde auf dem Mittelpunkt der Verbindungslinie zwischen beiden Ohrenspitzen
- **Wirkung:** sinnvoll vor allem gegen Nervosität

Versammlungshalle des Windes (Lenkergefäß 16)

- **Zone:** auf der Mittellinie des Hinterkopfes, in der großen Vertiefung unterhalb der Schädelbasis
- **Wirkung:** hilfreich gegen Unruhezustände, Überdrehtheit, Schwindelgefühle und seelische Verstimmungen

Tor einer Periode (Leber 14)

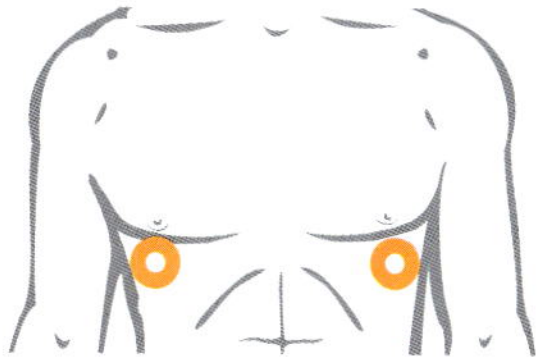

- **Zone:** auf einer senkrechten Linie unterhalb der Brustwarzen, etwa auf Höhe des Brustbeinendes
- **Wirkung:** beseitigt Stagnationen

Hinterer Wasserlauf (Dünndarm 3)

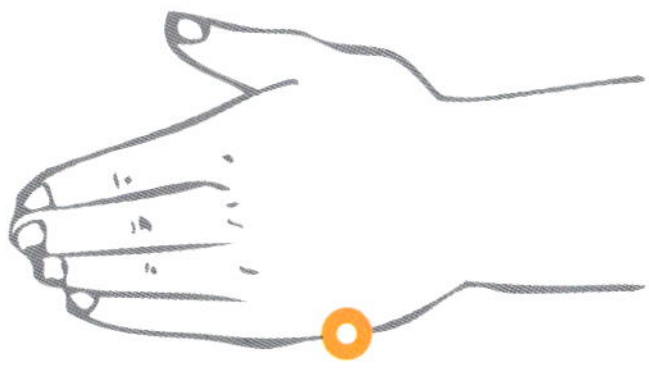

- **Zone:** an der Handaußenkante, am Übergang zwischen rotem und weißem Fleisch – an dem kleinen Hautwulst, der sich bei leichtem Faustschluss bildet
- **Wirkung:** hilft bei der Klärung des Geistes

Pforte der Geisteskraft (Herz 7)

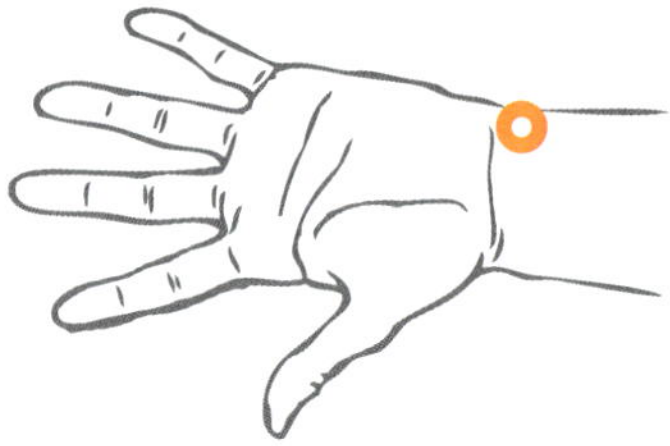

- **Zone:** am Ende der Handgelenksbeugefalte, auf der Seite des kleinen Fingers
- **Wirkung:** hilft gegen Herzklopfen, Furcht, Nervosität, Prüfungsangst, Vergesslichkeit; sorgt für einen harmonischen Energiefluss

Zwischenraum des Gehens (Leber 2)

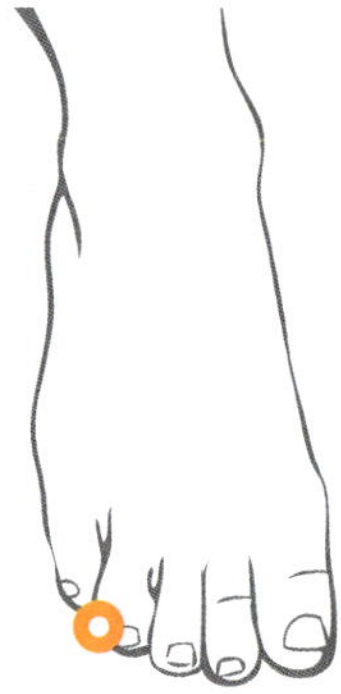

- **Zone:** in der Schwimmhaut zwischen dem großen und dem zweiten Zeh
- **Wirkung:** sinnvoll gegen leichte Reizbarkeit und krampfartige Attacken

Blockade der Uranus-Energie: Nervosität

Ist die Uranus-Energie gestört oder blockiert, gerät der Mensch „außer sich" und wird unruhig und nervös; er tut sich schwer, in die eigene Mitte zu finden und dort zur Ruhe zu kommen.

KÖRPERLICHE UND SEELISCHE SYMPTOME

Anspannung und innere Unruhe, Herzrasen, Schweißausbrüche, Gefühl der Unsicherheit und Angst, beschleunigte Atmung.

SYMBOLISCHE BEDEUTUNG DER BLOCKADE

Die Ansprüche an die eigene Lebensgeschwindigkeit lassen sich nicht (problemlos) vom Körper umsetzen; Reizüberflutung; Überbelastung stört die normalen Verbindungen; drohender Zusammenbruch des Netzwerks.

HEILUNG DER BLOCKADE

Den Input (vorübergehend) reduzieren; sich Ruhe, Entspannung und Regeneration gönnen; sich vom Leben selbst reizen lassen, statt vor innerer Unruhe zittern; lernen, aus dem Bauch heraus zu handeln (und weniger aus dem Kopf).

Zusammenkunft aller Leitbahnen (Lenkergefäß 20)

- **Zone:** auf der Mitte des Schädeldaches am höchsten Scheitelpunkt, in einer kleinen Mulde auf dem Mittelpunkt der Verbindungslinie zwischen beiden Ohrenspitzen
- **Wirkung:** sinnvoll vor allem gegen Nervosität, Benommenheit, Unruhezustände, Verspannungen und Schwindel

Punkt des Dritten Auges/ 6. Chakra (Extrapunkt KH 3)

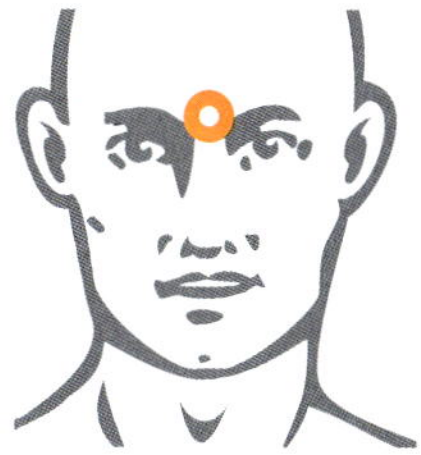

- **Zone:** in der Vertiefung zwischen den Augenbrauen, zwischen Nasenwurzel und der Mitte der Stirn
- **Wirkung:** beruhigt Körper, Geist und Seele

Meisterpunkt des Chi (Konzeptionsgefäß 17)

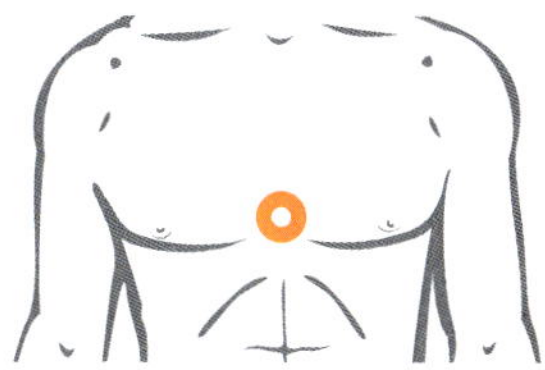

- **Zone:** etwas unterhalb der Mitte des Brustbeins
- **Wirkung:** vor allem hilfreich zur Reduzierung von Nervosität und Ängstlichkeit sowie zur Linderung von depressiven Verstimmungen

Wachtor der Geisteskraft (Konzeptionsgefäß 8)

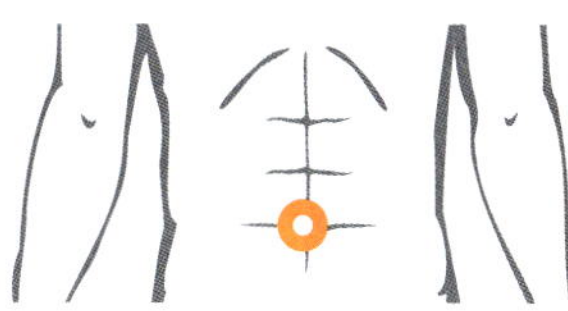

- **Zone:** im Bauchnabel
- **Wirkung:** gut geeignet gegen Verkrampfung und Gefühle der „Ohnmacht“, sorgt für Energieausgleich

Dritter Weiler am Fuß (Magen 36)

- **Zone:** vier Fingerbreit unterhalb der Kniescheibe, am Bein außen
- **Wirkung:** baut Nervosität ab, stabilisiert den Körper

NEPTUN

Tierkreiszeichen FISCHE (♓)

19. Februar bis 20. März

DAS PRINZIP DER NEPTUN-ENERGIE

Die Schwingung des Archetyps NEPTUN (= Tierkreiszeichen FISCHE) führt uns augenblicklich in Resonanz mit unserer Spiritualität und der Unendlichkeit des Kosmos. Sie hilft uns beim Loslassen in Demut und beim Erleben des „Dein-Wille-geschehe“.

Objektiv-kosmisch:

Planet NEPTUN
Umlaufzeit um Sonne
in 60187,64 Tagen = 164,793 Jahre
Planetenschwingung: 211,44 Hz
Farbe: Orange, 645 Nm
Ton: gis

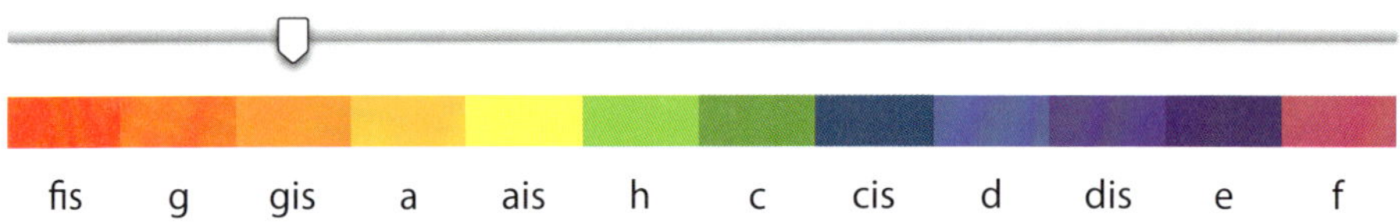

Subjektiv-irdisch:

Fische-Farbe: Magenta
Element-Farbe: Blau
Element: Wasser, Yin/weiblich-passiv
Astrologisches Haus: 12. Lebensbühne, 12. Haus (4. Quadrant = Spiritualität), labil

Opposition (Spannungsfeld):
Neptun/Fische – Merkur/Jungfrau
- **Achse der Begegnung** von Spiritualität und Vernunft

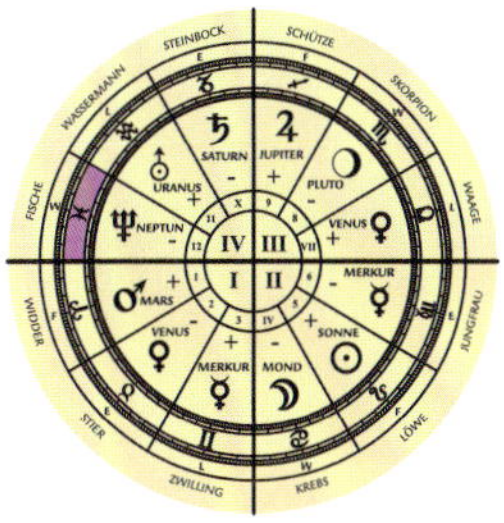

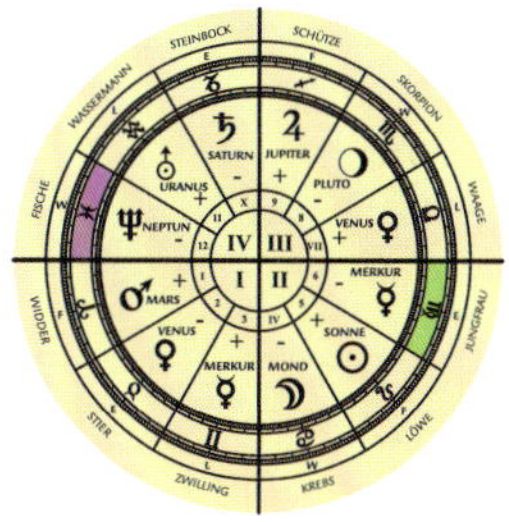

NEPTUN-ENERGIE IM ALLTAG KURZ UND PRÄGNANT

Sehnsucht, Loslassen, Demut, Träumerei, Spiritualität, Selbstlosigkeit, Hilfsbereitschaft, Aufopferung, Mitgefühl, Fluss des Lebens, Glaube, Altruismus, Romantik, Schöpfermentalität, Hingabe, Sensitivität

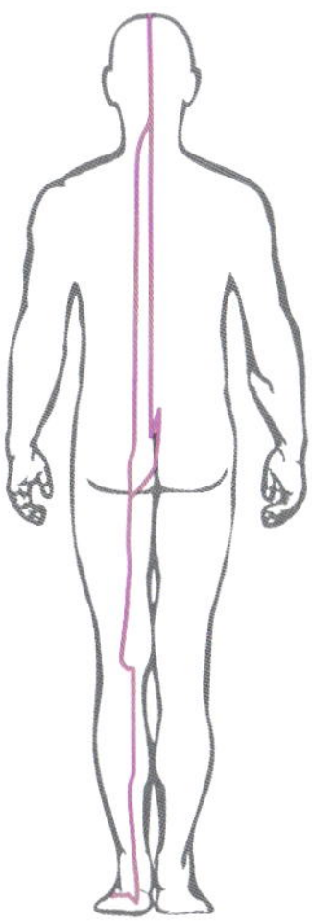

Blasenmeridian

Körperliche Zuordnung:
Zehen, Füße, Fußgewölbe,
„Ätherkörper" des Menschen

Drüsen:
Zirbeldrüse

Krankheitsdispositionen:
sämtliche Suchtkrankheiten
(vor allem Alkohol- und Drogenmissbrauch),
alle Fußleiden, Delirium, Wahnvorstellungen,
Halluzinationen, Auflösungstendenzen
(Alzheimer, Demenz)

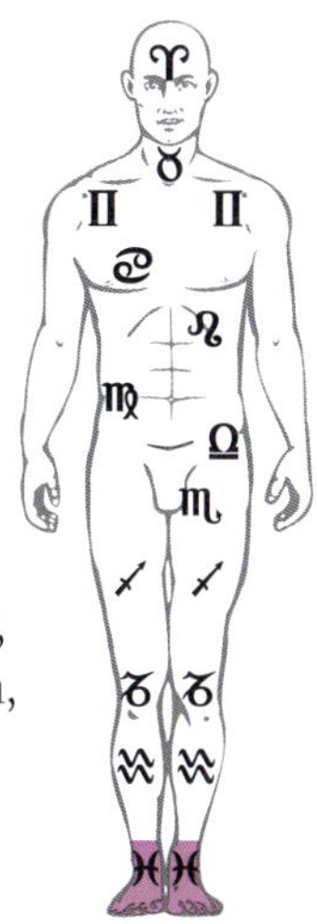

Zone Fische

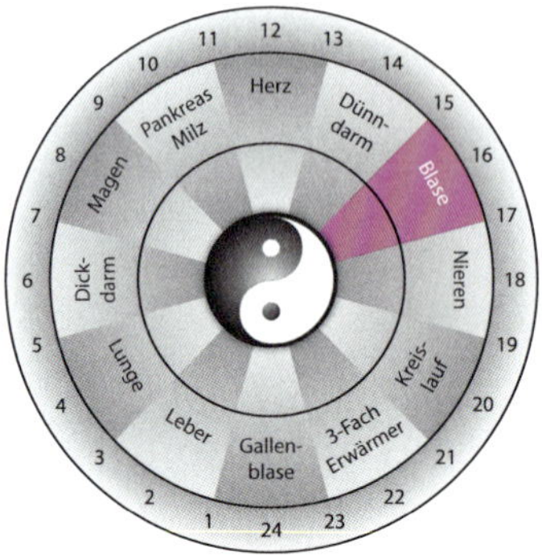

Maximalzeit Blasenmeridian: 15–17 Uhr

KÖRPERLICHE EBENE

Die Neptun-Energie unterstützt auf körperlicher Ebene das Loslassen und die Reinigung (durch Meridiane und des Lymphsystems), was zu einer Aufrechterhaltung des energetischen Gleichgewichtes beiträgt (zwischen Yin- und Yang-Anteilen). Sie schafft die Verbindung zwischen unserem „unteren" animalischen, körperlichen Anteil mit „oben". Auf diese Weise eröffnet sie uns neue Horizonte, macht uns weiter und führt uns aus der Enge.

SEELISCHE EBENE

Die Energie des Neptun hilft bei der Aufdeckung aller Arten von Verschleierung, des Selbstbetruges und der Lüge. Sie balanciert die Gratwanderung zwischen Sehnsucht und Sucht und führt uns in unsere wahren Träume und Visionen, aktiviert unsere Kreativität, die Inspiration und unsere Fantasie. Defizit und Mangel an Eigenliebe und Eigenverantwortung können als solche entlarvt und somit bearbeitet werden.

GEISTIGE EBENE

Der Beginn des Neptun-Fische-Zeitalters (ca. im Jahre null unserer Zeitrechnung) war geprägt von den Religionsstiftern wie Buddha oder Jesus Christus, der stellvertretend das Leid der ganzen Welt auf sich nimmt, indem er am Kreuz stirbt. Aus erlösten Fische-Charakteren spricht die Qualität der allumfassenden Liebe, selbstlos und altruistisch. Ego-Strukturen werden losgelassen in der Sicherheit, dass es keinerlei Sicherheit gibt. Es ist die Hingabe an ein höheres Leben, die Sehnsucht nach göttlicher Vollkommenheit in Demut, die bei der Neptun-Energie mit uns in Resonanz geht.

Die acht Stufen der Bewusstheit

NEPTUN-FISCHE/12. Haus

Loslassen – Demut: 12. Lebensbühne

- **Stufe 1:** Täuschung, Wahn, Betrug, Demütigung, Lüge, Ausgestoßensein, Zersetzung, Illusion, Inkarnationsverweigerung, Sehn-Sucht
- **Stufe 2:** Selbstmitleid, Narkotisierung, Resignation, Geheimniskrämerei, Lähmung, Undurchsichtigkeit, Widerwillen, Unehrlichkeit
- **Stufe 3:** Schwäche, Traumwelt, Mauschelei, Orientierungslosigkeit, Verlorenheit, Abgrenzungslosigkeit, Mitschwimmer
- **Stufe 4:** Einfühlungsvermögen, Phlegma, Einsamkeit, Ausgesetztheit, Ergebenheit, Rückzug
- **Stufe 5:** Fantasie, Sensibilität, Mitgefühl, Kreativität, Intuition
- **Stufe 6:** Nächstenliebe, Hingabe, Medialität, Bedürfnislosigkeit
- **Stufe 7:** Selbstlosigkeit, Altruismus, Demut
- **Stufe 8:** All-Eins-Sein, bewusste „Ich-Losigkeit“

Im Wasserelement des Archetyps liegen viele Perlen (verborgen).

Merkmale und Signaturen der Neptun-Energie

- **Geschmack:** ätherisch und durchlässig
- **Blüten:** Mimose, Buschwindröschen, Sultanelle, Cosmea, Mohn
- **Heilpflanzen:** Melisse, Bohnenkraut, Herbstzeitlose, Blasentang, Goldrute, Passionsblume
- **Kräuter und Gewürze:** Himalayasalz, Meersalz, Dill, Estragon
- **Gemüse und Salat:** Spargel, Soja, Algen, Tang
- **Getreide:** Hafer, Reis
- **Früchte und Obst:** Wassermelone, Papaya
- **Fleisch:** Schnecken
- **Geflügel:** Wasservögel, Hühnchen
- **Fische:** alle Fische, Muscheln, Oktopus
- **Typische Speisen:** Minestrone, Reisgerichte, Bouillabaisse
- **Getränke:** Wasser, Wermut, Blue Curaçao
- **Typische Berufe:** Fürsorgeberufe, PsychotherapeutIn, DrogenberaterIn, SeelsorgerIn, ApothekerIn, IllusionistIn, Berufe im Sanitätsdienst und in der Krankenpflege, AstrologIn, LyrikerIn, MusikerIn, PhilosophIn, PharmazeutIn, Sozialpädagoge/Sozialpädagogin
- **Typische Musik:** Fließende, meditative, ruhige (Meditations-)Musik, klassische (indische und östliche) Musik
- **Typische Musiktitel:** Enya: Water shows the hidden heart; Händel: Wassermusik; Lama Gyurme & Jean-Philippe Rykiel: Medicine Buddha Mantra

NEPTUN-ENERGIE IN DER PARTNERSCHAFT

Lösen und Loslassen von festgefahrenen Strukturen, tiefe Seelenverwandtschaft, romantische Sensibilität, fließende Liebe, Suche nach Vollkommenheit, Verschmelzung von Yin und Yang zu einer Einheit, aufopfernde Hingabe.

NEPTUN-ENERGIE BEI KINDERN

Musische Begabung, enorme Sensibilität („hört das Gras wachsen und die Flöhe husten"), Sympathie, Schutzbedürfnis und Rückzug, Ur-Vertrauen, Gefühl, Fantasie, Mitschwimmen im Fluss des Lebens, Nestwärme ohne Worte, Intuition, Geistesblitz.

Balancings für den Archetyp NEPTUN

Wir empfehlen für die nachfolgenden Stimmgabel-Anwendungen die **Neptungabel** (211,44 Hertz) oder die **Allroundgabel Om** (136,10 Hertz).

Harmonisierung der Neptun-Energie

In Analogie zum „Kosmischen Menschen“ (hier primär Körperzuordnung Bewegungsapparat) können Sie das Balancing sowohl zur Vorsorge als auch zur Linderung einsetzen. Probieren Sie aus, auf welche der nachfolgenden Punkte Ihr Organismus am besten anspricht.

Großer Kammzacken des Weberschiffchens (Blase 11)

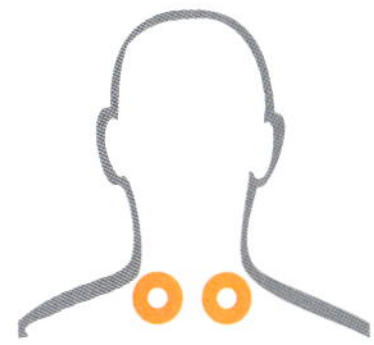

- **Zone:** zwei Fingerbreit rechts oder links der Wirbelsäule, ungefähr auf Schulterhöhe (neben dem ersten Brustwirbel)
- **Wirkung:** sorgt für Stabilität, ohne zu verspannen; lindert Rückenschmerzen und Nackensteife

Quelle am Yang-Hügel (Gallenblase 34)

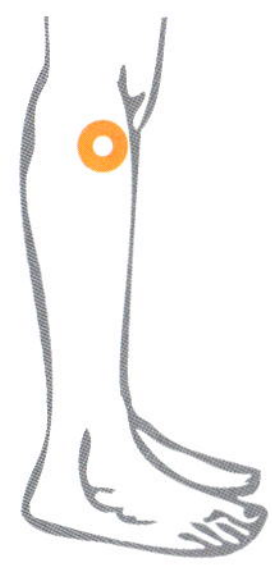

- **Zone:** in einer Mulde vor und unterhalb des Wadenbeinköpfchens, seitlich unterhalb des Knies
- **Wirkung:** reguliert den freien Energiefluss

Aufgehängtes Glöckchen (Gallenblase 39)

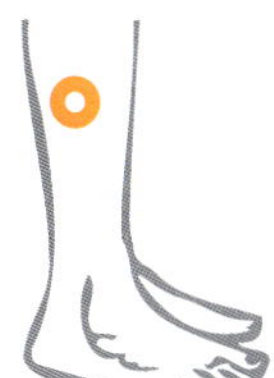

- **Zone:** vier Fingerbreit direkt oberhalb des Außenknöchels
- **Wirkung:** befreit den Nacken

Kreuzung der drei Yin-Leitbahnen (Milz 6)

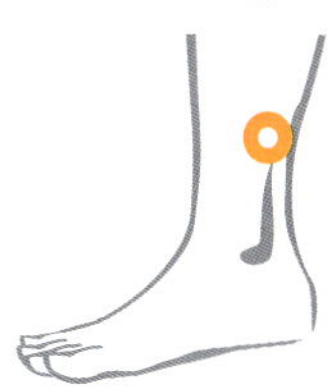

- **Zone:** vier Fingerbreit über dem höchsten Punkt des inneren Fußknöchels, am Innenrand des Schienbeins
- **Wirkung:** wirkt gegen Spannungsgefühle im Körper; beseitigt die Schwere der Beine

Wiederkehr des Flusses (Niere 7)

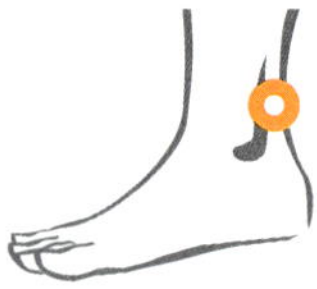

- **Zone:** drei Fingerbreit oberhalb des Innenknöchels, etwas nach hinten am Vorderrand der Achillessehne
- **Wirkung:** stärkt und stabilisiert den ganzen Körper

Mächtiger Wasserlauf (Niere 3)

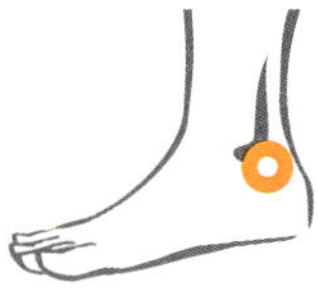

- **Zone:** in der Mitte zwischen Innenknöchel und Achillessehne
- **Wirkung:** stärkt die Knochen und fördert die Beweglichkeit der Beine

Olympus (Blase 60)

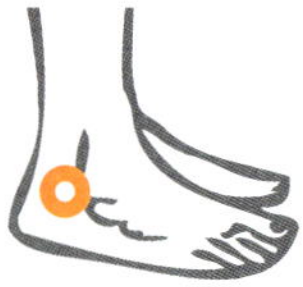

- **Zone:** in der Mitte zwischen Außenknöchel und Achillessehne
- **Wirkung:** sorgt für Beweglichkeit von Kopf bis Fuß und stabilisiert unseren Stand

Blockade der Neptun-Energie: Fußschmerzen

Wenn Ihre Füße Sie mehr schlecht als recht durchs Leben tragen, kann Ihnen das nachfolgende Balancing „Beine machen".

KÖRPERLICHE UND SEELISCHE SYMPTOME

Schmerzhaftes Stehen, geschwollene Knöchel, Schmerzen in Fersen und Knöcheln, allgemeine Fußschmerzen.

SYMBOLISCHE BEDEUTUNG DER BLOCKADE

Unsere „Wurzeln" schmerzen und schreien um Hilfe; Probleme und Schwierigkeiten, zu sich zu stehen, den eigenen Standpunkt sichern und vertreten, in seinen Grundfesten schmerzhaft bedroht sein.

HEILUNG DER BLOCKADE

Seinen Platz (im Leben) mit Nachdruck und Mut finden und auch einnehmen, Energie in das Thema Verwurzelung (in Mutter Erde) einbringen, Standhaftigkeit und engagiertes Vertreten des eigenen Standpunktes.

Beleuchtetes Meer (Niere 6)

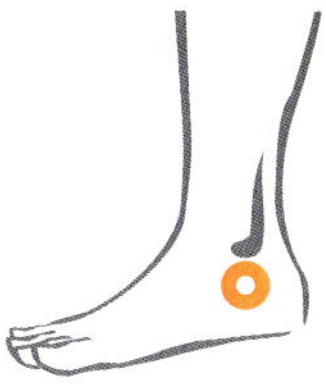

- **Zone:** einen Fingerbreit unterhalb des inneren Knöchels
- **Wirkung:** gut geeignet bei geschwollenen Knöcheln, Schmerzen in Ferse und Knöchel

Ursprung der emporziehenden Yang-Leitbahn (Blase 62)

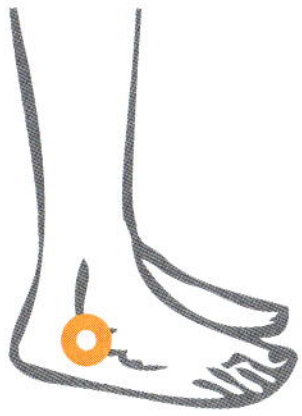

- **Zone:** etwa einen Fingerbreit unter dem Außenknöchel des Fußes
- **Wirkung:** bei allgemeinen Schmerzen im Fuß, Fersen- und Knöchelschmerzen

Feld am Hügel (Gallenblase 40)

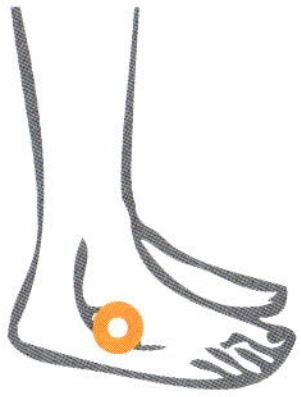

- **Zone:** in der großen Vertiefung unmittelbar vor und unter dem äußeren Fußknöchel
- **Wirkung:** hilfreich bei Verstauchungen des Knöchels, Zehenkrämpfen und Ischiasschmerz seitlich am Fuß

Befreiter Wasserlauf (Magen 41)

- **Zone:** auf dem Fußrücken, genau in der Mitte des Sprunggelenkes
- **Wirkung:** lindernd bei Schwellung und Schmerzen von Fuß und Knie

Emporsprudelnde Quelle (Niere 1)

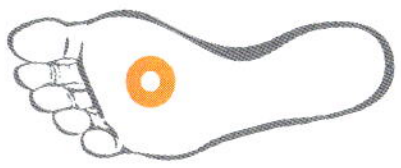

- **Zone:** mittig auf der Fußsohle in einer Mulde, die beim Beugen der Zehen entsteht
- **Wirkung:** gut geeignet gegen Verspannungen und Schmerzen, vor allem der Fußsohlen

PLUTO

Tierkreiszeichen SKORPION (♏)

24. Oktober bis 22. November

DAS PRINZIP DER PLUTO-ENERGIE

Die Schwingung des Archetyps PLUTO (= Tierkreiszeichen SKORPION) führt uns augenblicklich in Resonanz mit der Kraft der Transformation, der Metamorphose und der Veränderung. Sie stärkt unseren Mut zur Wandlung und zur tiefen Selbsterkenntnis.

Objektiv-kosmisch:

Planet PLUTO
Umlaufzeit um Sonne
in 90737,20 Tagen = 248,200 Jahre
Planetenschwingung: 140,25 Hz
Farbe: Blaugrün, 468 Nm
Ton: cis

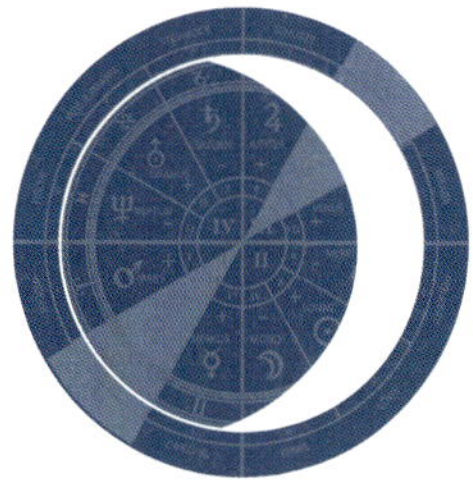

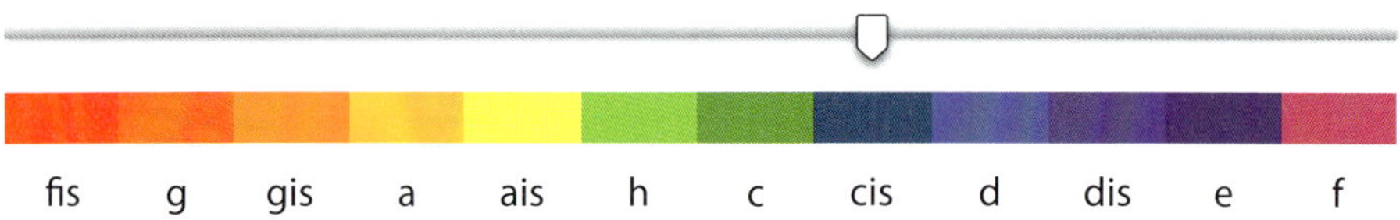

Subjektiv-irdisch:

Skorpion-Farbe: Türkis
Element-Farbe: Blau
Element: Wasser, Yin/weiblich-passiv
Astrologisches Haus: 8. Lebensbühne, 8. Haus (3. Quadrant = Geist), fix

Opposition (Spannungsfeld):
Pluto/Skorpion – Venus/Stier
- **Achse der Begegnung** von Transformieren und Bewahren

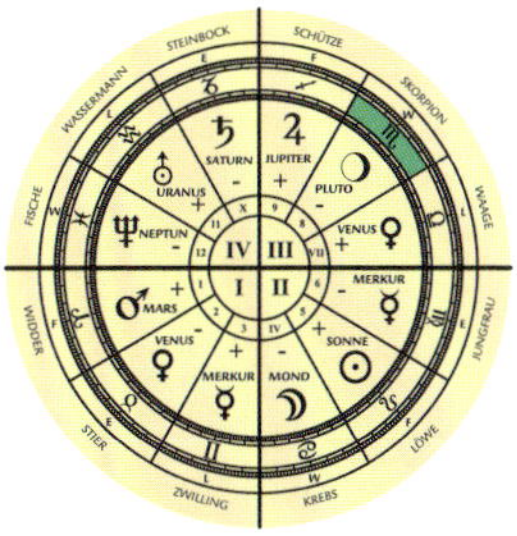

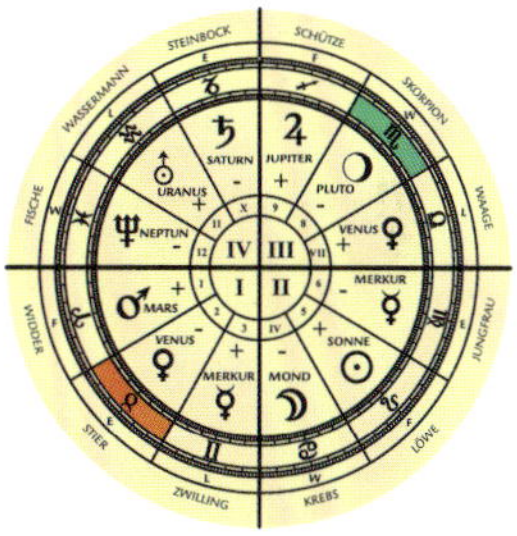

PLUTO-ENERGIE IM ALLTAG KURZ UND PRÄGNANT

Veränderung, Metamorphose, „Stirb-und-Werde-Prozesse“, Selbsterkenntnis, Schattenarbeit, Schöpfergeist, Entwicklungsprozesse, seelischer Tiefgang, Kreativität, Spiritualität von innen heraus, Kampfgeist, Reifung

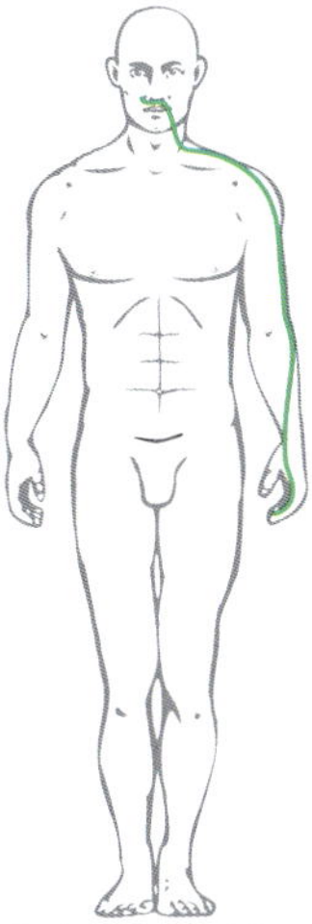

Dickdarmmeridian

Körperliche Zuordnung:
Harnblase, After, Genitalien, Prostata

Organe:
Mastdarm, Enddarm, Dickdarm

Krankheitsdispositionen:
Geschlechtskrankheiten,
Erkrankungen der Tiefe (Krebs),
Darmerkrankungen,
Polypen,
Prostatavergrößerungen

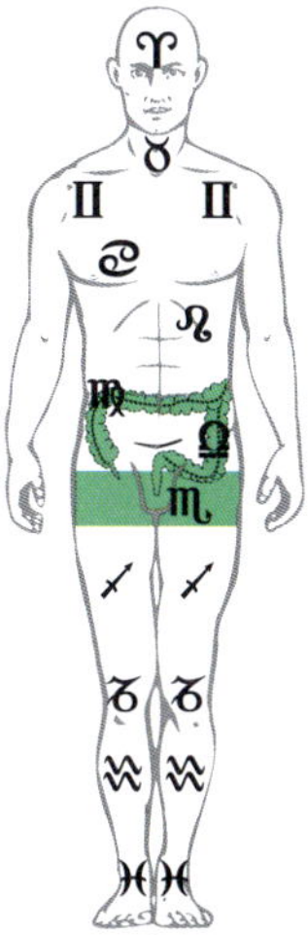

Zone Skorpion

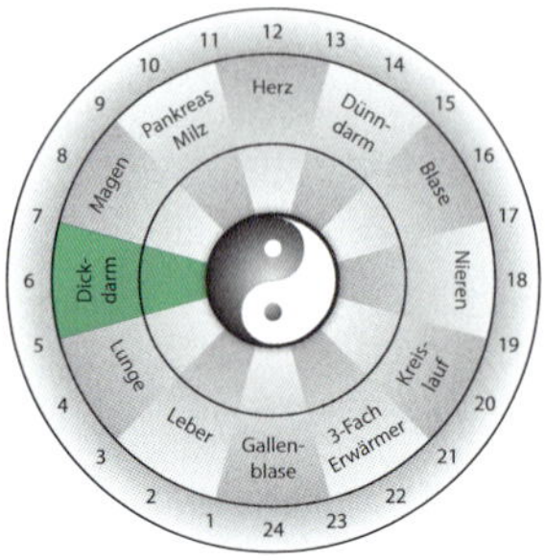

Maximalzeit Dickdarmmeridian: 5–7 Uhr

KÖRPERLICHE EBENE

Die Schwingung der Pluto-Energie unterstützt uns bei allen Verarbeitungs-, Loslass- und Regenerationstätigkeiten. Sie unterstützt den Prozess des freiwilligen Betrachtens und Bearbeitens unserer „Schattenanteile", um sie bewusst zu lösen. Sie hilft uns dabei, uns intensiver mit unseren inneren Themen auseinanderzusetzen. Sie hilft bei der Erkenntnis, in welchen Bereichen wir uns selbst zum Feind machen (z.B. Auto-Aggression).

SEELISCHE EBENE

Die Pluto-Energie holt tief liegende Gefühle nach oben. Die Schätze der Unterwelt (Pluto/Hades = Gott der Unterwelt) können aus dem Dunklen (Unbewussten) ins Licht (Bewusstsein) gelangen und dann in der Folge transformiert werden. Plutonische Prozesse sind Prozesse der Wandlung, des „Stirb-und-Werde", der Regeneration, des Phönix aus der Asche, des Erkennens des eigenen Schattens und der eigenen dunklen Seite. Erst nach Integration seiner Schattenanteile ist der Mensch ganz und damit „heil".

GEISTIGE EBENE

„Die Raupe muß sterben, damit der Schmetterling fliegen kann". Im Goetheanischen Sinne erleben wir bei Pluto/Skorpion die „Stirb-und-Werde"-Prozesse, die Natur blüht in Wehmut ein letztes Mal auf (leuchtender Blätterwald, „Indian Summer"), um dann abzufallen, abzusterben. Pluto ist nicht der Totengräber des Lebens, er ist der große Transformator, der zerstört und sterben lässt, um Neuem Platz zu machen und zu erschaffen. Pluto führt von einer Lebensform in die andere, der Tod und das Absterben (Loslassen) sind die Grundbedingungen dafür, dass wieder (neues) Leben entstehen kann – immer und immer wieder.

Die acht Stufen der Bewusstheit

PLUTO-SKORPION/8. Haus

Veränderung – Wandlung: 8. Lebensbühne

- **Stufe 1:** Märtyrertum, Sadismus, Besessenheit, Masochismus, Hass, Schmarotzertum, Süchtigkeit, Rachsucht, Misshandlung, Abscheulichkeit
- **Stufe 2:** Hörigkeit, Machtmissbrauch, Fanatismus, Okkultismus, Projektion, Übergriff, Perfektionszwang, Schuldzuweisung
- **Stufe 3:** Ausbeutung, Exzess, Leidensdruck, Spionage, Doppelgesichtigkeit, Destruktivismus, Sexismus
- **Stufe 4:** Manipulation, Unzufriedenheit, Absolutheitsanspruch, Überperfektionismus, Zwanghaftigkeit
- **Stufe 5:** Regenerationsfähigkeit, Häutung, Schattenarbeit, Klarheit, Schöpferkraft
- **Stufe 6:** Selbstüberwindung, Opferbereitschaft, Idealismus, Ritual
- **Stufe 7:** Wandlungsfähigkeit, Transformation, Metamorphose
- **Stufe 8:** „Stirb und Werde", selbstlose Ergebenheit

Das plutonische „Stirb-und-Werde-Prinzip": Die Raupe muss sterben, damit der Schmetterling fliegen kann.

Merkmale und Signaturen der Pluto-Energie

- **Geschmack:** schlüpfrig und nass
- **Blüten:** Orchideen, Lotosblume, fleischfressende Pflanzen, Rhododendron, Schlingpflanzen
- **Heilpflanzen:** Herbstzeitlose, Stechapfel, Hanf, Bilsenkraut, Kalmus, Schlafmohn
- **Kräuter und Gewürze:** Knoblauch, Meerrettich
- **Gemüse und Salat:** Lauch, Zwiebel, Bärlauch, Radieschen, Rettich, Porree
- **Getreide:** Reis
- **Früchte und Obst:** Granatapfel, Feige
- **Fleisch:** rohes Rind, Schlange
- **Fische:** Wels, Tintenfisch, Aal
- **Typische Speisen:** T-Bone-Steak, roher Fisch
- **Getränke:** Curaçao, Aquavit
- **Typische Berufe:** Werbebranche, PsychiaterIn, UntergrundkämpferIn, DrogistIn, Gynäkologe/Gynäkologin, SpionIn, PharmazeutIn, SexualberaterIn, Urologe/Urologin
- **Typische Musik:** Heavy Metal, psychedelische Musik, Tango
- **Typische Musiktitel:** King Crimson: The Devil‘s Triangle; Pink Floyd: Careful with that Axe, Eugene; Pink Floyd: The Great Gig in the Sky; Dead Can Dance: Into the Labyrinth

PLUTO-ENERGIE IN DER PARTNERSCHAFT

Chance zu tiefem Verständnis bei gemeinsamer Häutung und Wachstum, Reifung und ständige Erneuerung der Beziehung, Verständnis und tief empfundene Liebe statt Projektion und Schuldzuweisung, gemeinsame „Stirb-und Werde-Prozesse“.

PLUTO-ENERGIE BEI KINDERN

Führt direkt in innere Vorgänge (bei zu viel Ablenkung im Außen), lässt das wahre Innere zum Vorschein kommen, unterstützt Wandlungen und Übergänge (Kindheit–Pubertät, Kindergarten–Schule etc.), stärkt den emotionalen Haushalt.

Balancings für den Archetyp PLUTO

Wir empfehlen für die nachfolgenden Stimmgabel-Anwendungen die **Plutogabel** (140,25 Hertz) oder die **Allroundgabel Om** (136,10 Hertz).

Harmonisierung der Pluto-Energie

In Analogie zum „Kosmischen Menschen" (hier primär Körperzuordnung Geschlechtsorgane und Sexualität) können Sie das Balancing sowohl zur Vorsorge als auch zur Linderung einsetzen. Probieren Sie aus, auf welche der nachfolgenden Punkte Ihr Organismus am besten anspricht.

Hinweis: Die Punkte Konzeptionsgefäß 3 bis 6 sind als Zone zu verstehen; schwingen Sie zunächst Konzeptionsgefäß 3 ein und gehen Sie dann nach oben. Diese Punkte stärken und wärmen das untere Energiefeld.

Mittlerer Pol (Konzeptionsgefäß 3)

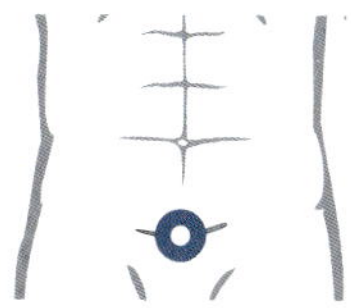

- **Zone:** Teilt man die Strecke vom Nabel bis zur Schambeinoberkante in fünf gleiche Teile, befindet sich der Punkt etwa ein Fünftel von der Schambeinoberkante entfernt.

Angelpunkt aller Ursprünge (Konzeptionsgefäß 4)

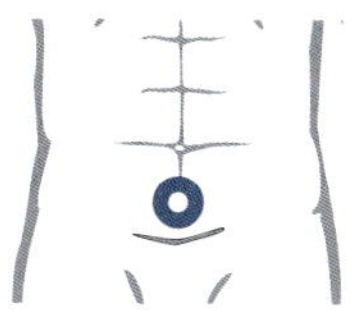

- **Zone:** Teilt man die Strecke vom Nabel bis zur Schambeinoberkante in fünf gleiche Teile, ist der Punkt etwa zwei Fünftel von der Schambeinoberkante entfernt.

Steinpforte (Konzeptionsgefäß 5)

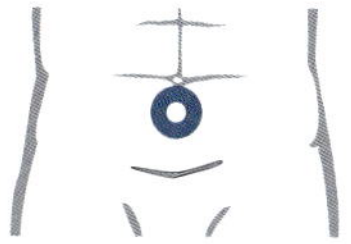

- **Zone:** Auf der Strecke vom Nabel zur Schambeinoberkante liegt der Punkt etwa zwei Fünftel unter dem Nabel.

Meer der Energie (Konzeptionsgefäß 6)

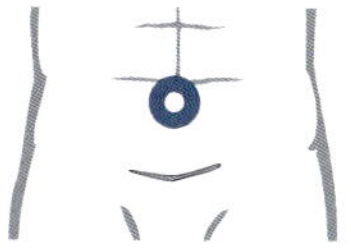

- **Zone:** Auf der Strecke vom Nabel zur Schambeinoberkante liegt der Punkt etwa ein Fünftel unter dem Nabel.

Dritter Weiler am Fuß (Magen 36)

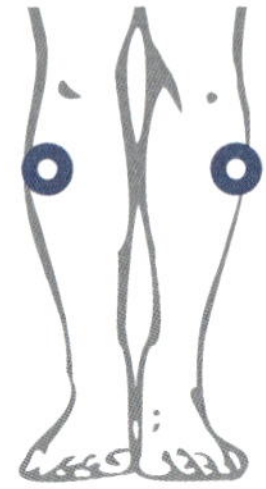

- **Zone:** vier Fingerbreit unterhalb der Kniescheibe am Unterschenkel außen
- **Wirkung:** stabilisiert Geist und Emotionen, sorgt für einen harmonischen Energiefluss

Stube des Willens (Blase 52)

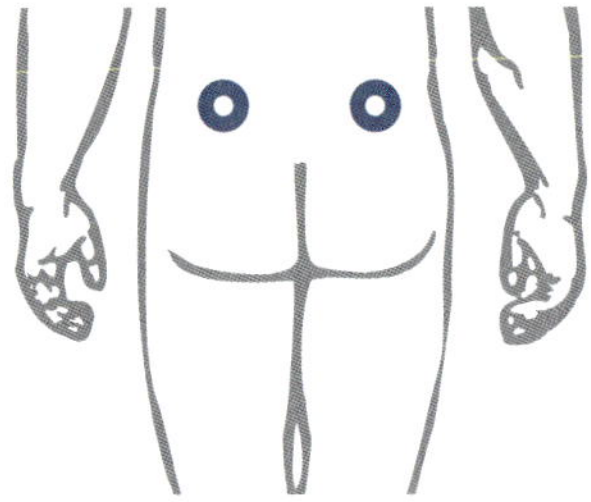

- **Zone:** vier Fingerbreit rechts oder links der Wirbelsäule, auf Höhe des dritten Lendenwirbels (in Höhe der Taille)
- **Wirkung:** hilft, Ängste in Bezug auf Sexualität zu überwinden

Blockade der Pluto-Energie: Sexualprobleme

Sollte Ihr Liebesleben beeinträchtigt sein, kann das nachfolgende Balancing stärkend und belebend wirken.

KÖRPERLICHE UND SEELISCHE SYMPTOME

Frau: Erregungsstörung, Orgasmusprobleme, Vaginismus, schmerzhafter Sex. Mann: Erektionsstörungen, vorzeitige oder ausbleibende Ejakulation, Lustlosigkeit.

SYMBOLISCHE BEDEUTUNG DER BLOCKADE

Mangelnde Aufnahme- bzw. Hingabebereitschaft; komplizierte innere Stellung zum sexuellen Genuss und zur Sinnlichkeit; Hemmung, sich fallen oder gehen zu lassen; die letzte Kontrolle aufrechterhalten wollen.

HEILUNG DER BLOCKADE

Sich der eigenen Verkrampfung im körperlichen und vor allem seelischen Bereich bewusst werden, die (hohe) Kunst der Liebe lernen, sich fallen lassen, die Einheit der Schöpfung erkennen und erleben, sich dem Fluss des Lebens anvertrauen im Sinne von „Dein Wille geschehe".

Pforte der Lebensbestimmung (Lenkergefäß 4)

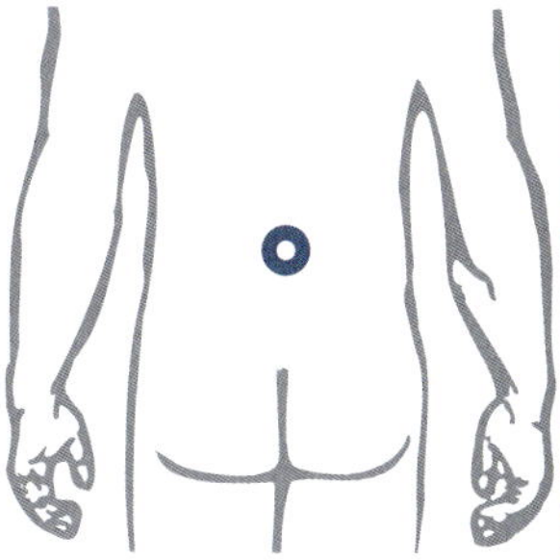

- **Zone:** auf der Wirbelsäule, auf Höhe des dritten Lendenwirbels (in Höhe der Taille)
- **Wirkung:** stärkt die Sexualfunktion und die Vitalität; wirksam gegen Müdigkeit und Leistungsschwäche generell; hilft, die Dinge zu tun, die man wirklich möchte, und das Leben bewusster zu leben

Yang-Passtor des Lendenbereiches (Lenkergefäß 3)

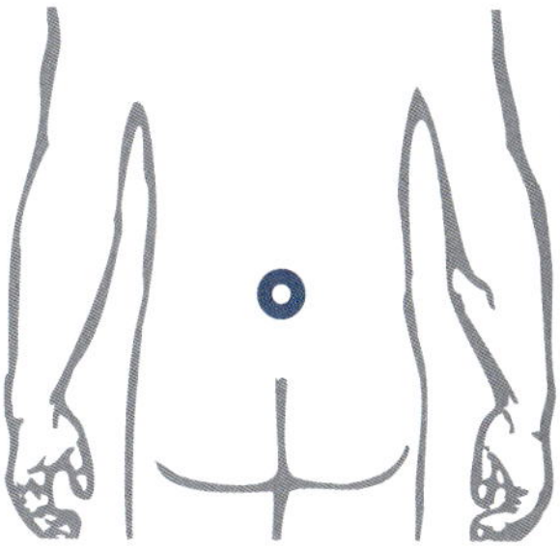

- **Zone:** auf der Wirbelsäule, auf Höhe des fünften Lendenwirbels (in Höhe der Beckenkämme)
- **Wirkung:** stärkt die Urogenitalorgane; außerdem hilfreich gegen Lähmungserscheinungen und Verkrampfung der unteren Extremitäten

Kreuzung der drei Yin-Leitbahnen (Milz 6)

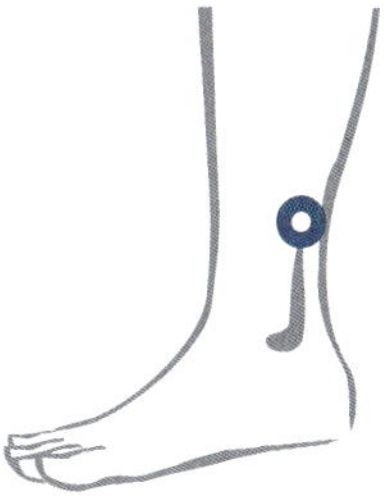

- **Zone:** vier Fingerbreit über dem höchsten Punkt des inneren Fußknöchels, am Innenrand des Schienbeins
- **Wirkung:** harmonisiert zusammen mit Konzeptionsgefäß 4 (siehe Seite 245) die Sexualfunktion und stärkt das untere Energiefeld; lenkt den Gedankenfluss; stabilisiert nervöse Spannungen im Unterleib

Mächtiger Wasserlauf (Niere 3)

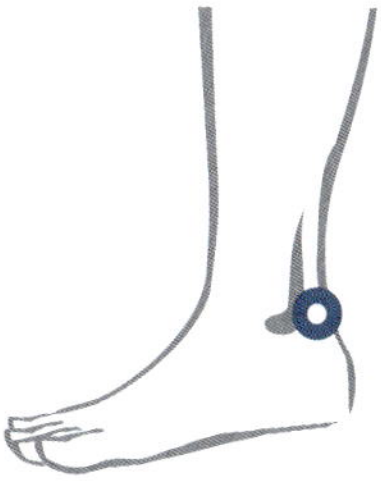

- **Zone:** in der Mitte zwischen Innenknöchel und Achillessehne
- **Wirkung:** stärkt und stabilisiert die Sexualfunktion, verleiht Rückgrat und Kraft

Aus-Schwingung

„Wie alles sich zum Ganzen webt,
Eins in dem andern wirkt und lebt!
Wie Himmelskräfte auf- und niedersteigen
Und sich die goldnen Eimer reichen!
Mit segenduftenden Schwingen
Vom Himmel durch die Erde dringen,
Harmonisch all´ das All durchklingen.

Welch Schauspiel! Aber ach! Ein Schauspiel nur!
Wo faß' ich Dich, unendliche Natur?"

(aus: Goethes *Faust*, Teil I)

Hier endet nun unsere gemeinsame Reise durch die auf- und niedersteigenden Himmelskräfte, die harmonisch das All und die Erde „durchklingen".

In unserer Gegenwart erscheint die wissenschaftliche Fantasie immer noch eher in eine nüchterne Methodik eingebunden. Wir erleben jedoch nun zu Beginn des Wassermann-Zeitalters eine spannende Zeit, in der die Grundfesten von felsenfest und fast blind geglaubten Maximen erschüttert oder sogar widerlegt werden. Die Quantenphysik ist erst der Anfang. Im Bereich der Genforschung tut sich mit den Entdeckungen der Epigenetik Ähnliches: Wir sind nicht hilflose Opfer unserer Erbanlagen, sondern Mitschöpfer unseres „Schicksals" in jedem bewussten Moment unseres Lebens.

Goethes *Doktor Faust* kann ein „Lied" davon singen, welch' existenzielle Krisen durch die rein rationale Frage nach dem Geheimnis dieser Welt ausgelöst werden.

Werden wirklich die letzten Geheimnisse gelüftet, wenn wir alles „oben" und „unten" in Atome, Elektronen und noch winzigere Partikel aufgelöst haben?

Denn es bleibt immer noch die Gretchenfrage nach dem Sinn dieser all-umfassenden Schöpfung, die wohl in einer primär kritisch-analytischen Vorgehensweise niemals zu lösen sein wird.

Wohl aber bietet ein weiteres Zitat von Goethe eine gute Hilfestellung auf diesem Weg zur bewussten Erkenntnis:

„Wenn Ihr's nicht fühlt, Ihr werdet's nicht erjagen!"

(aus: Goethes *Faust*, Teil I)

Erkennen wir uns als *Kosmische Menschen*, so erfühlen wir *in uns*, dass es in Wirklichkeit keine Trennung zwischen Mikrokosmos und Makrokosmos gibt. Dieser Blickwinkel macht uns ehrfürchtig und demütig zugleich, lässt er uns doch in jedem Augenblick teilhaben an dieser wundervollen Schöpfung.

Und: Dieses Wissen gibt uns Kraft und spendet inneren Frieden. Wir erkennen, dass hinter allen Polaritäten und Kontroversen immer die Einheit existiert, so wie wir wissen, dass die Sonne immer scheint, auch wenn wir sie nicht sehen können. Wir wissen:

„Alles ist in allem und alles ist in mir!"

Danksagung

Unser Dank gilt zunächst den all-umfassenden Phänomenen und Manifestationen dieser gesamten Schöpfung, die uns immer wieder aufs Neue faszinieren und zugleich demütig werden lassen.

Wir danken den Weisen, die uns vorausgegangen sind und unsere heutige „Weltanschauung" so nachhaltig beeinflusst und (mit)geprägt haben. Sie haben das Fundament unseres heutigen Wissens gelegt, das moderne Forschungszweige wie die Quantenphysik nur bestätigen können: „Alles ist Schwingung."

Wir danken unseren heutigen Wegbegleitern, die uns liebevoll unterstützen und auch denen, die am holistischen Weltbild von *Mikrokosmos = Makrokosmos* vehement zweifeln. Wir wissen: Erst durch Vereinigung von (scheinbaren) Gegensätzen entsteht ein harmonisches Gleichgewicht.

Danken wollen wir dem Mankau Verlag für seine leidenschaftlich-ambitionierte Umsetzung dieses Buches, das durch seine (für Laien wie auch für Profis) verständliche und professionelle Gestaltung zu einem Meilenstein im Verständnis der heilsamen Sphärenharmonie im Ein-Klang mit dem (Kosmischen) Menschen geworden ist.

Unser Dank gilt weiterhin Thomas Pelletier für seine gelungenen Grafiken; Fritz Dobretzberger vom Infopool der Kosmischen Oktave und den Musikern Steve Schroyder, Barnim Schultze (Akasha Project) und Bert Olke (B. Ashra) für ihre Beiträge zu diesem Werk sowie Ruediger Dahlke für sein einführendes und „be-schwingtes" Vorwort.

Literaturverzeichnis

Banis, Reimar: *Durch Energieheilung zu neuem Leben – Atlas der Psychosomatischen Energetik*. Via Nova Verlag (4. Auflage) 2007

Berendt, Joachim-Ernst: *Das dritte Ohr – Vom Hören der Welt*. Traumzeit Verlag 2008

Berendt, Joachim-Ernst: *Nada Brahma – Die Welt ist Klang*. Rowohlt Verlag (17. Auflage) 1985

Braden, Gregg: *Im Einklang mit der göttlichen Matrix – Wie wir mit Allem verbunden sind*. Koha Verlag 2007

Braun, Martin: *Bell tuning in ancient China: a six-tone scale in a 12-tone system based on fifths and thirds*. In: Neuroscience of Music, S-671.95 Klässbol, Sweden. Date of publication: June 16, 2003

Caspar, Max: *Johannes Kepler*. Kohlhammer Verlag (3. Auflage) 1958

Conforto, Giuliana: *Das Sonnenkind – Von der Geburt der inneren Sonne*. Genius Verlag 2013

Cousto, Hans: *Die Kosmische Oktave – Der Weg zum universellen Einklang*. Synthesis Verlag 1984

Cousto, Hans / Kleefeld, Bernhard: *Astro-Tafel.* Synthesis Verlag 1982

Dahlke, Ruediger: *Der Mensch und die Welt sind eins*. Hugendubel Verlag 1987

Dahlke, Ruediger: *Die Schicksalsgesetze: Spielregeln fürs Leben – Resonanz Polarität Bewusstsein*. Arkana Verlag (9. Auflage) 2009

Dahlke, Ruediger: *Krankheit als Symbol – Ein Handbuch der Psychosomatik. Symptome, Be-Deutung, Einlösung*. C. Bertelsmann Verlag (15. Auflage) 2007

Dahlke, Ruediger / Klein, Nicolaus: *Das senkrechte Weltbild – Symbolisches Denken in astrologischen Urprinzipien*. Hugendubel 1986

Dethlefsen, Thorwald: *Schicksal als Chance – Das Urwissen zur Vollkommenheit des Menschen*. Goldmann Verlag 1980

Dethlefsen, Thorwald / Dahlke, Ruediger: *Krankheit als Weg – Deutung und Bedeutung der Krankheitsbilder*. Goldmann Verlag 1990

Dürr, Hans-Peter: *Unbelebte und belebte Materie: Ordnungsstrukturen immaterieller Beziehungen. Physikalische Wurzeln des Lebens*. In: Dürr, Hans-Peter / Popp, Fritz A. / Schommers, Wolfram: Elemente des Lebens. Graue Edition 2000

Goethe, Johann W. von: *Faust*. C. H. Beck Verlag, 1999

Govinda, Lama Anagarika: *Grundlagen tibetischer Mystik*. Fischer Verlag 1975

Hofmann, Albert: *Einsichten – Ausblicke, Essays*. Nachtschattenverlag 2014

Kepler, Johannes: *Harmonice Mundi III. Buch*. Ugrino Verlag 2011

Künne, Thomas: *Die Schwingung der Archetypen*. Chiron Verlag 2015

Künne, Thomas: *Heilen mit kosmischen Farben. Stimmige Farbanwendungen für Gesundheit und Wohlbefinden.* Mankau Verlag 2017

Künne, Thomas / Nischwitz, Patricia: *Stimmgabel-Set – Die Kosmische Hausapotheke für Alltagsbeschwerden von A bis Z: Akupunkturpunkte sanft und wirkungsvoll einschwingen*. Mankau Verlag (6. Auflage) 2024

Künne, Thomas / Schubert, Inge: *Die heilende Kraft der Planetenschwingungen – Theorie und Praxis der Phonophorese*. Mankau Verlag (4. Auflage) 2022

Lauterwasser, Wolfgang: *Resonanz und Schöpfung – Schwingung und Gestaltung.* In: Bossinger, Wolfgang / Eckle Raimund: Schwingung und Gesundheit. Traumzeit Verlag 2008, S. 49

Lipton, Bruce H. / Bhaerman, Steve: *Spontane Evolution – Wege zum neuen Menschen*. Koha Verlag 2009

Momente der Ruhe. Entspannungstipps und Wohlfühltexte für Atempausen im Alltag. Groh Verlag 2013

Riemann, Fritz: *Lebenshilfe Astrologie*. Pfeiffer Verlag (bei Klett Cotta) 1999

Rinpoche, Sogyal: *Funken der Erleuchtung*. Scherz Verlag 2006

Romankiewicz, Brigitte: *Spielfeld der Götter – C. G. Jungs Archetypenlehre und die Astrologie*. Chiron Verlag 2002

Schavernoch, Hans: *Die Harmonie der Sphären – Die Geschichte der Idee des Welteinklangs und der Seeleneinstimmung*. Freiburg, Alber 1981

Schiller, Friedrich: *Gedichte – Band I*. Deutscher Klassiker Verlag 2008

Shakespeare, William: *Der Kaufmann von Venedig*. Deutscher Taschenbuch Verlag 2003

Sheldrake, Rupert: *Das schöpferische Universum*. Goldmann Verlag 1995

Sherman, Laura und Andrew: *Das Geheimnis der Smaragdina – Was im Leben wirklich zählt*. Thiele Verlag 2008

Steiner, Rudolf: *Das Hereinwirken geistiger Wesenheiten in den Menschen*. Novalis Verlag 1955

Sterneder, Hans: *Das kosmische Weltbild*. Eich Verlag 2008

Tolle, Eckhart: *Jetzt! Die Kraft der Gegenwart*. Kamphausen Verlag (3. Auflage) 2011

Virtue, Doreen: *Wie oben so unten – Die sieben Gesetze des Lebens. Eine neue Bearbeitung des hermetischen Klassikers „Das Kybalion"*. Koha Verlag 2007

Warm, Hartmut: *Die Signatur der Sphären – Von der Ordnung im Sonnensystem*. In: Riemann, Claus: Der tiefe Brunnen. Arkana Verlag 2006

Warnke, Ulrich: *Gehirn-Magie – Der Zauber unserer Gefühlswelt*. Scorpio Verlag 2014

Impressum und Bildnachweis

Bibliografische Information der Deutschen Nationalbibliothek: Die Deutsche Nationalbibliothek verzeichnet diese Publikation in der Deutschen Nationalbibliografie; detaillierte bibliografische Daten sind im Internet über http://dnb.d-nb.de abrufbar.

Hans Cousto/Thomas Künne
Heilsame Frequenzen
Wie kosmische Schwingungen unser Wohlbefinden fördern

3. Auflage 2024 (1 2 · 2016 2020)
ISBN 978-3-86374-246-1

Mankau Verlag GmbH
Pfarrgasse 1
D-82497 Unterammergau
Im Netz: www.mankau-verlag.de
Soziale Netzwerke: www.mankau-verlag.de/forum

Lektorat: Diana Napolitano, Augsburg; Barbara Böhm, Mankau Verlag GmbH
Endkorrektorat: Susanne Langer-Joffroy M. A., Germering
Umschlag: Andrea Barth, Guter Punkt GmbH & Co. KG, München
Layout/Satz Innenteil: Mankau Verlag GmbH

Illustrationen: Doro Tops (2016), Grafiken erstellt nach Vorlagen von Hans Cousto (15, 16, 18, 23, 25, 30, 36, 37, 43, 44, 45, 48, 60, 61, 63, 66, 69, 71, 75, 76, 80), Lizenz: CC BY-SA 3.0 DE http://creativecommons.org/licenses/by-sa/3.0/de/; Colourbox.de (1, 3l, 3m, 4, 8, 12/13, 27, 57, 67, 73, 77, 85, 92/93, 95, 99, 105, 127, 147o, 149, 174, 185, 202, 210, 227, 243); Vadimsadovski - Fotolia.de (3r, 46, 150/151, 155, 168, 179, 190/191, 199, 207, 216, 224, 232, 240, Bilder Kolumnentitel); schweini26 - Fotolia.com (130); SIAATH - Fotolia.com (137); fabio lamanna - Fotolia.com (219); Rob hyrons - Fotolia.com (235); NobbiP - PD-Amtliches Werk (65); Louis Jean Desire Delaistre, after Boilly - PD old (72); Thomas Künne, Limburg a.d. Lahn (72, 133, 154); Thomas Pelletier, Saarbrücken (112, 123, 142, 143, 146, 147u, 148, Illustrationen Praxisteil ab Seite 155); Hans Cousto, Berlin (74, 81); Gregor Reisch - Margarita Philosophica - PD old (113); Limbourg Brothers - PD old (114); Leonardo da Vinci - PD old (116); Johann Wolfgang von Goethe - PD old (132); Andreas Beutel: Pythagoras Institut Dresden (135); Fritz Dobretzberger (141)

Druck: Westermann Druck Zwickau GmbH, Zwickau/Sachsen

FSC www.fsc.org MIX Papier | Fördert gute Waldnutzung FSC® C110508

Stichwortregister

A

B

C

D

E

F

G

H

I

J

K

L

M